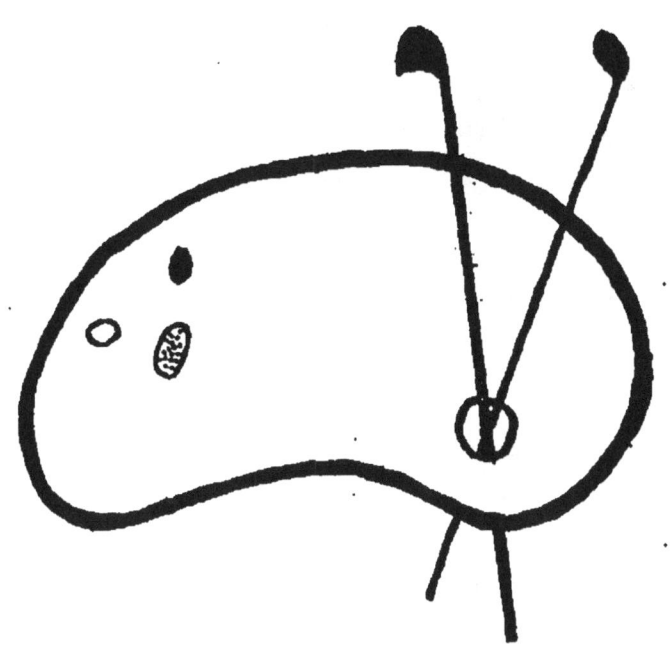

COUVERTURE SUPERIEURE ET INFERIEURE
EN COULEUR

VOYAGES DANS TOUS LES MONDES
UVELLE BIBLIOTHÈQUE HISTORIQUE ET LITTÉRA
Publiée sous la direction de M. Eugène MULLER, conservateur à la Bibliothèque de l'Arsenal

VOYAGES, ÉTUDES ET TRAVAUX

DE

A.-M. GRÉTRY

RACONTÉS PAR LUI-MÊME

Librairie Ch. DELAGRAVE, 15, rue Soufflot, PARIS.

Sont en vente :

Histoire comique des États de la Lune et du Soleil, par Cyrano de Bergerac.
Histoire des Flibustiers américains au XVIIᵉ siècle, par Œxmelin.
Voyages des poètes français aux XVIIᵉ et XVIIIᵉ siècles : Racine à Uzès, La Fontaine en Limousin, Regnard en Laponie, etc.
La France à vol d'oiseau au Moyen Age, par Aug. Challamel.
Les grands voyages de découvertes des anciens, par Antichan.
Premier voyage autour du monde sur l'escadre de Magellan, par Pigafetta.
Voyage au pays d'Utopie, par Thomas Morus.
Voyage de Marco Polo en Asie.
Découverte des sources du Sénégal et de la Gambie, par Mollien.
Voyages de F. Le Vaillant en Afrique.
Aventures de Robinson Crusoé, par D. de Fos.

Principaux Ouvrages à paraître dans la Collection :

Voyage d'Ambroise Paré. — Travaux de Bernard Palissy, racontés par eux-mêmes.
Voyages d'Arthur Young en France, en 1790-91.
Grétry, sa jeunesse, ses voyages, ses travaux, racontés par lui-même.
Voyages de Birmanie, 1879-1883, par le comte Mahé de la Bourdonnais.
Pizarre et la Conquête du Pérou, par Zarate.
Souvenirs de Jameray Duval, histoire autobiographique d'un jeune pâtre. — Souvenirs de Jean de Brie, le bon berger.
Fernand Cortez et la conquête du Mexique, par Solis.
Voyages en Sibérie, par Chappe d'Auteroche.
Voyages de Dumont d'Urville en Océanie et aux terres australes.
Voyages en Perse, par Drouville, Morier, etc.
Voyages du capitaine Cook.
Découverte et conquête de la Floride, par Garcilasso de la Vega.
Histoire anecdotique des plantes usuelles ou communes en France, d'après les principaux biographes du monde végétal.

2180-88.

VOYAGES

ÉTUDES ET TRAVAUX

DE

A.-M. GRÉTRY

RACONTÉS PAR LUI-MÊME

Le titre de **Voyages dans tous les mondes**, que nous avons adopté pour notre *Nouvelle Bibliothèque historique et littéraire*, indique qu'elle a pris et prendra son bien indistinctement dans les divers domaines du savoir, de l'esprit et du cœur, à toutes les époques et en tous les pays. Le récit du sérieux historien y doit avoisiner la fiction du conteur fantaisiste et les impressions morales toutes personnelles; le travail de science positive doit s'y placer à côté du recueil d'observations pittoresques, — à cette condition première que le livre, toujours de lecture facile et intéressante en soi, ne contienne, au cas où il vise à enseigner, que des notions accessibles à tous.

Là se trouvent donc réunies — dans des volumes à la fois très élégants, très portatifs et très économiques pour l'abondante matière qu'ils renferment — les œuvres que le temps a consacrées ou qui, injustement négligées, méritaient d'être remises en lumière, et aussi telles autres jusqu'ici restées ignorées ou qui sont absolument nouvelles : *Voyages de découvertes, Chroniques et traditions populaires, Aventures réelles ou imaginaires, Biographies et souvenirs, Tableaux de mœurs humaines et animales, Curiosités de la nature, des sciences ou de l'industrie*, etc.

Avons-nous besoin de faire remarquer que tous les ouvrages — d'ailleurs accompagnés d'études biographiques ou littéraires et, quand besoin est, d'annotations facilitant l'entente du texte — ont été très attentivement revus, afin que rien ne s'y trouve qui puisse empêcher de les mettre aux mains des lecteurs de tous les âges et de toutes les conditions?

VOYAGES DANS TOUS LES MONDES
NOUVELLE BIBLIOTHÈQUE HISTORIQUE ET LITTÉRAIRE
Publiée sous la direction de M. Eugène MULLER, conservat. à la Bibliothèque de l'Arsenal.

VOYAGES

ÉTUDES ET TRAVAUX

DE

A.-M. GRÉTRY

RACONTÉS PAR LUI-MÊME

PARIS
LIBRAIRIE CH. DELAGRAVE
15, RUE SOUFFLOT, 15

1889

AVANT-PROPOS

Grétry, parvenu à l'apogée du talent et de la réputation, et ne devant rien de sa réussite qu'à la plus laborieuse et opiniâtre culture de ses dons naturels, eut un jour l'idée de publier l'histoire de sa vie et de ses ouvrages.

Le très sincère et très vaillant artiste dont l'œuvre considérable avait en quelque sorte fait loi pour le monde musical de son temps, pensa, d'une part, que le public devrait trouver un certain intérêt à entendre l'auteur de tant de productions applaudies s'expliquer sur ses façons de comprendre et d'appliquer les théories de l'art, où il s'était fait une si belle place. D'autre part, comme, après avoir été initiateur — car, de l'aveu général, le théâtre lyrique d'alors lui devait ses plus heureuses formules — Grétry ne voyait pas sans inquiétude se produire un mouvement d'innovation allant à l'encontre de ses doctrines; tout naturellement il lui sembla bon de chercher à réagir contre ces tendances, par l'exposition des principes qu'il avait soit acceptés de ses glorieux devanciers, soit découverts et observés lui-même. Il prit pour thème, à cet effet, l'historique détaillé de ses travaux, qu'il eut l'art de rendre très intéressant, en y prodiguant de curieux souvenirs, de piquantes anecdotes.

Enfin, comme il voyait déjà parmi les nouveaux aspirants à la renommée et à ses avantages matériels, se révéler ces impatiences immodérées qui depuis, d'ailleurs, sont devenues d'ordre commun, au grand détriment des véritables intérêts artistiques, le maître, si méritoirement arrivé au succès par de très longues et très rudes étapes, crut pouvoir, sans trop d'immodestie, offrir comme exemple à la jeunesse le tableau historique de son difficile noviciat. (Au surplus même, pourquoi réclamer la modestie à des gens dont tous les efforts, toutes les visées ne tendent qu'à conquérir les éloges, les applaudissements?)

Grétry fit donc paraître en 1789 un volume intitulé : *Mémoires ou Essais sur la musique*, qui, malgré les ardentes préoccupations politiques du moment, fut très remarqué, très discuté et en fin de compte classé, dans l'esprit des meilleurs juges, parmi les écrits qui, bien empreints d'une originalité personnelle, doivent s'imposer à l'attention de la postérité.

Il semblerait aller de soi que les années terriblement agitées qui suivirent dussent non seulement faire négliger cette pacifique manifestation artistique, mais encore détourner l'auteur de toute tentative analogue. Il n'en fut rien. Tout en redoublant d'activité dans sa carrière normale, où il se conservait aux premiers rangs, le célèbre musicien, nature essentiellement impressionnable, doué d'un très subtil esprit d'observation, recueillant ses souvenirs, mettant en ordre ses remarques d'homme et d'artiste, en formait deux nouveaux volumes, auxquels il donnait le titre d'*Analyse des passions et des caractères*.

Bien entendu, le cadre de cette composition impliquait que l'auteur ne s'était livré à l'étude des sentiments humains qu'au point de vue de leur interprétation ou traduction artistique. Chaque chapitre de son livre comporte d'abord, en effet, une partie purement physiologique, suivie, sous la rubrique : *Application*, de raisonnements techniques plus ou moins étendus, très souvent même accompagnées de citations ou préceptes musicalement notés.

Grétry ayant communiqué son travail à ses confrères les plus aptes à en apprécier la valeur, ceux-ci adressèrent, dans le cours de fructidor an II (août 1794), la pétition suivante au comité national d'instruction publique :

Un artiste musicien, le citoyen Grétry, vient de terminer un traité sur les passions et les caractères. Il y traite de l'art musical dans ses divers rapports avec l'instruction publique, et de l'influence des gouvernements libres sur les arts. Chaque chapitre est suivi d'une application à l'art musical ou aux arts en général. Les artistes soussignés demandent à la nation de lui faciliter l'impression de ce manuscrit; ils croient qu'un ouvrage réfléchi depuis six ans par un homme à qui l'on doit tant de productions dramatiques en tous genres, est essentiel à l'art. Tout ce que plusieurs d'entre eux ont lu de cet ouvrage original, les a convaincus qu'il est nécessaire aux jeunes musiciens qui s'occupent de l'art dramatique; enfin, qu'il mérite l'encouragement que les artistes soussignés réclament de la nation.

Signé : MÉHUL, DALEYRAC, CHÉRUBINI, DEVIENNE, LESUEUR, GOSSEC, LANGLÉ, LEMOYNE, CHAMPEIN.

Quelques jours plus tard, le 1ᵉʳ vendémiaire de l'an III (22 septembre 1794), le représentant du peuple Lakanal adressait à la Convention le rapport suivant :

Citoyens, un artiste musicien dont les divers travaux ont enrichi la scène, Grétry, vient de terminer un ouvrage sur les rapports de l'art musical avec l'instruction publique.

La musique, vous le savez eut chez les anciens une

grande influence sur les mœurs publiques; elle fut toujours l'art favori des cœurs sensibles. J'ai lu l'ouvrage de Grétry avec d'autant moins d'indulgence que je suis son ami; car c'est à l'amitié surtout qu'il appartient d'être sévère.

Je ne doute pas que cet ouvrage intéressant ne concoure à la grande amélioration sociale, objet de tous nos travaux.

Je demande donc l'envoi de cet important écrit au comité d'instruction publique, qui le fera imprimer, si, comme moi, il le juge essentiellement utile, et qui comprendra, s'il y a lieu, le nom de l'auteur dans la liste des citoyens qui ont droit à la munificence nationale, par les services qu'ils ont rendus aux arts utiles et à la société.

Cette proposition ayant été adoptée, le comité d'instruction publique, par un arrêté en date du 28 vendémiaire an IV (20 octobre 1795), décida que le travail de Grétry, formant trois volumes (en y comprenant la réimpression du volume précédemment publié par l'auteur), serait imprimé à l'imprimerie de la République.

L'ouvrage ainsi amplifié et complété n'obtint pas moins de succès que sous sa première forme. On fut étonné de voir dans le musicien aux charmantes inspirations un physiologiste très original, un subtil observateur, exposant, le plus souvent avec une grande habileté de plume, ses fins aperçus, ses théories ingénieuses.

C'est à ce livre, paru avec la date de pluviôse an V (commencement de 1797), que nous empruntons le texte du présent volume, qui comprend, outre la presque totalité du premier volume (à savoir surtout l'histoire de la jeunesse de Grétry et de ses travaux jusqu'en 1789, moins les passages trop absolument professionnels), un choix très étendu des curieuses notices physiologiques qui composent les deuxième et troisième volumes de l'édition originale.

Pour une publication destinée à tous, nous avons dû, notamment dans cette dernière partie, nous abstenir de reproduire les pages exclusivement destinées à l'enseignement d'une classe particulière de lecteurs ; mais nous n'avons pas voulu oublier qu'aujourd'hui, où le goût et la pratique des œuvres musicales vont se popularisant de plus en plus, chacun peut s'intéresser aux idées spéciales d'un artiste qui fut une des plus pures gloires de l'école musicale française, et dont quelques œuvres capitales sont encore, à bon droit, tenues en haute estime par tous les amis de l'art qui savent échapper aux aveuglements du parti pris.

Nous avons donc soigneusement conservé dans la longue profession de foi du musicien célèbre tous les passages caractérisant nette-

ment le sympathique artiste, qui se définissait en quelque façon lui-même quand il écrivait :
« La vérité des arts est un mensonge charmant qui entretient l'espoir du mieux dans le cœur de l'homme,

Et de ce doux espoir l'homme eut toujours besoin.

« L'art consiste *dans les moyens de présenter agréablement la nature.* »

E. M.

« Grétry, ayant renoncé à la production musicale dans les derniers temps de sa vie, ne s'en occupait plus que d'une manière spéculative et avait consigné ses nouvelles remarques sur cet art, ainsi que sur beaucoup d'autres sujets, dans un ouvrage auquel il donnait le titre de *Réflexions d'un solitaire*. Deux ans avant sa mort, il en avait annoncé la publication prochaine ; mais, soit qu'on n'ait pas trouvé le manuscrit, soit que ses amis, ne le jugeant pas digne de lui, l'aient condamné à l'oubli, ce livre n'a point paru.

« Des honneurs de tout genre ont été accordés à Grétry même pendant sa vie. Dès l'année 1785, la ville de Paris avait donné son nom à l'une de ses rues, qui le porte encore. Son buste fut placé en même temps au foyer de l'Opéra. En 1809, une statue en marbre blanc lui fut érigée au foyer de l'Opéra-Comique. Lors de la formation de l'Institut, en 1796, on le choisit pour remplir une des trois places de compositeur dans la section de musique de la classe des beaux-arts. Il fut nommé en 1795 inspecteur de l'enseignement au Conservatoire de musique. Napoléon, lors de la création de la Légion d'honneur, le comprit parmi les premiers titulaires de l'ordre...

« ... Grétry eut le malheur de survivre à toute sa famille. L'acquisition qu'il avait faite de l'ancien ermitage de J.-J. Rousseau, à Montmorency, le décida à se retirer à la campagne et à y passer la plus grande partie de ses dernières années. Il s'y plaisait et y retrouvait une gaieté qui l'abandonnait dès qu'il retournait à Paris. Un événement funeste lui fit brusquement quitter ce séjour. Un de ses voisins et ami, meunier de profession et au-dessus de son état par son éducation, fut assassiné dans son moulin. Dès ce moment Grétry ne fut plus tranquille chez lui. De retour à Paris, il eut recours à la Faculté pour rétablir sa santé; mais les soins qu'on lui donna ne firent que prolonger ses souffrances. Il ne se dissimulait pas que sa fin approchait. Il voulut au moins qu'elle fût douce, et demanda qu'on le ramenât à l'ermitage. Ses forces s'affaiblirent insensiblement; et il cessa de vivre le 24 septembre 1813, âgé de soixante-douze ans.

« Les poètes et les compositeurs, les professeurs du Conservatoire de musique et les acteurs des principaux théâtres de Paris se joignirent aux membres de l'Institut pour honorer ses funérailles. Elles furent dignes de la renommée d'un tel artiste. Le 6 octobre, sa messe de *Requiem* fut exécutée à grand orchestre à Saint-Roch. Le convoi parcourut une partie des rues de Paris et s'arrêta devant les deux premiers théâtres lyriques avant de se rendre au cimetière de l'Est. Plusieurs discours furent prononcés sur sa tombe; son éloge par Méhul fut remarquable. Le soir même, on exécuta à l'Opéra-Comique une sorte d'apothéose, qui excita une vive émotion parmi les spectateurs. Pendant plusieurs jours on ne joua, à l'Opéra et à l'Opéra-Comique, que des ouvrages composés par Grétry; enfin rien ne manqua aux honneurs qui lui furent accordés... » (Fétis, *Biographie générale des musiciens.*)

LIVRE PREMIER

VOYAGES-ÉTUDES

LIVRE PREMIER

VOYAGES-ÉTUDES

Si je dois mon existence morale à la musique, je lui dois aussi mon existence physique.

Jean-Noé Grétry, mon grand-père, après avoir vendu ou substitué les biens qu'il possédait à Grétry[1], épousa, sans consentement de parents, une jeune Allemande, Dieudonnée Campinado. Après quelques années, les parents de ma grand'mère lui pardonnèrent ce mariage : son oncle, le prélat Delvilette, vint la voir à Blegnez, en allant siéger au chapitre de la cathédrale de Liège, en qualité de commissaire de l'empereur ; il la trouva aussi heureuse au milieu de son ménage champêtre que si elle fût née paysanne. C'était un dimanche, après vêpres. Mon grand-père jouait du violon pour faire danser les paysans, qui venaient boire sa bière et son eau-de-vie, que des disgrâces multipliées l'avaient réduit à vendre. Mon père, âgé de sept ans, raclait à ses côtés. Le prélat, après être demeuré quelques jours chez sa nièce, qu'il aimait tendrement, fit ses efforts pour emmener mon père à Presbourg, où il voulait lui donner un bénéfice ; mais l'amour de la musique avait déjà séduit le cœur du jeune homme ; ses pleurs, ses cris, forcèrent ses parents à lui laisser suivre son penchant. La place de

---

1. Hameau près de Boulan, au diocèse de Liège. (G.) (Les notes suivies, comme celle-ci, de la lettre G sont de Grétry.)

premier violon de Saint-Martin, à Liège, étant devenue vacante et proposée au concours, il n'hésita pas, tout jeune qu'il était, à entrer en lice, et remporta le prix à l'âge de douze ans. A vingt-trois ans, il épousa Marie-Jeanne des Fossés : elle avait peu de fortune, ainsi que mon père ; et sa famille, alliée à d'excellentes maisons de Liège, s'opposa quelque temps à ce mariage ; mais, sensible aux charmes de la musique qu'il lui enseignait, ma mère voulut récompenser son maître en lui donnant sa main.

Je fus le second fruit de leur union. Je suis né à Liège, le 11 février 1741.

Un accident qui m'arriva à l'âge de quatre ans, et dont j'ai conservé quelque souvenir, prouve que je puis fixer à cet âge l'époque de ma raison naissante, et que déjà j'étais sensible au mouvement ou rythme musical. La première leçon de musique que je reçus faillit me coûter la vie : j'étais seul ; le bouillonnement qui se faisait dans un pot de fer fixa mon attention ; je me mis à danser au bruit de ce tambour ; je voulus voir ensuite comment ce roulis périodique s'opérait dans le vase ; je le renversai dans un feu de charbon de terre très ardent, et l'explosion fut si forte que je restai suffoqué et brûlé presque par tout le corps. Après cet accident, qui me rendit pour toujours la vue faible, je fus atteint d'une maladie de langueur. Ma grand'mère maternelle voulut prendre soin de moi ; elle m'emmena chez elle, à une demi-lieue de la ville, où son mari était contrôleur d'un bureau du prince Jean-Théodore, cardinal de Bavière. Je me rétablis en peu de temps : on m'y laissa environ deux années ; elles ont été les plus belles de ma vie ; c'est pourquoi j'aime à me les rappeler.

Tout était nouveau pour moi ; je m'élançais vers chaque objet ; je mettais les chaises sur les tables ; je grimpais dessus ; je touchais à tout, et on me laissait faire : car on avait remarqué que j'étais prudent, même dans mes étourderies.

Lorsque ces mouvements impétueux se développent,

il n'est pas, je crois, de contrainte plus dure pour un enfant que d'être obligé d'étouffer les premiers élans de la nature. Surveiller trop un enfant est, ce me semble, le meilleur moyen d'en faire un imbécile; car s'il est imprudent, il trouve une punition dans sa propre imprudence, et les leçons qu'on se donne valent mieux que celles qu'on reçoit. C'est une victoire que de se corriger soi-même, et l'on rougit à tout âge d'avoir été corrigé.

Le temps que je passai à la campagne fut bien employé, comme on se l'imagine : toujours courant par monts et par vaux, me faisant chérir de tous les habitants; et cela devait être : car mes caresses, l'effusion de mon âme se portaient sur tous les objets animés et inanimés de la nature.

J'aime à me retracer le souvenir de cet asile champêtre. Ma grand'mère voulait m'y retenir; mais il fallut quitter ce séjour heureux pour retourner à la ville. Mon père, qui était venu nous voir, avait annoncé qu'il voulait me donner des maîtres de musique, et, si j'avais de la voix, me faire enfant de chœur à la collégiale de Saint-Denis, où il était alors premier violon. Je frémis en apprenant ce qu'il voulait faire de moi : les maîtres de musique ne m'épouvantaient pas, au contraire; mais être enfant de chœur me paraissait l'état le plus cruel, et je ne me trompais point.

Depuis qu'il existe des enfants malheureux sur la terre, aucun ne le fut autant que moi, dès que je fus abandonné au pouvoir du maître de musique le plus barbare qui fût jamais.

Il n'y eut donc plus de plaisir pour moi, dès que je sus les intentions de mon père; le deuil se répandit sur chaque objet qui, la veille encore, avait charmé tous mes sens. Mon âme pressentait tous les coups dont elle allait être atteinte, et cette prévoyance malheureuse porta le trouble et l'inquiétude au sein même du bonheur. Peut-on jouir du présent en redoutant l'avenir? C'est pour bien des gens un miracle de la nature, auquel je ne participai jamais.

Je partis après la visite de mon père; il s'occupa quelque temps de ma voix, qui était belle et très étendue; il me conduisit chez le maître de musique de sa collégiale. Je ne pus former un son. « Êtes-vous sûr qu'il ait de la voix? lui dit le maître. — Oui, sans doute, reprit mon père en me regardant de travers; venez chez moi, il sera moins timide et vous l'entendrez. » Il y vint quelques jours après; il m'entendit, et je fus reçu.

Je ne me rappelle qu'avec peine tout ce que j'ai souffert pendant le temps que j'ai été attaché à l'église de Saint-Denis; mais il est possible que quelques fragments de cet écrit passent un jour entre les mains de personnes qui confient trop légèrement la jeunesse à des mains dignes tout au plus d'exploiter les mines du pays: le désir seul d'adoucir les peines de ces innocentes victimes me fait entrer dans le détail suivant.

Quoique d'un tempérament fort délicat, les peines physiques n'ont jamais diminué mon courage; mes forces semblent s'augmenter avec le besoin qui les fait naître. Le moral, au contraire, est chez moi très susceptible, et toutes les puissances physiques sont anéanties quand mon cœur est oppressé.

Je faisais six voyages par jour, environ d'un mille, pour me rendre aux trois offices: j'eusse fait ce trajet avec joie; mais j'avais vu punir rigoureusement la moindre négligence, même involontaire, et la crainte de subir un pareil traitement me rendait mes devoirs insupportables: ce que je craignais arriva. Un jour que la pendule de mon père s'était arrêtée, j'arrivai trop tard aux matines, qui se chantaient entre cinq et six heures du matin. Je fus puni pour la première fois; on me fit tenir deux heures à genoux au milieu de la classe. Que de mauvaises nuits je passai ensuite! cent fois le sommeil fermait mes yeux, et cent fois la frayeur m'éveillait. Je prenais enfin mon parti; et, sans consulter ni l'heure ni le temps, je me mettais en route souvent dès trois heures du matin, à travers les neiges et les frimas ; j'allais m'asseoir à la porte de l'église, tenant sur mes genoux ma petite lanterne, à laquelle je réchauffais mes doigts. Je m'endormais alors plus tranquillement ; j'étais sûr qu'on ne pourrait ouvrir la porte sans m'éveiller.

L'heure de la leçon offrait un champ vaste aux cruautés du maître de musique ; il nous faisait chanter chacun à notre tour ; et à la moindre faute, il assommait de sang-froid le plus jeune comme le plus âgé. Il inventait des tortures dont lui seul pouvait s'amuser ; tantôt il nous mettait à genoux sur un gros bâton court et rond, et au plus léger mouvement nous faisions la culbute. Je l'ai vu affubler la tête d'un enfant de six ans d'une vieille et énorme perruque, l'accrocher en cet état contre la muraille à plusieurs pieds de terre, et là il le forçait à coups de verges de chanter sa musique, qu'il tenait d'une main, et de battre la mesure de l'autre. Ce pauvre enfant, quoique très joli de figure, ressemblait à une chauve-souris clouée contre un mur, et perçant l'air de ses cris. C'était toujours en notre présence qu'il accablait de coups le premier qui avait transgressé ses lois barbares. De pareilles scènes, qui étaient journalières, nous faisaient tous frémir ; mais ce que nous redoutions le plus, c'était de voir terrasser le malheureux sous ses coups redoublés : car alors nous étions sûrs de le voir s'emparer d'une seconde, d'une troisième, d'une quatrième victime, coupables ou non, qui devenaient tour à tour la proie de sa férocité ; c'était là sa manie. Il croyait nous consoler l'un par l'autre, en nous rendant tous malheureux. Et lorsqu'il n'entendait plus que soupirs et sanglots, il croyait avoir bien rempli ses devoirs.

Que l'on juge de ce que j'ai dû souffrir pendant quatre ou cinq années que j'ai passées dans cette horrible inquisition. J'ai été longtemps le plus jeune, le plus faible, le plus sensible, et cependant le moins maltraité ; mais, malgré tous mes efforts pour lui plaire, malgré les progrès rapides que je faisais dans la musique, il saisissait la moindre circonstance pour me ranger dans la classe commune. J'étais la victime sans tache réservée pour les grandes occasions, et mes larmes avaient le droit de sécher celles du plus malheureux. J'eus beau employer la douceur, le travail, la soumission, rien ne put me mériter un traitement plus doux. La seule bienveillance que je méritai (du moins la regardais-je comme telle), ce fut d'être choisi par lui tous les deux jours pour aller chez le marchand de tabac. J'avais soin d'ajouter quelques pièces de monnaie de mes petites épargnes pour que sa tabatière fût mieux remplie; j'obtenais pour toute récompense un coup d'œil d'approbation, et je me croyais trop heureux. Croira-t-on cependant, et c'est une bizarrerie inconcevable, que jamais je n'ai dit un mot à mes parents des peines que j'ai souffertes? Mon père, qui était considéré du chapitre et craint du maître de musique, l'aurait perdu sans ressource s'il avait soupçonné ma situation.

Si, pendant ces misérables années, je n'ai pas tout à fait perdu mon temps, si j'ai fait quelques progrès dans la musique, si j'ai acquis quelques faibles connaissances, je n'obtins point cet avantage par les leçons de l'instituteur, mais malgré ses leçons; car si quelque chose avait été capable de détruire en moi ce goût inné, cet instinct qui m'entraînait vers la musique, j'ose affirmer que c'était la manière même dont on s'y prenait pour me l'enseigner.

Je dois ici parler d'un accident qui, je crois, a influé sur mes organes, relativement à la musique. Je puis être dans l'erreur; mais il est sûr que nul homme n'oserait affirmer le contraire.

Dans mon pays, c'est un usage de dire aux enfants que Dieu ne leur refuse jamais ce qu'ils lui demandent le jour de leur première communion. J'avais résolu depuis longtemps de lui demander qu'il me fît mourir le jour de cette auguste cérémonie, si je n'étais destiné à être un honnête homme, et un homme distingué dans mon état : le jour même je vis la mort de près.

Étant allé, l'après-dîner, sur les tours pour voir frapper les cloches de bois[1], dont je n'avais nulle idée, il me tomba sur la tête une solive qui pesait trois ou quatre cents livres. Je fus renversé sans connaissance.

Le marguillier courut à l'église chercher l'extrême-onction. Je revins à moi pendant ce temps, et j'eus peine à reconnaître le lieu où j'étais; on me montra le fardeau que j'avais reçu sur la tête. « Allons, dis-je en y portant la main, puisque je ne suis pas mort, je serai donc honnête homme et bon musicien. » On crut que mes paroles étaient une suite de mon étourdissement. Je parus ne pas avoir de blessure dangereuse; mais en revenant à moi je m'étais trouvé la bouche pleine de sang. Le lendemain je remarquai que le crâne était enfoncé, et cette cavité subsiste encore.

J'étais peut-être arrivé à l'époque où le caractère change; mais il est certain que je devins tout à coup rêveur d'habitude; ma gaieté dégénéra en mélancolie; la musique devint un baume qui charmait ma tristesse; mes idées furent plus nettes, et ma vivacité ne me reprit plus que par accès.

Lorsque je travaille pendant longtemps, il me semble que ma tête a conservé quelque chose de l'étourdissement que je sentis après le coup dont j'ai parlé.

Lorsqu'il fut question de chanter au chœur, je m'en acquittai très mal; la timidité m'en ôtait les moyens: on prit patience quelque temps; mais, comme personne ne se chargeait de me rassurer, ma crainte ne diminua point; et après quelques essais également infructueux, il fut résolu qu'on prierait mon père de me reprendre.

Je cessai d'aller à l'école de chant et aux offices, mais je conservai ma place. Mon père me donna un maître, nommé M. Leclerc, aujourd'hui maître de musique à Strasbourg; il était doux et bon; je profitai de ses leçons.

Il arriva dans ce temps une troupe de chanteurs

---

[1]. Espèce de bruit que l'on substitue à celui des cloches ordinaires pendant la semaine sainte, et qui n'a rien de commun avec les crécelles en usage à Paris et ailleurs. (G.)

italiens qui s'établit à Liège : elle représentait les opéras de Pergolèze, de Buranello, etc. Mon père pria le directeur, nommé Resta, de me donner l'entrée à l'orchestre et il y consentit. J'assistai pendant un an à toutes les représentations, souvent même aux répétitions : c'est là que je pris un goût passionné pour la musique.

Mon père, qui avait suivi mes progrès, sentit qu'il était temps de reparaître à Saint-Denis. Il alla trouver le maître de musique, le pria de me laisser chanter un motet le dimanche suivant. Le maître lui représenta qu'il était dangereux de m'exposer une seconde fois, d'autant plus que les chanoines prendraient sûrement le parti de me renvoyer tout à fait, si je ne réussissais pas mieux. « J'y consens, dit mon père, s'il ne chante pas mieux que tous les musiciens de votre collégiale. » Ce ton d'assurance fit accepter la proposition, sans toutefois inspirer une grande confiance au maître de musique. Le grand jour arrive enfin, mon père me conduit à l'église. Je me rappelle qu'en chemin il me dit : « Vous voyez, mon fils, cette tabatière; c'est la plus belle que j'aie, et je vous la donne si vous chantez bien. » Ma bonne mère se rendit aussi à l'église en tremblant. L'amour-propre de toute la famille avait été humilié, et j'allais tout réparer en un moment, ou confirmer l'opinion établie dans le bas chœur que je n'étais pas né pour être musicien.

J'arrive; tout le monde me regarde avec pitié, on sourit, on ricane. Le maître de musique me dit : « Te voilà donc! mais tu n'es pas changé. » Il n'en fallait pas davantage pour me rendre toute ma timidité; mais j'avais un soutien qui n'était connu que de moi. J'avais, depuis un an, une dévotion à la Vierge, qui allait jusqu'à l'idolâtrie[1]; je venais de faire une neuvaine pour implorer son secours; et la protection du

---

[1]. Les hommes qui connaissent le cœur humain ne trouveront point étrange que, dans un pays où les opinions religieuses ont conservé beaucoup d'empire, un enfant timide et très sensible prenne ainsi le change dans le premier développement des sentiments de son cœur. (G.)

Ciel me semblait plus sûre que la prédiction du maître de musique. Cette persuasion me sauva.

Le motet que je chantai était un air italien, traduit en latin, sur ces paroles à la Vierge : *Non semper super prata casta florescit rosa.* J'eus à peine chanté quatre mesures, que l'orchestre s'éteignit jusqu'au pianissimo, de peur de ne pas m'entendre[1]. Je jetai dans ce moment un coup d'œil vers mon père, qui me répondit par un sourire. Les enfants de chœur qui m'entouraient se reculèrent par respect ; les moines sortirent presque tous de leurs formes, et ils n'entendirent pas la sonnette qui annonçait le lever-Dieu.

Dès que le motet fut fini, chacun félicita mon père : on parlait si haut, que l'office aurait été interrompu si le maître de musique n'eût imposé silence. J'aperçus dans ce moment ma bonne mère dans l'église ; elle essuyait ses larmes, et je ne pus retenir les miennes.

Après la messe, je fus entouré par tout le chapitre. M. de Harlez surtout, qui était grand musicien, me promit ses bontés, qu'il m'a toujours conservées ; j'en parlerai dans la suite. On faisait mille questions à mon père : Quel est donc ce miracle ? Où a-t-il pris ce goût de chant ? Il chante aussi purement dans le goût italien, que nos meilleures chanteuses de l'Opéra. Mon père dit alors qu'il me conduisait avec lui à toutes les représentations.

Mon petit triomphe fit du bruit : les chanoines en parlèrent à la représentation du soir[2]. Le dimanche suivant, je chantai encore, par ordre du chapitre. J'avais un nombreux auditoire ; et ce qui me flattait le plus, c'était d'y voir toute la troupe italienne, femmes et hommes : chacun d'eux me regardait comme son élève.

---

1. J'ai remarqué en général que les ouvrages que j'ai composés dans la belle saison se ressentent de son influence : le *Huron*, le *Tableau parlant*, l'*Ami de la maison*, la *Fausse Magie*, la *Rosière*, *Colinette à la Cour*, la *Caravane* et *Panurge*, sont ceux qui me semblent avoir une certaine fraîcheur qui les distingue. Si les circonstances s'y prêtaient, je travaillerais pendant l'été sur un poëme aimable, et l'hiver sur une pièce plus sérieuse et plus intriguée. Au reste, en tout temps, le bonheur dont l'artiste jouit influe infiniment sur ses productions. (G.)

2. Le prince-évêque assiste au spectacle, et par conséquent le clergé. (G.)

Je chantai le même morceau, qu'on avait redemandé. J'eus l'adresse d'y ajouter quelques tournures plus italiennes; mon succès fut complet. Il signor Resta déclara qu'il donnait les entrées de son spectacle à tous les enfants de chœur de la ville; aussi vit-on chaque jour une troupe de petits abbés qui venaient apprendre à louer Dieu à la salle de la comédie.

On est curieux peut-être de savoir ce que me dit le maître de musique dans ces circonstances; pas grand'-chose. Il changea de conduite à mon égard; il me traita comme un grand garçon. Le jour même où je chantai mon premier motet, il me présenta la main, que je serrai, et il me dit, sans me tutoyer comme auparavant : « Quoique vous n'ayez pas réussi comme enfant de chœur, je prédis que vous serez bon musicien. » Je le remerciai, et lui pardonnai dans le fond de mon cœur toutes les cruautés dont il avait empoisonné mes premières années... Il mourut pendant mon séjour à Rome. Sa femme chercha à me voir au premier voyage que je fis à Liège : je ne pus me résoudre à aller chez elle ; je n'aurais pu lui parler que de son mari, et son souvenir aurait flétri le bonheur dont je jouissais au sein de ma patrie, qui m'accablait de bienfaits.

Après deux ou trois ans, ma voix ne tarda pas à se ressentir de l'époque dite *de la mue*.

Il eût fallu dans cet instant m'interdire le chant. On n'eut pas cette prudence ; chacun voulait m'entendre et jouir le plus longtemps qu'il se pourrait des restes de ma voix, que l'âge devait bientôt détruire ou changer, et moi-même je me dissimulais les efforts que j'étais obligé de faire. J'en fus puni ; je vomis le sang en sortant d'un concert où j'avais chanté un air fort haut de Galuppi [1]. Quoiqu'il se soit passé environ vingt-

---

1. Balthazar Galuppi, dit Buranello, né à Venise en 1703. Très habile claveciniste et organiste, il succéda, comme maître de chapelle de l'église Saint-Marc, à Ant. Lotte, dont il était l'élève. Il mérite une mention particulière en ce que ce fut lui qui, appelé à Pétersbourg par l'impératrice Catherine II, introduisit dans l'église russe la bonne musique religieuse. Il revint en 1768 à Venise, où il mourut, en 1785. (LAURE COLLIN, *Histoire de la musique*, éd. Delagrave.)

cinq ans depuis cet accident, je ne suis pas guéri ; il s'est renouvelé à chaque ouvrage que j'ai fait. J'en ai une si grande habitude ; j'ai été traité à Liège, à Rome, à Genève, à Paris, de tant de manières différentes, que les personnes qui sont atteintes d'hémorrhagies me sauront gré sans doute si je leur fais part du régime qui m'a le mieux réussi.

Si j'avais pu renoncer à toute espèce de composition, j'aurais obtenu probablement une guérison complète ; mais rien n'a pu m'arrêter, pas même la crainte de payer de ma vie le plaisir de me livrer à mon goût pour l'étude.

Je me rappelle une conversation que j'eus à Paris avec le docteur Tronchin [1]. « Je vois, me disait-il, comment vous vivez ; vous êtes sobre, vous suivez le régime que je vous ai prescrit : pourquoi donc ces rechutes continuelles ? Il faut que vous me disiez comment vous faites votre musique. — Mais, comme on fait des vers... un tableau ;... je lis, je relis vingt fois les paroles que je veux peindre avec des sons ; il me faut plusieurs jours pour échauffer ma tête : enfin je perds l'appétit, mes yeux s'enflamment, l'imagination se monte, alors je fais un opéra en trois semaines ou un mois. — Oh ! ciel ! dit Tronchin, laissez là votre musique, ou vous ne guérirez jamais. — Je le sens, lui dis-je ; mais aimez-vous mieux que je meure d'ennui ou de chagrin ? »

Voici les conseils que je donnerais à ceux qui, travaillant comme moi, sont sujets à la même maladie.

Ne vous faites point saigner pendant l'hémorrhagie, sans la plus grande nécessité ; j'ai vomi jusqu'à six ou huit palettes de sang en différents accès, qui revenaient périodiquement deux fois le jour et deux fois la nuit ; tout se calme à la fin, en buvant un peu d'orgeat dans

---

[1]. Tronchin, médecin célèbre né à Genève en 1709, mort en 1784, fut premier médecin du Régent et popularisa l'inoculation variolique en France. Non moins fameux par sa libéralité que par ses talents, Tronchin, au temps de sa plus grande vogue, consacrait régulièrement chaque jour plusieurs heures à consulter gratuitement les pauvres gens, que, le plus souvent, il assistait en outre de ses deniers.

de l'eau de graine de lin : la saignée habituelle, en affaiblissant les vaisseaux, prépare de nouvelles hémorrhagies.

Après le dernier accès, je reste quarante-huit heures couché sur le dos, sans parler et sans remuer : un assez gros volume de sang grumelé, que l'on expectore d'ordinaire pendant cet intervalle, annonce que la cicatrice est formée ; il faut alors une huitaine de jours pour reprendre des forces.

La vie sédentaire d'un homme de cabinet échauffe et tient en stagnation l'humeur, qu'il faut nécessairement expulser avec précaution.

Prenez le matin une tasse d'infusion de fleurs d'ortie rouge ; faites-y fondre un petit morceau de colle de peau d'âne.

Si votre poitrine est échauffée, ce que l'on aperçoit par une petite toux sèche, prenez du sirop de vinaigre dans beaucoup d'eau. Si votre estomac est trop rafraîchi, prenez un verre de vin de Bordeaux après le repas. L'excès des rafraîchissements m'a occasionné une fois un crachement de sang.

Garantissez-vous contre l'humidité des pieds pendant l'hiver, couchez-vous de bonne heure ; mettez vos jambes dans l'eau tiède, si votre tête s'échauffe trop pendant le travail ; choisissez des aliments sains et de facile digestion, et laissez les mets trop échauffants. Ne buvez pas habituellement de vin sans eau ; ne travaillez jamais après le repas : l'imagination est facile après la digestion du dîner ; mais travaillez rarement le soir, si vous voulez une bonne nuit et un bon lendemain.

Voilà ce que l'expérience m'a appris ; voilà le régime que j'ai suivi, et probablement je lui dois une existence sur laquelle on n'aurait pas dû compter beaucoup il y a vingt ans. Il est aisé à observer ; mais il y faut ajouter une règle, sans laquelle tout régime est inutile. Je dirai au jeune homme fougueux et plein d'imagination, qui s'abandonnerait à la fois à l'impulsion de son âge : « Si tu veux te livrer aux charmes de l'étude, renonce aux plaisirs, sinon la mort est ton partage. »

Mon crachement de sang fut l'époque où j'abandonnai le chant. J'avais déjà commencé à m'occuper de la composition, sans règles ni principes; j'avais même composé un motet en chœur à quatre parties, et une fugue instrumentale, aussi à quatre parties; je m'y étais pris d'une manière si nouvelle pour faire ces deux morceaux, qu'un habile maître n'aurait pas désavoués, que je dois la rapporter, ne fût-ce que pour prouver combien l'émulation donne de courage et rend ingénieux. J'avais commencé par la fugue, parce qu'on m'avait dit que cette composition était la plus difficile; « or, si je débute par une fugue, me disais-je en moi-même, j'étonnerai bien du monde, » et cela fut vrai. J'avais une fugue en partition et à quatre parties; elle était très bien faite, fort claire, quoique très rigoureuse. Je l'étudiai au point que j'en savais toutes les parties par cœur. Mille fois dans mon lit je me figurais entendre exécuter ce morceau, et je l'entendais réellement.

J'eus la patience de travailler la fugue entière en faisant toujours le contraire de mon modèle; je le suivais en tout point. On me crut un prodige, et je n'étais qu'un adroit plagiaire. Le motet que je fis ensuite ne m'appartenait pas plus que la fugue. Je suivis un autre procédé.

J'avais environ cent motets en chœur, imprimés avec les parties séparées. Je m'emparai d'abord de la basse chantante des cent motets; et en les parcourant, je pris tantôt une phrase, tantôt une demi-phrase, selon que mes paroles l'exigeaient. Transporter les tons, ajouter ou diminuer un temps dans une mesure, n'était rien pour ma patience : j'avais soin d'écrire sur un papier à part la page et la ligne où j'avais pris cette basse, après quoi je feuilletais chaque cahier pour y prendre les parties; si la haute-contre sortait de son diapason, je savais bien l'échanger avec la taille; enfin le motet fut terminé; on le trouva harmonieux et il ne fut pas reconnu. Je conviens qu'il n'était guère possible qu'il le fût.

Ma conscience me reprochait cependant cette manière de composer en mosaïque ; j'étais moins content que ceux qui m'entendaient ; mais enfin j'avais pris un engagement avec les musiciens, il fallait continuer et faire mieux.

Je demandai un maître de clavecin à mon père. Il me donna M. Renekin, célèbre organiste de Saint-Pierre à Liége. Je pris de lui, pendant deux ans, des leçons dont je profitai bien ; cet homme était en tout l'opposé de mon premier maître ; il avait autant de douceur, de patience et d'aménité avec ses élèves que l'autre affectait de morgue et d'inflexibilité. On désirait ses leçons autant que l'on redoutait celles du pédant orgueilleux et barbare. Je me rappellerai toujours avec tendresse et reconnaissance ce que je lui dois, et combien je jouissais en m'instruisant avec lui dans une science que chacun trouve abstraite et ennuyeuse !

Il m'apprit la règle ordinaire de l'octave, par le renversement des trois accords primitifs, l'accord parfait, la septième de dominante et la septième de seconde : ce qui fut fait et mis en pratique en deux mois de leçons. Il me donna un livre de basses chiffrées, qu'il avait fait et écrit lui-même ; tous les écarts, toutes les surprises, toutes les ressources de l'harmonie étaient rassemblées et mises en ordre dans ce manuscrit, dont je regrette beaucoup la perte. La manière d'enseigner de mon professeur mérite peut-être quelque attention : il mettait autant d'ardeur, il prenait autant de part à la leçon que s'il avait fait pour lui-même autant de découvertes que j'en faisais pour mon propre compte. Il m'arrêtait tout à coup sur un accord dissonant de septième diminuée.... « Ne bougez pas, mon ami, ne bougez pas, me disait-il ; vous allez de cette note sensible, portant accord de septième diminuée, à l'accord parfait mineur, un demi-ton plus haut. — Oui. — Ne pourriez-vous pas me renvoyer bien loin ? — Oui, Monsieur, je puis prendre une des quatre notes de l'accord pour sensible, et en prenant la tierce j'irais dans ce ton. » Il se levait alors transporté de joie ; il marchait à grands pas par toute la chambre, en riant de toutes ses forces ; je le suivais en riant comme lui, et nous étions souvent pendant cinq minutes dans cette espèce d'enthousiasme, sans pouvoir nous retenir : c'était par inclination qu'il enseignait, et le payement n'était qu'accessoire.

Cet homme aimable, avec lequel j'aurais voulu passer ma vie, et que la mort a trop tôt enlevé ; cet homme, dis-je, rempli d'esprit, de connaissances et de candeur, avait l'art d'entraîner son élève par l'intérêt qu'il prenait lui-même à la chose ; et je puis dire avec vérité que chaque leçon qu'il me donna pendant ces deux années fut pour moi un véritable divertissement.

Ce que je viens de dire mérite d'être considéré par les maîtres en tout genre ; et je leur promets qu'ils seront recherchés, qu'ils se feront honneur de leurs élèves, et qu'enfin ils mériteront les éloges dus aux habiles maîtres, si, possédant bien clairement les principes de leur art, ils suivent les traces du célèbre Renekin.

C'est à cette époque que je dois rapporter la véritable origine de tous les progrès que j'ai pu faire dans la musique. C'est alors que des soins convenables développèrent très sensiblement un germe qu'une mauvaise culture avait failli étouffer. Mon exemple prouvera, avec cent autres, que la première qualité d'un maître, en quelque genre que ce soit, est de s'attirer d'abord la bienveillance de son élève ; et que sans le talent de s'en faire aimer, tous les autres deviennent inutiles. Il est indubitable que l'aspect toujours sévère de la plupart des instituteurs, le ton despotique, les mauvais traitements, sont diamétralement contraires au but de l'institution ; car l'effet le plus commun de tels moyens est d'inspirer à presque tous les enfants un dégoût invincible pour l'étude. L'image de l'étude et celle du maître s'identifient dans leur esprit, et ils en conçoivent une sorte d'horreur.

Il en était tout autrement de M. Renekin : il redoublait mon ardeur ; j'étais tout occupé de mon harmonie ; elle me rendait heureux, grâce à ses soins.

Cependant mon père, qui avait été émerveillé de mes deux premiers morceaux de composition, vint me trouver un jour dans ma chambre.

« Mon fils, me dit-il, je ne sais comment vous vous y êtes pris pour faire votre fugue et votre motet.

— Je le sais bien, moi, lui dis-je en riant.

— Eh bien, ajouta-t-il, à présent que vous connaissez l'harmonie, je doute encore que vous puissiez, sans vous épuiser de fatigue, écrire correctement les choses dont vous connaissez la marche harmonique. Je vois, continua-t-il, tous les jours dans le monde des hommes instruits dont l'éloquence entraîne et persuade; s'ils s'avisaient d'écrire ce qu'ils disent si bien, peut-être ne les entendrait-on plus. Or donc (c'était son expression favorite), il en est de même d'improviser sur un clavier, ou d'écrire correctement en musique : croyez-moi, mon fils, il vous faut un maître de composition, et j'ai fait choix de notre ami Moreau, maître de musique de Saint-Paul; je lui ai parlé de vous, il vous recevra avec plaisir. »

Dès le lendemain je courus chez Moreau. Je lui portai une messe que je commençais. « Oh! doucement, me dit-il, vous allez trop vite. » (Il me rendit ma partition sans la regarder, et il m'écrivit cinq ou six rondes sur un papier.) « Ajoutez une partie de chant à cette basse, et vous me l'apporterez; surtout ne composez plus de messes. » — Je partis un peu humilié. Je me disais en chemin : « Mon père avait bien raison. » Je lui portai sa basse ornée de trois ou quatre chants différents.

« Vous allez encore trop vite, me dit-il; je vous avais demandé note pour note sur cette basse, et par mouvement contraire. *Dominus vobiscum.* Séparez et rapprochez les mains; voilà ce que les parties doivent faire. » Je sortis en me disant : « Voilà deux leçons dont je n'ai guère profité. Mais allons doucement, je vois bien que mon défaut est d'aller trop vite. »

Je n'eus pas assez de patience pour m'en tenir à mes leçons de composition; j'avais mille idées de musique dans la tête, et le besoin d'en faire usage était trop vif pour que je pusse y résister. Je fis six symphonies; elles furent exécutées dans notre ville avec succès. M. le chanoine de Harlez me pria de les lui porter à son concert; il m'encouragea beaucoup, me conseilla d'aller étudier à Rome et m'offrit sa bourse. Mon maître de composition regarda ce petit succès comme pouvant nuire à l'étude du contrepoint, qui m'était si nécessaire : il ne me parla point de mes symphonies. Il n'en fut pas de même de M. Renekin : j'arrive un jour pour prendre ma leçon d'harmonie; il m'embrasse, me fait asseoir dans un fauteuil, se met à son clavecin, exécute un morceau de mes symphonies qu'il savait par cœur, revient à moi, en me criant : « Bravo ! bravo ! mon ami; ah! je suis d'une joie... Je veux les jouer toutes sur mon orgue. »

Trop digne et trop aimable homme; tu sentais les défauts de mon faible ouvrage; mais au moins, en m'encourageant par ton suffrage, tu préparais les semences qui devaient un jour germer et faire naître des productions plus dignes de l'émulation que tu m'inspirais !

Le projet d'aller étudier à Rome ne me quitta plus, et, pour décider le chapitre à me laisser partir, je finis la messe dont j'ai parlé. Je la fis voir à M. Moreau, en lui disant : « Je conviens, Monsieur, qu'un écolier de ma sorte ne doit pas entreprendre un ouvrage si considérable; mais je suis décidé à aller étudier à Rome : mes parents s'y opposent, vu ma faible santé; mais dussé-je y aller à pied et demander la charité sur les chemins, mon parti est pris, j'accomplirai mon projet. Voyez donc cette messe, je vous en prie; je veux, s'il est possible, engager le chapitre à reconnaître mes services, et ne pas priver mon père d'une somme dont sa nombreuse famille a besoin. »

Il vit ma messe en quatre ou cinq séances; il corrigea beaucoup de fautes de composition, et il n'en trouva aucune contre l'expression.

Je me rappelle qu'il était venu plusieurs fois au

verset : *Qui tollis peccata mundi*, etc. « Comment le trouvez-vous ? lui dis-je.

— Je vous conseille de ne pas le laisser, me dit-il.

— Pourquoi donc ?

— On ne croira pas qu'il soit de vous.

— Cela m'est égal ; j'espère que vous êtes persuadé qu'il est de moi, et cela me suffit. »

Ce que je dis prouve assez que c'est à la nature à faire les premiers dons à l'homme qui se destine aux arts d'imagination.

Quelle est, me dira-t-on, la nature que doit suivre le musicien ? La déclamation juste des paroles. Je ne parle pas des effets physiques, tels que la pluie, les vents, la grêle, le chant des oiseaux, les tremblements de terre, etc. Quoiqu'il y ait du mérite à bien rendre ces différents effets, le plus souvent ils me font une sorte de pitié. C'est comme quand on voit un buste colorié ou habillé : on recule d'effroi ; c'est la nature trop servilement rendue ; elle n'a plus de charmes.

Je n'aime pas davantage les récits de combats, de tempêtes mis en musique ; c'est, je crois, la faute de nos poètes, qui rassemblent tant d'images dans un même morceau que le musicien devient confus pour vouloir tout rendre : le récit, dans le *Huron* ; celui de la tempête, dans le *Tableau parlant*, ne me satisfont point ; la chasse de *Tom-Jones* a les mêmes défauts, quoi qu'en dise l'auteur du mélodrame : il ne trouve rien de comparable à l'endroit qui dit, en parlant du cerf : « Enfin tombe... » Cette expression musicale me paraît exagérée, lorsqu'il est question de peindre un cerf presque mort de fatigue avant de succomber[1]. Le récit que j'ai fait dans l'*Amant jaloux* : « Victime infortunée... », n'a pas le défaut de la surabondance, et je crois que les réflexions des deux femmes qui écoutent

---

1. On peut objecter qu'en pareil cas c'est le chasseur qui exagère ; voilà peut-être l'excuse du musicien. Au reste, soit que j'approuve ou que je critique, l'on me permettra de prendre mes exemples chez les autres, lorsque je ne les trouve pas dans mes ouvrages. La franchise avec laquelle je me critique moi-même prouve que je n'ai en vue que l'avantage de l'art. (*G*)

Isabelle ne contribuent pas peu à l'effet de ce morceau, qui aurait peut-être pris une tournure gigantesque si ces réflexions n'en eussent séparé les images. L'inexpérience s'aperçoit plus dans les compositions trop surchargées et produisant peu d'effet, que dans celles où règne trop de simplicité et même un certain vide. Voyez la musique de Pergolèze[1]. Le chant est un dessin pur qui suit la déclamation; quelques notes d'accompagnement lui ont suffi pour compléter son tableau. On pourrait sans doute multiplier les accompagnements sans nuire à l'ensemble; c'est ce que fait le musicien qui écoute. Je n'ai jamais entendu la *Servante maîtresse* sans faire dans ma tête quelques parties satisfaisantes, et j'étais enchanté que l'auteur m'eût donné ce plaisir.

J'entends souvent les musiciens de la Comédie italienne ajouter quelques notes par-ci par-là à mes accompagnements; ce qu'ils ajoutent est bien, mais j'aimerais mieux qu'ils le laissassent faire aux spectateurs, qu'il faut aussi amuser. Si chaque exécutant avait la même envie, que serait-ce qu'un tel ensemble? Le musicien exécutant qui passe les bornes de son devoir, non seulement fait la leçon au compositeur, mais il se donne à l'égard de ses confrères un ton de docteur, qui, à la longue, nuit singulièrement à sa réputation.

M. le chanoine de Harlez fit part au chapitre de

---

1. Jean-Baptiste Pergolèze, né à Jesi en 1710, étudia à Naples, au Conservatoire des *Poveri di Cristi*, où il fut élève de Durante et de Leo. A l'âge de quatorze ans il commença à composer, et ses essais furent goûtés. Il écrivit d'abord quelques opéras, mais son génie l'entraînait vers le genre religieux, et, découragé par les succès de son compétiteur Duni, dont le talent était bien inférieur au sien, il ne tarda pas à suivre son penchant. C'est alors qu'il composa deux admirables morceaux, un *Dixit* et un *Laudate*. Mais sa faible santé n'avait pu résister aux luttes et aux déceptions de la rivalité. Vainement on conduisit le pauvre malade respirer l'air vivifiant de la mer, au pied du Vésuve; il était déjà trop tard. Pénétré du pressentiment de sa fin prochaine, il eut le courage de terminer avant de mourir son sublime *Stabat Mater*.

On honora la mémoire de ce compositeur, mort à vingt-six ans, en lui donnant le titre de *Raphael de la musique*.

Parmi les œuvres de Pergolèze, il faut citer la *Serva padrona* (la Servante maîtresse), opéra-comique souvent repris, et toujours avec grand succès. (L. Collin.)

l'envie que j'avais d'aller étudier à Rome, et prit ses ordres pour faire exécuter ma messe à la prochaine fête solennelle, qui n'était pas éloignée.

« Allons, dit un chanoine, faisons ce que désire ce jeune homme ; mais je vous avertis, Messieurs, que s'il nous quitte une fois, nous le perdrons pour toujours. »

On m'accorda une signification.

Je portai ma messe à l'abbé J***, alors maître de musique, qui crut, ainsi que mon maître de composition, qu'elle n'était pas de moi ; cependant il lui fallut obéir et battre la mesure, ce qu'il fit d'assez mauvaise grâce ; mais mon père, premier violon, était aimé de ses confrères ; ils remarquèrent que le maître de musique mettait peu de soin à l'exécution, et cela leur suffit pour redoubler leur zèle. Aussi jamais ouvrage ne fut exécuté avec plus de chaleur.

La messe fit plaisir ; et l'on se disait dans la ville : « Nous avons entendu les adieux du jeune Grétry. »

Le printemps approchait ; mais ses douces influences n'inspiraient à ma famille qu'une sombre tristesse. On ne croyait pas que j'eusse assez de force pour supporter la fatigue d'un voyage de quatre à cinq cents lieues que j'allais faire à pied. Ma bonne mère eut le courage, en répandant des larmes, de travailler elle-même aux petites nippes qui m'étaient nécessaires. J'étais le seul de la famille qui parût avoir conservé de la gaieté ; j'étais résolu, et j'avais raison de paraître tel ; c'était le seul moyen d'obtenir le consentement de mes parents. Je fus passer une journée à Coronmeuse, chez ma grand'mère. Ses adieux étaient pour moi les plus cruels de tous ; car son grand âge ne me laissait pas l'espérance de la revoir jamais ; sa contenance à mon égard n'est jamais sortie de ma mémoire. Elle me parla longtemps de mes devoirs envers Dieu, me recommanda le soin de ma santé. Elle remarqua sans doute avec plaisir le courage que j'affectais, et dans la crainte de l'affaiblir elle s'efforçait de me montrer une physionomie riante, dans le temps que ses pleurs la trahissaient.

L'exhortation que me fit son second mari fut d'un genre tout différent; après dîner il me conduisit dans son jardin; il commença par m'enfoncer son chapeau sur ma tête, en me disant : « Eh bien, Rodrigue, as-tu du cœur?

— Oui, vraiment, mon grand-papa.

— Tiens, me dit-il en fouillant dans ses poches, voilà le présent que je te fais. »

Il sort en même temps deux pistolets qu'il me présente : « Prends garde, dit-il, ils sont chargés; n'en abuse pas, mon fils, je t'en conjure; mais si quelqu'un t'attaque...

— Oui, oui, mon grand-papa, je saurai bien me défendre.

— Allons, voyons; je suppose que cet arbre est un voleur qui te demande la bourse ou la vie; que feras-tu?

— Je lui dirai : « Monsieur, si vous êtes dans le besoin, je peux bien vous offrir quelque secours; mais ma bourse tout entière, dans la situation où je me trouve, c'est ma vie elle-même. »

« — Non, me répond mon grand-père en me montrant l'arbre, c'est tout ce que tu possèdes que je veux avoir.

« — Pan... » Je tire un coup de pistolet contre l'arbre.

— Il met le sabre à la main, » s'écrie mon grand-père... Et je lâche mon second coup. Ma grand'mère, effrayée, accourt à la fenêtre en criant : « Au nom de Dieu, que faites-vous là?

— Je tue les voleurs, ma grand'maman, » lui répondis-je. Son mari mit les deux pistolets dans ma poche, et nous rentrâmes.

J'appris, en arrivant chez mon père, que le messager qui devait me conduire était venu à la maison, et avait fixé son départ pour Rome à huitaine. C'était à la fin de mars 1759, et j'avais par conséquent dix-huit ans. Je ne doutais pas que mon guide n'eût été bien traité, et qu'on ne lui eût promis une récompense s'il prenait soin de moi sur la route.

Cet homme s'appelait Remacle; et quoique âgé de soixante ans, il faisait par année deux voyages de Liège à Rome, et de Rome à Liège; il en faisait quelquefois trois. Il était très honnête homme avec les jeunes gens qu'il conduisait ou ramenait; mais il était bien le plus fin des contrebandiers : il portait en Italie les plus belles dentelles de Flandre, et les jeunes étudiants qu'il conduisait n'étaient qu'un prétexte pour cacher son commerce. Il rapportait de Rome des reliques et de vieilles pantoufles du pape; il en fournissait tous les couvents de religieuses de la Flandre et des Pays-Bas. Il en tirait de l'argent, des dentelles, des présents de toute espèce. Cet homme était riche et avare; nous lui disions souvent : « Veux-tu donc mourir sur les grands chemins, Remacle? »

Il nous répondait de son air juif : « Hélas! je ne suis pas aussi riche que l'on croit; d'ailleurs quand je ne fais qu'un voyage par année, je fais une maladie en automne, et j'aime mieux voyager. »

Son trafic l'obligeait de faire d'immenses détours pour éviter les endroits où il était soupçonné; de manière que pour conserver sa santé, selon lui, il faisait environ deux mille lieues par année, portant plus de cent livres sur le dos.

Le jour de mon départ arrive enfin; je le désirais impatiemment. Je ne voyais que larmes, je n'entendais que soupirs depuis huit jours. Le terrible Remacle arriva au jour fixé : il entra chez mon père sans se faire annoncer; il était une heure après dîner. Son apparition fut un coup de foudre pour ma famille. Je ne lui donne pas le temps de parler : je saute sur ma valise, que je mets sur mon dos; je me jette à genoux, les mains jointes, pour demander la bénédiction de mon père et de ma mère. « Que Dieu te bénisse, mon cher enfant! » me dirent-ils, et j'avais disparu.

Le voisinage était aux portes pour me voir partir; je fis signe à chacun de ne point m'arrêter; et mon vieux mentor leur disait en courant après moi : « Soyez tranquilles, j'en aurai soin. »

Que les larmes de ma mère et surtout de mon père me firent une vive impression! Leur physionomie respectable, où était répandue la pâleur de la mort, leurs bras élevés vers le Ciel pour l'implorer en ma faveur, ce tableau pieux me fit une sensation que je ne puis rendre.

Lorsque je fus en état de me reconnaître, je sentis mes larmes couler et je dis : « O mon Dieu! permets que ta pauvre créature soit un jour le soutien et la consolation de ses infortunés parents. »

L'amour paternel et l'amour filial résident sans doute dans tous les cœurs, même les plus endurcis ; mais que les gens de haut parage sont loin de savoir combien ce sentiment respectable est plus vif chez les honnêtes bourgeois, surtout dans les pays où le luxe et la débauche n'ont pas mis de barrières entre les pères et leurs enfants! L'habitude de vivre ensemble, de se chauffer au même feu, de boire au même vase, de manger au même plat, répugnerait sans doute à la nature factice du beau monde ; mais cependant avec quelles délices je me rappelle ce cher et bon vieux temps! J'ai puisé dans cette intimité l'amour éternel que je porte aux auteurs de mes jours. Eh! qui ne se contraint, quand il vit et agit toujours sous les yeux de ses enfants? Quel est l'enfant qui puisse compter sur l'amour paternel au point de s'oublier souvent en sa présence? Un gouverneur, direz-vous, jouit de l'autorité d'un père : oui, mais l'enfant accorde-t-il au maître cette autorité que la nature ne lui a pas donnée? La nature ne perd pas ses droits, et à sept ans un enfant se dit : « Il faut que j'obéisse à un maître que l'on paye pour avoir soin de moi ; c'est pour lui-même, c'est pour sa fortune et sa réputation qu'il lui importe que je remplisse mes devoirs ; il n'a pas d'autre intérêt ; mais mon père est mon Dieu sur la terre ; je suis ce qu'il aime le plus dans ce monde ; ses volontés sont pures, et je sens que sa raison doit être ma loi. »

L'obéissance naturelle fait des hommes ; l'obéissance forcée fait des esclaves ; et je n'estime guère plus l'homme qui n'est honnête que parce qu'il tremble à l'aspect des lois, que le coupable qui les enfreint.

Mon vieux mentor me conduisit dans son village, à trois lieues de Liège, où je trouvai deux étudiants qui nous attendaient pour faire route ensemble : l'un était abbé ; il me parut faible et languissant, et je sentis un retour de courage sur moi-même à l'aspect de ce frêle voyageur ; l'autre était un jeune chirurgien ; il était gai, vif, sans soucis ; je le jugeai un compagnon de voyage fort amusant, et je ne me trompai pas.

Je témoignai à ces jeunes gens combien j'avais été fâché de ne m'être point trouvé chez mon père lorsqu'ils y étaient venus pour faire connaissance avec moi. Nous fûmes bientôt amis, surtout le jeune chirurgien et moi. Il me dit à l'oreille que ce pauvre abbé, à la mine allongée, ne ferait que vingt-cinq lieues de son pied mignon. J'avais remarqué, ainsi que lui, que notre abbé avait le pied d'une longueur démesurée. « Quant à vous, ajouta-t-il en souriant, vous n'en ferez que cinquante, et j'en suis fâché, car je vous aime déjà.

— Nous verrons cela, » lui dis-je.

Nous partîmes donc le lendemain à cinq heures du matin. Le vénérable Remacle, l'abbé, le chirurgien et moi, et un gros garçon champenois nommé Baptiste, associé honoraire de Remacle, voilà ce qui composait notre caravane. On nous fit faire deux lieues ce jour-là, à travers les bruyères et les forêts des Ardennes. Notre abbé ne mangea pas le soir ; le petit chirurgien et moi nous dévorâmes. Tout en soupant, il me disait : « Je serais fâché que notre abbé ne fît pas ses vingt-cinq lieues, car j'ai prédit qu'il les ferait.

Le lendemain, même promenade que la veille. Notre arrière-garde, c'est-à-dire notre pauvre abbé, arriva au gîte longtemps après nous. J'en étais inquiet : je voulus sortir pour aller à sa rencontre ; mais le petit espiègle, suppôt d'Hippocrate, me retint, en m'assurant que l'abbé aimait à marcher lentement, et qu'il n'y avait pas d'humanité à moi de vouloir presser sa marche.

Il arrive enfin, se traînant avec peine. Après qu'il se fut reposé, il nous dit, en versant des larmes, qu'il n'avait pas la force de nous suivre, qu'il resterait quelques jours dans l'auberge pour guérir les plaies qu'il avait aux pieds, et qu'il retournerait ensuite chez son père. Nous approuvâmes tous son projet, excepté le chirurgien, qui ne dit mot. Les larmes de ce pauvre abbé redoublèrent lorsqu'il parla de la surprise que son apparition causerait à son père et à ses parents, qui l'avaient tous comblé de présents et de bénédictions au moment de son départ, et devant lesquels il n'oserait se montrer sans honte. Remacle le consola, en lui apprenant qu'il n'était pas le premier jeune homme liégeois qui l'abandonnait sur la route; et il lui en nomma plusieurs. Notre petit espiègle, qui ne parlait pas depuis longtemps, demande enfin au messager combien nous avions fait de lieues. « Hier dix, aujourd'hui autant, et, si vous comptez les trois lieues de votre ville à mon village, cela fait vingt-trois lieues. » Il s'approche de mon oreille en me disant: « Il en manque deux; je suis furieux.

— Tais-toi, barbare, » lui dis-je.

On alla se coucher.

Croira-t-on que notre chirurgien suivit l'abbé dans sa chambre, et parvint à lui persuader qu'il devait se remettre en marche le lendemain? Il visita ses pieds, lui pansa ses plaies, et lorsque nous fûmes, le lendemain matin, dans la chambre de l'abbé, croyant le trouver au lit, nous le vîmes tout habillé, le paquet sur son dos, et le petit drôle qui lui donnait le bras pour descendre l'escalier.

« Malheureux, lui dis-je, tu veux donc voir périr ce pauvre abbé?

— Oh! que non, que non! me dit-il; il a prié Dieu cette nuit, M. l'abbé; tu es un impie, toi; tu ne crois pas aux miracles. »

Le pauvre garçon fit encore trois lieues, aidé par le petit camarade qui le soutenait; mais une fois arrivé à l'endroit où nous devions déjeuner, il perdit le reste de ses forces avec l'espoir de nous suivre. Je me mis en colère contre le chirurgien.

« Ne te fâche pas, me dit-il, il a fait vingt-cinq lieues, et je ne veux pas qu'il aille plus loin. » L'abbé se mit au lit, et nous le quittâmes en lui conseillant, après qu'il se serait bien reposé, de louer un cheval pour se rendre chez lui.

Nous continuâmes notre route. Je m'aperçus, vers le soir de la même journée, que notre brave lui-même restait en arrière, et qu'il faisait d'inutiles efforts pour ne pas boiter; je le guettais souvent; je lui vis porter son mouchoir à ses yeux après avoir regardé le ciel avec fureur. Je m'assis un instant pour l'attendre. Dès qu'il fut près de moi, je lui criai : « Allons, courage, Monsieur l'abbé! — Qu'appelles-tu M. l'abbé? » Il voulut me sauter aux yeux; je levai mon gros bâton.

« Ohé! jeune homme, lui dis-je, sais-tu que tu n'es peut-être pas ici le plus fort, si ce n'est en méchanceté? » Il me regarda fixement, et puis, prenant son parti : « Allons, me dit-il, je suis un chien, j'en conviens; mais, dis-moi, comment te trouves-tu?

— Pas trop bien, je l'avoue.

— Pour moi, je souffre horriblement, continua-t-il, et je peux à peine me traîner.

— J'ai souffert autant que toi ce matin, lui dis-je; je me suis efforcé d'aller, et maintenant je me trouve mieux; suis mon exemple : efforce-toi; la même chose ne tardera pas à t'arriver; allons, marchons. » Je voulus lui donner le bras. « Jamais, jamais! » me dit-il en s'éloignant.

Le lendemain fut encore pénible pour nous; mais dès que nous fûmes arrivés à Trèves, nous nous trouvâmes aguerris, faits à la fatigue et aux injures du temps.

Un jour, en entrant dans une auberge pour la dînée, une grosse Allemande, maîtresse du logis, me témoigna une tendresse toute particulière. Mon camarade me dit : « Vois-tu, mon beau garçon, comme tu vas faire des conquêtes en chemin? » Dès que nous fûmes à table, cette femme vint m'ôter mon couvert, pour en substituer un autre d'argent; elle m'apporta ensuite un morceau de pâtisserie très délicate, j'en offris à mes compagnons, et le suppôt d'Esculape continuait à me faire mille plaisanteries. Au dessert, elle revient avec un verre de liqueur, qu'elle me porte elle-même à la bouche. « Que signifie cela? dis-je au messager.

— Je n'en sais rien, » me dit-il.

Nous nous levons enfin pour partir. La maîtresse du logis vient à moi les bras ouverts, me presse contre son sein en fondant en larmes et me disant mille choses en allemand, que je n'entendais point.

Je sors avec mon espiègle, qui riait comme un fou; je ne riais point : cette femme m'avait attendri. Bientôt nous fûmes suivis du messager, que nous attendions avec impatience; il nous apprit que cette bonne femme était mère d'un jeune homme auquel je ressemblais, et qui était parti depuis quelques jours pour aller faire ses études à Trèves; il nous dit aussi qu'elle avait absolument refusé le payement de notre dîner; qu'elle m'avait beaucoup recommandé à lui, et s'était informée si j'avais de l'argent pour aller jusqu'à Rome.

Quant à notre pauvre abbé, il avait suivi le conseil que nous lui avions donné. Après quelques jours de repos, il avait acheté un cheval pour se rendre chez lui. Ma mère (qui m'a conté ce détail depuis) était à la grand'messe de notre paroisse, aux fêtes de Pâques; dans l'instant où elle n'offrait des vœux au Ciel que pour un fils qu'elle aimait et qu'elle croyait trop faible pour soutenir la fatigue d'un si pénible voyage, l'imagination frappée des rêves de toute une famille alarmée qui me voyait sans cesse abîmé de fatigue, pâle, déchiré et respirant à peine dans le coin d'un cabaret; c'est dans ce moment qu'elle aperçoit l'abbé. Ses yeux cherchent partout son fils, qui doit être avec lui : la foule l'empêche d'approcher; mais elle ne le quitte pas de vue un instant : elle parvient enfin à lui faire dire qu'elle désire lui parler : « Quoi, Monsieur, c'est vous! Où est mon fils? Comment se porte-t-il? »

Il lui apprit que je continuais courageusement ma route; et il lui raconta sa déplorable histoire.

Ma mère l'entraîna à dîner chez elle, où il fut bien traité; mais la condition en était rude : il fallut entrer dans les plus petits détails d'un voyage qui blessait son amour-propre.

Cependant nous cheminions vers notre but assez péniblement; mais le chirurgien faisait souvent diversion à nos fatigues par ses espiègleries : en voici une qui me parut un peu forte.

Nous étions dans les environs de Trente. Pendant que nous nous reposions en attendant le souper, il était allé, comme à son ordinaire, fureter dans toutes les chambres. S'il n'eût fait que cela, il eût été pardonnable; cependant nous soupons et l'on nous sert des mets que le messager n'avait pas demandés, ensuite plusieurs bouteilles de très bons vins étrangers; le petit chirurgien avait l'air d'être du secret, et il plaisantait beaucoup, en disant qu'il ressemblait, trait pour trait, à un jeune mari que notre hôtesse venait de perdre.

Nous étions curieux, le messager et moi, de savoir ce que cela signifiait; et, après le souper, nous allâmes nous en informer. Nous trouvâmes l'hôtesse avec son mari, âgé de quatre-vingts ans, auquel le chirurgien avait arraché deux dents; il avait saigné la femme, qui n'était guère plus jeune; il avait saigné une jeune fille qui avait la jaunisse. « Abominable homme, lui dis-je, sais-tu assez ton métier pour oser porter la main sur un vieillard, une vieille femme près de descendre au tombeau? — C'est pour cela qu'il n'y a rien à craindre, me dit-il; ne faut-il pas que je m'exerce? — Tais-toi, bourreau, lui dis-je, et souviens-toi que si tu continues à t'exercer de la sorte, nous t'abandonnerons. »

Nous avions déjà parcouru une partie des États que possède la maison d'Autriche dans le voisinage des Alpes, lorsqu'un jour notre messager nous persuada de faire un détour de deux lieues, pour nous procurer, disait-il, la vue d'un superbe monastère dont je ne me rappelle point le nom. Son empressement à nous donner ce plaisir me parut suspect, et je crus, non sans raison, que son intérêt marchait à côté de sa complaisance.

Arrivés dans le couvent, Remacle nous dit de voir l'église, les édifices et les jardins, et qu'il nous rejoindrait dans une grande salle qu'il nous montra, et où j'aperçus beaucoup de personnes des deux sexes.

« On exerce ici l'hospitalité, me dit le chirurgien, et c'est probablement ce qui y attire Remacle.

— Oui, répondis-je, et sans doute aussi quelques commissions pour ces moines, qui me semblent fort riches, mais nous pouvons nous dispenser de manger le pain des pauvres.

— Je suis de votre avis, dit mon compagnon, mais nous irons voir comment on les traite. »

Nous revînmes en effet dans cette salle, où la charité chrétienne s'exerçait d'une manière si étrange que je n'aurais pu y ajouter foi, sans en avoir été témoin oculaire. On faisait une distribution d'aliments; un gros moine très brutal, qui y présidait, frappait les hommes, poussait rudement les femmes et les enfants, et avait l'air de vouloir exterminer son monde plutôt que de l'aider à vivre. Il venait de malmener un malheureux Français qui implorait son secours, lorsqu'il nous aperçut et nous aborda, en disant en français :
« Vous avez bien l'air de n'être attirés ici que par la curiosité.

— Il est vrai, lui dis-je, mon révérend, que ce n'est pas la nécessité qui nous y amène; mais la beauté de votre monastère, et surtout le désir de contempler l'asile où le malheureux voyageur est reçu avec tant d'humanité, nous ont fait détourner de notre route. Faites-vous chaque jour, lui dis-je, autant d'heureux que j'en aperçois dans ce moment? Votre emploi est celui de l'ange consolateur, et toutes ces victimes de la misère doivent bénir le fondateur qui vous a si richement dotés, et vous surtout, mon père, qui remplissez ses vues avec une douceur si édifiante. »

Le moine en courroux interrompit ce persiflage, en nous priant de sortir de la salle. Échauffé à mon tour par ses menaces, je lui dis en élevant la voix : « Il est évident, mon père, que la mince portion de vos richesses que vous donnez aux pauvres avec tant de regrets, est une charité forcée, et que vous êtes persuadé que secourir d'une main en souffletant de l'autre est le plus sûr moyen d'éluder l'ordre du fondateur et d'écarter ces malheureux; mais craignez que cette conduite n'attire à la fin sur vous quelques malédictions dont le pauvre se réjouira. »

Ces paroles véhémentes avaient excité l'attention des pauvres voyageurs, qui, sans doute, applaudirent à ma colère. Je m'en aperçus au silence qui se fit tout à coup dans la salle, et à la confusion du moine.

Je sortis alors avec mon compagnon, qui me dit : « Bravo ! bravo, mon ami ! je voudrais que le maître de ces moines t'eût entendu, ta prédiction ne serait peut-être pas vaine [1].

« Je gagerais bien, ajouta-t-il, que tu me permettrais d'arracher à ce drôle-là cinq ou six dents.

— Oh ! tant que tu voudrais, » lui dis-je.

Remacle, très mécontent de notre visite chez les moines, se hâta de regagner la grande route.

Nous traversâmes le Tyrol. Les avalanches (on nomme ainsi la chute des neiges amoncelées, qui s'écroulent du haut des montagnes) formaient un bruit semblable à celui du tonnerre, que vingt échos rendaient presque continuel. Tout me parut original et romantique dans ce pays montueux.

Les femmes me parurent charmantes ; elles ont les traits fins et délicats, une espèce de turban fort gros couvre leur tête, et diminue encore les plus jolies petites mines que l'on puisse voir. J'avais peine à leur pardonner leurs énormes bas de laine, qui avaient l'apparence de bottes fortes ; mais cette chaussure sert à

1. J'ignore si ce monastère se trouve au nombre des couvents supprimés, longtemps après, dans les États de l'empereur d'Allemagne. (O.)

garantir du froid une jambe de cerf. Leur taille est élégante; d'ailleurs, les deux extrémités du corps, le gros turban et les grosses bottes contribuent à les faire paraître si sveltes, que ce qui semble d'abord les défigurer, devient un raffinement de coquetterie... Tel est l'empire de la beauté, nul costume n'en obscurcit le charme.

Un petit événement accrut beaucoup alors dans l'esprit de notre guide la considération qu'il me témoignait. A l'approche d'un petit bourg, je m'aperçus par ses gestes et l'altération de son visage, qu'il était troublé de quelques craintes. Je lui en demandai le sujet. « Ah! me dit-il, que je voudrais être à demain! » Je pénétrai la cause de ses inquiétudes, et je vis qu'il avait besoin en ce moment de toute sa prudence et de la nôtre. Il m'exhorta à répondre laconiquement aux questions qu'on pourrait me faire sur son compte dans le bourg, et à ne point parler des détours de notre route.

« Soyez tranquille, lui dis-je, si nous babillons, ce ne sera pas pour vous nuire. »

Nous arrivons cependant dans le lieu tant redouté; on nous fait entrer dans une grande salle basse, autour de laquelle beaucoup de voyageurs étaient assis sur des bancs. Leur silence, leur ennui, l'aspect du lieu rendaient la scène très lugubre. Remacle prit sa place dans un coin, posant à ses pieds son énorme bissac. Bientôt après je vois entrer quatre espèces d'alguazils de finance, que la mine de Remacle m'aurait fait juger tels, si je ne les eusse appréciés d'avance. L'un deux va droit au paquet de notre guide et le soulève en marquant qu'il le trouve bien lourd. Remacle se lève, le chapeau à la main, et lui dit en allemand qu'il était le conducteur de ces deux jeunes gens, qui allaient étudier à Rome. L'archer vient aussitôt à moi, et me dit: « Vous êtes bien jeune et bien maigre, mein Herr, pour faire un si grand voyage.

— Ah! le courage, lui répondis-je, supplée à la force, et j'ai bonne envie de m'instruire.

— Dans quelle science ?

— Je suis compositeur de musique, mein Herr, et assez connu déjà dans le pays de Liége. — Diable ! » dit-il en souriant et en s'asseyant près de moi. Ses confrères s'approchèrent en même temps, et me firent d'autres questions auxquelles je fis des réponses risibles, qui les occupèrent assez pour donner le temps à Remacle de se rassurer. Il se sentit même la force de payer d'audace et de faire un coup de maître. Il ouvre son sac aux yeux de tous, en tire des hardes, du linge, puis une moitié de bas de laine garnie d'aiguilles à tricoter, et d'une très grosse pelote de laine qu'il passe sur ses genoux, et voilà mon homme qui tricote d'un air tranquille. Ses genoux apparemment ne l'étaient point, car la pelote tombe et s'en va roulant dans les jambes des commis. Remacle fit une grimace effroyable. Je me lève très lestement, et d'un coup de pied je lui renvoie sa pelote ; je présentai une bouteille de vin, dont je proposai à ces messieurs de goûter, ce qu'ils acceptèrent sans façon. Pour achever la diversion, j'appelai le petit chirurgien, que je leur présentai comme un garçon déjà très habile dans son art. Cherchant toujours à exercer ses talents, il leur offrit en effet son petit ministère pour eux, leurs femmes et leurs enfants ; mais ils n'en usèrent pas comme de mon vin. La bouteille vidée, ces messieurs sortirent sans avoir chagriné personne, et répétant dans leur baragouin, moitié allemand, moitié français, que nous étions des jeunes gens beaucoup aimables.

Remacle vint aussitôt à moi, me serra la main et me témoigna, par ses regards, combien il était reconnaissant. Il commanda un excellent souper et du meilleur vin, et ne cessa, tout en mangeant, de vanter ma prudence. A la fin du repas, je lui dis : « Eh bien ! Remacle, vous voyez que nous sommes vos amis ; vous ne refuserez pas à présent de nous dire ce que c'est que cette mystérieuse pelote de laine. — Vous allez le savoir, dit-il, je n'aurai plus rien de caché pour vous. » Il déroule environ un pouce de laine qui était à la superficie, et nous fait voir de superbes dentelles de Flandre destinées à orner les rochets des cardinaux. « Ah! mon ami, me dit-il, si j'avais vu ma pelote entre les mains des archers, je crois que je serais tombé raide mort.

— Cela étant, dis-je, je me tiens fort heureux de vous avoir sauvé la vie d'un coup de pied. »

Nous nous levâmes le lendemain avec allégresse, après une bonne nuit, et nous avions déjà fait trois lieues au lever du soleil.

Peu de jours après, nous arrivâmes en l'Italie. Plus de rochers, plus de frimas; la nature avait changé de face en un moment. Avec quel plaisir je me trouvai tout à coup dans une prairie émaillée de fleurs! On eût dit qu'un génie bienfaisant nous avait transportés de la terre aux cieux. Je priai le messager de me laisser jouir un moment de ce délicieux aspect; mais quel fut mon ravissement lorsque j'entendis, et pour la première fois, les chants italiens! C'était une voix de femme, une voix charmante, qui me transporta par ses accents mélodieux. Ce fut la première leçon de musique que je reçus dans le pays où j'allais m'instruire.

Cette voix douce et sensible, ces accents presque toujours douloureux qu'inspire l'ardeur d'un soleil brûlant; ce charme de l'âme enfin que j'allais chercher si loin, et pour lequel j'avais tout quitté, je les trouvai dans une simple villageoise.

Il ne nous arriva rien de remarquable en traversant l'Italie. Les campagnes du Milanais me ravirent par leur richesse et leur variété. La ville de Florence me parut un séjour délicieux. La nature est animée différemment dans les pays chauds, et l'homme du Nord qui s'y transporte pour la première fois ne peut se refuser à l'admiration.

Les contrées septentrionales de l'Europe n'ont guère produit d'artiste distingué qui n'ait fait un séjour plus ou moins long en Italie. Il semble que c'est un tribut qu'il doit payer à ce climat privilégié, qui, en récompense, assure sa réputation. Ceux qui ne peuvent acquérir que de l'esprit n'ont rien à faire en Italie. La logique des pays chauds est l'action même du génie, qui dédaigne la forme et la subtilité. Que l'homme du Nord, qui s'est vu au milieu de ces têtes bouillantes, dise s'il ne s'est pas senti entraîné par elles, et s'il ne leur doit pas le foyer qu'il rapporte en sa patrie, et auquel il devra ses succès!

A trente ou quarante milles de Rome, le messager nous dit qu'il fallait nous quitter, qu'il avait beaucoup d'affaires dans les environs de cette capitale, où il n'arriverait que huit jours après nous.

« Présentez-vous le plus tôt que vous pourrez au collège, nous dit-il, car je ne vous ai pas informés que deux de vos compatriotes sont partis de Liège avant nous; on dit qu'il n'y a que deux places vacantes, et vous savez qu'elles appartiennent à ceux qui arrivent les premiers. »

Nous prîmes une voiture et nous partîmes.

Je fus ravi du spectacle qui s'offrit à nos yeux en entrant à Rome; c'était un dimanche, vers quatre heures après midi, et le printemps répandait dans l'air une chaleur douce qui invitait à la mélancolie. Ajoutez à cela l'appareil d'un nombre infini de voitures remplies de belles dames, qui chantaient sans doute l'italien bien mieux que ma petite villageoise. Mon imagination était dans un délire charmant, et souvent, pendant mon séjour à Rome, je suis retourné à la porte du Peuple, pour me rappeler le plaisir que j'avais eu en voyant cet endroit pour la première fois.

Nous fûmes admis au collège, le chirurgien et moi, et les deux jeunes gens dont le messager nous avait parlé arrivèrent deux jours après nous. Remacle avait raison : il n'y avait que deux places vacantes, mais nous avions de si bonnes recommandations qu'on nous reçut tous les quatre, en nous mettant deux dans une chambre[1]. Je parcourus tous les palais et les

---

[1]. Le collège de Liège, à Rome, a été fondé par un Liégeois nommé

églises de Rome, avec l'ardeur d'un jeune homme qui voit des chefs-d'œuvre dont la renommée avait frappé depuis longtemps son imagination. J'allais chaque jour entendre les offices en musique dans les églises. Casali, Orisicchio, l'abbé Lustrini, Joanini del violoncello, étaient les maîtres de chapelle les plus en vogue.

Je trouvai à Casali beaucoup de grâce et de facilité, et surtout une figure aimable ; je conçus de l'estime pour lui, et je me promis de le prendre pour maître.

Orisicchio était plus soigné dans ses compositions, plus vrai dans l'expression ; mais l'air grave et important qu'il affectait en faisant exécuter ses ouvrages me fit préférer Casali.

L'abbé Lustrini avait du mérite aussi ; élève d'Orisicchio, il en avait pris le style, et avait conservé à la musique d'église l'austérité et la noblesse que l'on ne devrait jamais abandonner ; mais il faut plaire, même à l'église ; on entend une rumeur sourde lorsqu'un morceau plaît ; la séduction gagne les maîtres de chapelle, et ils finissent par confondre le genre de musique d'église et celui du théâtre.

A la fin du règne de Benoît XIV, les abus furent portés si loin que le pape, qui n'était rien moins que cagot, fut obligé de faire transférer le saint Sacrement dans une chapelle latérale, pour empêcher l'irrévérence des Romains, qui, tout attentifs et les yeux fixés sur les

---

Darcis, et c'est à ce bon fondateur que la ville de Liège doit presque tous les bons artistes qu'elle a possédés, et qu'elle possède encore.

Tout Liégeois a le droit d'y demeurer cinq années, pourvu qu'il se présente avant l'âge de trente ans ; il faut être né à Liège ou dans un rayon de trois lieues alentour ; cependant le quartier d'Outre-Meuse est exclu, parce qu'il régnait, dans le temps de la fondation, une guerre civile entre les deux quartiers de la ville... Ne pourrait-on pas abolir cette exclusion, puisque la concorde est rétablie ?... Si j'étais né deux ans plus tard, j'étais compris dans l'exclusion... Les parents du testateur, s'il s'en présente, ont des prérogatives.

Le collège est situé in *piazza monte d'Oro, viccino a san Carlo, al Corso*... Il y a dix-huit chambres pour les étudiants en droit, en médecine, chirurgie, musique, peinture, architecture et sculpture... On y est entretenu de tout, excepté qu'il faut se procurer des maîtres en ville et s'habiller en abbé.

Les Liégeois les plus notables domiciliés à Rome en sont les proviseurs ; un prêtre liégeois en est le recteur et demeure dans le collège. (G.).

musiciens, tournaient le dos au maître-autel. Il défendit aussi les timbales et toutes sortes d'instruments à vent, et ordonna aux maîtres de chapelle, sous peine d'amende, de finir les offices de l'après-dîner avant la fin du jour. Les ordres du pontife subsistaient encore pendant mon séjour à Rome, et c'était, je crois, la seconde année du règne de Clément XIII [1].

Un compositeur qui travaille pour l'église devrait être très sévère, et ne rien mêler dans ses compositions de tout ce qui appartient au théâtre.

Quelle différence, en effet, entre le sentiment qui règne dans les psaumes, les antiennes, les hymnes, etc., et la véhémence des passions de l'amour et de la jalousie ? L'amour proprement dit ne doit avoir aucun rapport avec l'amour de Dieu, lors même qu'il en tient la place dans le cœur d'une jeune femme. Tous les sentiments qui s'élèvent vers la Divinité doivent avoir un caractère vague et pieux. Tout ce qui n'est pas à la portée de nos connaissances nous force au respect ; les extases même qu'éprouvèrent certains personnages pieux dont parlent les légendaires, seraient indignes de la Divinité, si elles n'avaient que les caractères de l'amour profane.

Le *Stabat* de Pergolèze me paraît réunir tout ce qui doit caractériser la musique d'église dans le genre pathétique ; la scène est trop longue cependant, et l'on sent que Pergolèze, malgré ses efforts, n'a pu trouver encore assez de couleurs pour varier son tableau sans sortir de la vérité. Si l'auteur de cet œuvre sacrée avait fait parler les larrons présents à la scène du calvaire ; si Madeleine avait dit à la Mère de Dieu : « Vous pleurez votre Fils, ô Marie ; mais ce Fils est un Dieu qui consent à souffrir ; sa gloire est immortelle comme la vôtre ; mais moi, malheureuse pécheresse, je gémis sur mes fautes passées ; le remords et la crainte habitent dans mon cœur, tandis qu'une dou-

---

1. Clément XIII (C. Reszonico), né à Venise en 1693, succéda en 1758 à Benoît XIV et mourut en 1769. C'est sous lui que le comtat d'Avignon cessa de faire partie du domaine de Saint-Pierre.

leur plus tendre fait couler vos larmes... », alors le musicien aurait fait un ouvrage parfait, qu'il n'a pu faire en voulant exprimer toujours au naturel plusieurs strophes qui ont entre elles trop de rapports. On sent bien que cette observation est pour l'auteur des paroles plus que pour celui de la musique. Il était possible sans doute de jeter plus de variété dans la musique du *Stabat* tel qu'il est; mais je crois que c'eût été aux dépens de la vérité.

Un musicien qui se voue à la musique d'église est heureux cependant de pouvoir se servir à son gré de toutes les richesses du contrepoint, que le théâtre permet rarement. La musique d'une expression vague a un charme plus magique peut-être que la musique déclamée; et c'est pour les paroles saintes qu'on doit l'adopter.

La musique profane peut employer quelques formes consacrées à l'église; on ne risque jamais rien en ennoblissant les passions qui tiennent à l'ordre et au bonheur des hommes.

La première se dégrade si elle sort de ses limites; la seconde s'enrichit en s'ennoblissant des traits de sa rivale.

L'étude de l'harmonie, le beau idéal harmonique, est spécialement ce que doit chercher le compositeur dans le genre sacré. Le *Stabat* du divin Pergolèze a bien plus: il réunit souvent le beau idéal de l'harmonie et de la mélodie. Je dis donc encore que tout ce qui n'est point à portée de notre compréhension, soit mystère ou révélation, nous force au respect et exclut par cette raison toute expression directe.

Vouloir faire sortir la musique d'église du vague mystérieux qui lui est propre, est, je crois, une erreur.

Laissons à la musique de théâtre les avantages qui lui sont propres, et croyons que le musicien qui se destine à l'église est heureux de se servir, dans ce cas et à propos de la métaphysique, du langage musical.

Au théâtre il faut l'expression exacte de la situation

et des paroles, parce qu'elles ont un sens déterminé et que l'expression vraie de la musique fortifie la situation et fait entendre les paroles mêmes à travers les accompagnements. Voici ce que j'observe, autant qu'il m'est possible, dans mes compositions théâtrales : je commence presque toujours chaque morceau par un déclamé, afin qu'ayant un rapport plus intime avec le drame, le début s'imprime dans la tête des auditeurs. Je déclame de même tout ce qui constitue le caractère du personnage; j'abandonne au chant tout ce qui n'est qu'agrément ou arrondissement de la phrase poétique; la mélodie nuirait aux mots techniques, elle embellit tout le reste. Si un mot a besoin d'être bien entendu pour l'intelligence de la phrase, que ce soit une bonne note qui le porte. Si vous établissez un forté d'une ou plusieurs mesures dans votre orchestre, que ce soit sur des paroles déjà entendues; car un mot nécessaire, perdu dans l'orchestre, peut dérober entièrement le sens d'un morceau. Si l'auteur du drame, entraîné par le besoin de rimer, vous a donné quelques vers inutiles ou nuisibles à l'expression; si vous craignez un vers de mauvais goût qui peut révolter le parterre, dans ce cas rendez service au poète en couvrant les paroles d'un forté. Il est difficile, je l'avoue, d'appliquer ces préceptes par la seule réflexion; il faut que la nature nous serve pour être simple, riche et vrai en les pratiquant. Mais si, après avoir médité une *Poétique*, on était poète (qui ne voudrait être un Boileau?), il ne suffit pas au théâtre de faire de la musique sur les paroles, il faut faire de la musique avec les paroles.

Il reste encore au musicien harmoniste un champ vaste pour la musique d'église, s'il n'a pas un génie actif; il reste encore à celui qui est doué d'une tournure d'esprit originale, mais qui n'a pas le goût, le tact nécessaire pour bien classer des pensées neuves et piquantes, en s'astreignant partout à l'expression et à la prosodie de la langue; il lui reste, dis-je, le talent de faire la symphonie; et quoi qu'en ait dit Fontencelle[1], nous savons ce que nous vaut une bonne sonate, et surtout une symphonie de Haydn[2] ou de Gossec[3].

J'ai commencé un *De profundis* selon les idées que j'ai de la musique d'église; j'y travaille rarement et lorsque je ne suis pas pressé par mes ouvrages dramatiques. J'ai d'ailleurs, je l'espère du moins, le temps de le finir; car je ne veux pas qu'il soit exécuté de mon vivant. Quand il sera tel que je le désire, je le mettrai sous enveloppe, avec cette inscription: « Pour être exécuté à mes funérailles. » Cette idée n'est pas triste pour l'homme qui désire d'être regretté. Que celui qui a le moins d'amour-propre dise s'il ne voudrait pas l'être; et si de toute manière cette idée est sombre, j'en ai besoin pour traiter mon sujet.

Ma façon de vivre en Italie ne fut pas celle que devrait avoir tout homme du Nord qui se transporte dans les pays chauds, surtout ceux qui, comme moi, sont d'une complexion faible. Mon délire était si violent, que je me rappelle avoir écrit à ma mère, dans le mois de décembre suivant, que je couchais couvert d'un seul drap de lit. J'attribuais ce phénomène à la chaleur du climat, et toute cette chaleur était dans mon sang et dans ma tête.

La fatigue de mon voyage, les courses que je faisais dans les environs de Rome pour connaître les restes précieux de l'antiquité, m'échauffèrent au point que la fièvre me prit. A la seconde visite du médecin du collège, ce vieux hibou, nommé Pizelli, me dit d'un ton grave: « Bisogna confessarsi (il faut vous con-

---

1. La sonate étant devenue l'objet d'un engouement général, Fontenelle, qui ne pouvait se risquer dans un salon sans entendre exécuter un de ces morceaux, s'écria un jour: *Sonate, que me veux-tu?* Ce mot est resté proverbial; on y fait encore souvent allusion.
2. Haydn, né en 1732, à Rohram (Hongrie), mort à Vienne en 1809, l'un des plus grands génies musicaux, qui fut d'ailleurs d'une fécondité presque inconcevable. Son œuvre comprend plus de 2,000 compositions de tout ordre.
3. Gossec, né à Vergnies (Belgique) en 1733, mort à Passy en 1829, dont plusieurs opéras obtinrent une grande vogue avant la venue de Gluck, et dont on ne connaît plus qu'un *O Salutaris!* est célèbre comme premier fondateur du Conservatoire de musique.

fesser). » Je me mis en colère, en lui soutenant que je n'étais pas malade au point de craindre la mort. Il sortit furieux en disant que les Liégeois avaient tous des têtes de fer. Le recteur vint me voir ensuite, pour me dire que les médecins de Rome étaient obligés, sous peine d'excommunication, de faire confesser leurs malades, lorsqu'ils leur trouvaient de la fièvre deux jours de suite. Cet usage est louable, en ce que le malade n'est point affecté à l'approche du confesseur, dont l'aspect produit très souvent des suites fâcheuses quand la maladie est devenue plus grave. J'eus la fièvre tierce pendant deux mois. Je brûlais de commencer mes études. Je n'avais, d'après l'institution du collège, que cinq ans à y demeurer, et deux mois de perdus me semblaient une perte irréparable.

Le jeune chirurgien qu'on m'avait donné pour camarade, était insupportable; notre chambre était un cimetière, et il me disait d'un air tendre : « Ah! mon ami, j'ai perdu mon tibia; et si tu meurs, tu voudras bien permettre... »

Je m'arrangeai pour ne pas lui rendre ce service.

Je fis la connaissance d'un organiste, qui me dit avoir fait de bons élèves pour le clavecin et pour la composition. Je le pris pour maître sans trop de réflexion; il m'enseigna pendant six ou huit mois, et je n'étais guère content de lui : son doigté n'était pas naturel, sa manière de corriger mes leçons de composition me semblait pédante et sèche; il acheva de me déplaire un jour en me parlant avec dureté; je lui répondis vivement; il se leva pour aller tout conter à sa femme, qui, je ne sais pourquoi, me combla de caresses depuis ce jour. Je mis bien dans ma tête que je quitterais cet homme; « mais, me disais-je, il conservera de moi un triste souvenir, et il va croire, dans l'état où je suis, que je ne puis cesser d'être un ignorant; il faut lui donner des regrets. » Je m'avisai de lui écrire que je m'étais foulé un pied. Je restai enfermé dans ma chambre pendant six semaines, jouant du clavecin ou écrivant des fugues depuis le matin jusqu'au soir. J'avais un recueil de fugues du célèbre Durante[1], que je jouais sans cesse et que je cherchais à imiter dans celles que je faisais. Enfin, je me rendis chez mon maître !... « Oh ! mon pauvre ami, me dit-il, vous avez perdu bien du temps ; il nous faudra recommencer sur nouveaux frais.

— Je ne le crois pas, lui dis-je ; j'ai eu mal au pied, mais ma tête était saine. Voilà un cahier de sonates de Durante, que j'ai bien étudiées, et voilà trois fugues fort longues que j'ai écrites avec soin. »

Il fit un éclat de rire : « Voyons d'abord notre clavecin. » Je jouai toutes les sonates de suite sans m'arrêter, et il s'écriait à chaque instant : « Bravo ! bravo, monsieu ! bravo, signor Andrea ! » Il se lève sans me rien dire, il va chercher sa femme, sa fille et son fils : « Venez, leur dit-il, être témoins d'un prodige ; il joue du clavecin à merveille, et il ne savait rien. Il n'y a que la Madonna santissima qui ait pu faire ce miracle. Jouez, signor Andrea ; écoutez, ma femme, mes enfants. »

Et je recommence le morceau que j'aimais le mieux. La signora me fit des révérences, son fils m'embrassa.

« Voyons, voyons, dit mon maître, voyons les fugues, c'est là le difficile.

— Oui, Monsieur, lui dis-je, mais j'ai tant étudié Durante que j'ose espérer qu'il m'en est resté quelque chose. » Il prend mon cahier ; croira-t-on que mes fugues étaient sans faute ? Et ce pauvre homme, les yeux pleins de larmes, disait : *O Dio !... ô Dio santissimo ! questo è un prodigio da vero*[2].

Je sortis bien content de chez lui et bien résolu de n'y plus rentrer. On croira peut-être que mes progrès étaient une suite naturelle des leçons qu'il m'avait données ; non : secondé par la nature, j'avais, au con-

---

1. Durante (Francesco), né à Naples en 1693, mort en 1755, est regardé comme un des plus remarquables compositeurs de musique religieuse. On cite notamment de lui un *Magnificat*, des *Lamentations* et des *Litanies* qui sont restés classiques.

2. « O Dieu ! O Dieu très saint ! c'est un prodige, en vérité ! »

traire, été obligé de faire des efforts terribles pour oublier ce qu'il m'avait appris.

Je me suis ressenti toute ma vie de ses mauvais principes sur le doigté, chose bien importante pour les élèves de clavecin. J'ai d'ailleurs contracté, depuis, l'habitude d'essayer souvent mes idées sur le clavier, en tenant une prise de tabac dans mes doigts ; je n'ai donc que trois doigts de la main droite libres, et lorsque je m'en donne deux de plus, je ne sais qu'en faire. On dit cependant que j'exécute ma musique mieux que personne ; c'est sans doute la vérité de l'expression qui supplée à la faiblesse de l'exécution.

On accorde à bien des gens le talent d'exécuter parfaitement à livre ouvert ; je n'ai jamais rencontré ce phénomène, à moins que la musique ne soit aisée ou ressemble à d'autre musique. Je sais que l'homme qui veut soutenir la gloire d'exécuter à première vue montre toute la hardiesse de l'homme qui est sûr de son fait ; mais c'est l'auteur lui-même qu'il faudrait satisfaire dans ce cas, et non des auditeurs qui ignorent l'expression juste d'un ouvrage qu'ils ne connaissent pas, et qu'ils croient bien rendu parce qu'on le leur exécute hardiment. Je rencontrai jadis à Genève un enfant qui exécutait tout à la première vue ; son père me dit en pleine assemblée :

« Pour qu'il ne reste aucun doute sur le talent de mon fils, faites-lui, pour demain, un morceau de sonate très difficile. » Je lui fis un allegro en mi bémol, difficile sans affectation ; il l'exécuta, et chacun, excepté moi, cria au miracle. L'enfant ne s'était point arrêté ; mais, en suivant les modulations, il avait substitué une quantité de passages à ceux que j'avais écrits.

Je ne tardai guère à me faire présenter au signor Casali. Le titre d'élève del signor *** ne fut pas bien pompeux à ses yeux. Il me fit, et pour la troisième fois, recommencer les premiers éléments de la composition.

Lorsqu'un élève change de maître, il fait bien de recommencer ses premiers principes, pour se mettre au fait de la nouvelle manière qu'il va suivre; il marche très vite lorsqu'on lui fait faire les choses qu'il connaît, mais sur la route il rencontre des procédés qui lui sont nécessaires pour bien comprendre son nouveau maître.

J'ai souvent pensé qu'on ne doit pas garder le même maître pendant le cours d'une éducation quelconque; nous ne savons que fort tard à quoi la nature nous a destinés; et c'est en se meublant la tête de plusieurs manières et de différents principes que le germe du talent peut se développer. Notre génie (car chacun a le sien) n'indique pas toujours ce qu'il aime; mais offrez-lui des objets, fût-ce par hasard, il saisit avidement ceux qui ont le rapport le plus intime avec son organisation et sa manière d'être.

L'élève tire donc avantage de tout, même des erreurs qu'un maître ignorant veut lui inspirer. Il est plus sûr d'ailleurs qu'il deviendra original que s'il avait suivi le faire d'un seul homme. En effet, qu'a-t-on gagné lorsqu'on est devenu presque aussi habile que son maître, et que de loin ou de près on lui ressemble en tout? Quelque chose sans doute pour l'individu, mais rien pour le progrès de l'art.

J'ajouterai que l'élève déjà avancé ne doit pas être étonné lorsqu'en changeant de maître, celui-ci semble faire peu de cas du savoir qu'il n'a pas communiqué; son mécontentement vient surtout de ce que l'élève n'a point sa manière; mais il a visé au même but, quoiqu'il ait pris une route différente pour y parvenir, et le maître et l'élève ne tarderont point à s'entendre et à être contents l'un de l'autre.

Ce fut pour moi une vraie jouissance que le cours de composition que je fis sous *Casali*, le seul maître que j'avoue, et sous lequel mes idées ont commencé à se développer.

Sa manière de composer était la même que celle dont il se servait pour m'expliquer et corriger mes leçons. Toujours des effets simples découlant naturellement du sujet de fugue qu'il m'avait donné, et me permettant avec tel sujet ce qu'il aurait condamné avec tout autre; il m'enseignait en homme qui raisonne et qui saisit toujours l'esprit de la chose.

Il me conduisit de fugues en fugues à deux, à trois et à quatre parties, en me défendant bien de me livrer à d'autre composition moins sévère.

« Je vois bien, me disait-il, que vous avez des idées qui vous tourmentent, et que vous brûlez d'en faire usage; mais si malheureusement vous faites une bonne scène, on vous applaudira, et vous ne pourrez plus revenir à d'ennuyeuses fugues. »

Je lui promis de ne pas faire autre chose, et lui tins parole, à un essai près qui ne me réussit pas; le fait est assez singulier pour que je le rappelle.

Je mourais d'envie de voir Piccini[1], dont la réputation était bien méritée. Il avait donné depuis deux ans, au théâtre d'Aliberti, la *Bonne Fille*, et, chose rare dans ce pays, depuis deux ans l'on chantait sans cesse cette belle production. Un abbé de mes amis m'offrit de me conduire chez lui; il me présenta comme un jeune homme qui donnait des espérances. Piccini fit peu d'attention à moi; et c'est, à dire vrai, ce que je méritais. Je n'avais heureusement pas besoin d'émulation; mais que le moindre encouragement de sa part m'eût fait de plaisir! Je contemplais ses traits avec un sentiment de respect qui aurait dû le flatter, si ma timidité naturelle avait pu lui laisser voir ce qui se passait au fond de mon cœur.

Qu'une âme sensible est à plaindre! Elle fait faire toujours gauchement ce qu'on désire le plus; si vous ne lui donnez un lendemain, vous ne la connaîtrez jamais. O grands hommes! ô hommes en réputation! Accueillez, encouragez les jeunes gens qui cherchent à s'approcher de vous; un mot de votre bouche peut

---

[1]. Nicolas Piccini (né en 1728 à Bari, royaume de Naples, mort à Passy en 1800) est considéré comme le principal créateur de l'*Opera buffa*. Après avoir acquis une grande réputation en Italie, il vint à Paris, où il entra en lutte d'école avec Gluck. L'ardente querelle des Gluckistes et des Piccinistes qui partagea la cour et la ville dans les premières années du règne de Louis XVI, est restée fameuse.

faire éclore dix ans plutôt un grand talent. Dites-leur que vous n'êtes que des hommes, à peine le croient-ils; dites-leur que vous avez erré longtemps avant de découvrir les secrets de votre art, et l'art de vous servir de vos idées; mais qu'enfin il vient un instant où le chaos se débrouille, et où l'on est tout étonné de se trouver homme.

Piccini se remit au travail, qu'il avait quitté un instant pour nous recevoir. J'osai lui demander ce qu'il composait; il me répondit : « Un oratorio. » Nous demeurâmes une heure auprès de lui. Mon ami me fit signe, et nous partîmes sans être aperçus.

Je rentrai sur-le-champ dans mon collège; et, après avoir fermé ma porte, je voulus faire tout ce que j'avais vu chez Piccini. La petite table à côté du clavecin, un cahier de papier rayé, un oratorio imprimé, lire les paroles, porter les mains sur le clavier, tirer de grandes barres de partition, écrire de suite sans rature, passer lestement d'une partie à l'autre; tout cela me paraissait charmant, et mon délire dura deux ou trois heures; jamais je n'avais été plus heureux; je me croyais Piccini. Cependant mon air était fait; je le mis sur le clavecin et l'exécutai... O douleur! Il était détestable; je me mis à pleurer à chaudes larmes, et le lendemain je repris en soupirant mon cahier de fugues.

Je continuai de prendre mes leçons pendant deux ans; je vis enfin que mon maître ne trouvait plus tant à corriger; il me dit que d'autres, à ma place, se contenteraient de savoir faire une bonne fugue à quatre parties; mais qu'il me conseillait de faire quelques motets à six ou huit parties, que c'était le *nec plus ultra* de la composition; il aurait dû ajouter que quatre parties sont suffisantes lorsqu'on veut les faire chanter, et même je dirai qu'il y en aura une des quatre qui ne sera que le complément de l'harmonie. Je fis cependant un *Magnificat* à huit parties; mon maître eut autant de peine à le revoir que j'en avais eu pour arranger les huit parties sans unisson.

Bientôt après cet essai, Casali jugea que je pouvais

me passer de ses leçons, et m'exhorta à travailler de moi-même. Je cessai malgré moi d'être son élève, mais sans cesser de conserver pour lui la plus tendre amitié et la plus vive reconnaissance.

J'étais heureux quand je trouvais occasion de lui rendre quelque petit service, comme de le remplacer de temps à autre dans les églises de Rome où l'on exécutait sa musique ; cela fit croire aux musiciens que j'avais dessein de devenir maître de chapelle de cette ville ; mais je n'eus jamais cette idée. Il fallait, pour parvenir à ces places, subir l'examen des maîtres de chapelle, ou être reçu compositeur à l'Académie des philharmoniques de Bologne. Quelques-uns de mes camarades m'ayant fait sentir qu'il y aurait de la témérité à moi d'y prétendre, j'eus honte d'être soupçonné incapable de remplir une place dont mon maître paraissait me croire digne ; et c'est ce qui me détermina, quelques années après, à me présenter à l'Académie des philharmoniques, qui me reçut au nombre de ses membres, dans un âge où il est rare même d'oser y aspirer. Le fameux père Martini[1] me donna en cette occasion des marques particulières de bonté et d'attachement. Suivant les statuts de l'Académie, le genre de composition, pour être reçu maître de chapelle et admis dans le corps, était de fuguer un verset de plain-chant pris au hasard, en quoi j'étais assurément très peu versé. Mais les bons avis du père Martini sur ce genre de composition m'en donnèrent bientôt une connaissance suffisante et furent la cause première de mon succès.

Me voilà donc livré à moi-même, la tête remplie de toutes les formes harmoniques, sachant renverser sens dessus dessous toutes les parties, trouvant toujours le moyen de leur donner une espèce de chant, et ne les faisant jamais rentrer après la moindre

---

1. Le père Martini, franciscain de Bologne, célèbre théoricien musical, « qu'il ne faut pas confondre, dit Mlle L. Collin, avec Jean-Paul Martini, auteur d'*Annette et Lubin*, opéra, et de la romance *Plaisir d'amour ne dure qu'un moment...* »

pause que par une imitation déjà établie, ou qui sera suivie des autres parties, si l'une d'elles présente quelque trait nouveau, d'ailleurs trop plein de la mécanique de l'art et du fond de la science harmonique pour trouver des chants aimables; mais je suis persuadé qu'on ne peut être simple, expressif, et surtout correct, sans avoir épuisé les difficultés du contrepoint. C'est au milieu d'un magasin qu'on peut se choisir un cabinet. L'homme qui sait se reconnaît aisément : on entend dans ses compositions les plus légères quelques notes de basse que l'on sent ne pouvoir appartenir à l'harmoniste superficiel.

C'est la basse surtout qui distingue l'homme qui a renversé longtemps l'harmonie. Que cette partie est belle et noble ! Elle donne l'âme à tout ce qui repose sur elle; marchant gravement et par intervalles de quintes ou de quartes lorsqu'elle doit inspirer le respect, et devenant plus chantante et moins fière lorsqu'elle accompagne un chant vif et léger.

Il n'appartient pas à tout le monde de bien apprécier le charme d'une belle basse; il faut avoir entendu longtemps la bonne musique pour savoir descendre dans son empire. Le commun des hommes n'entend d'abord que le chant; avec plus d'habitude, il entend le second dessus; enfin, s'il est organisé, il trouve dans la basse tout ce qu'il avait entendu dans les parties supérieures.

Je reprends mon récit.

J'étais donc, comme je l'ai dit, sans guide; il fallait débrouiller le chaos énorme que mon maître avait mis dans ma tête. Ce n'était plus des fugues, des imitations, dont il était question; il fallait oublier le contrepoint et attendre que ces formes vinssent me trouver dans l'occasion pour fortifier l'expression de la parole. J'aimais par-dessus tout la musique de Pergolèze; c'était vers son genre que la nature m'appelait; j'étais persuadé que je ne parviendrais jamais à faire de bonne musique, de théâtre surtout, si je ne prenais la déclamation pour guide.

La musique proprement dite sera tous les dix ou quinze ans le jouet de la mode; une chanteuse douée d'une sensibilité particulière, un compositeur dont le génie s'écartera de la route commune, une espèce de fou dont les écarts réveilleront la multitude toujours avide de nouveautés; les roulades si favorables pour certains chanteurs, et presque toujours nuisibles à l'expression; les cadences, les points d'orgue..... tout ce luxe musical périra et renaîtra peut-être dans un même siècle; mais ces changements ne font pas une révolution importante pour le fond de l'art.

La vérité est le sublime de tout ouvrage; la mode ne peut rien contre elle. Un brillant étourdi peut éclipser un instant le mérite des habiles gens; mais bientôt en silence on rougit d'avoir été trompé, et l'on rend un nouvel hommage à la vérité.

On objectera, sans doute, que l'accent de la langue française a changé sous les deux derniers règnes; que la cour de Louis XIV était galante et avait un ton chevaleresque; que sous Louis XV on imitait faiblement les manières nobles et les grâces de l'ancienne cour, qu'enfin le langage des courtisans de nos jours n'est presque point accentué, et que le bon ton consiste à n'en avoir aucun. Doit-on inférer de là que la musique a dû changer avec l'accent? Non; le cri de la nature ne change point, et c'est lui qui constitue la bonne musique.

Le roi Henri jurait d'aimer toujours la belle Gabrielle, et le jurait avec l'accent de l'homme passionné de nos jours.

On dit que la chanson *Charmante Gabrielle* fut composée, paroles et musique, par ce roi; je ne sais si c'est une illusion, mais j'y crois retrouver l'âme sensible de ce prince.

Je dirai donc que l'accent du langage suit les mœurs; il doit être faux, factice, grimacier parmi les peuples corrompus; mais que la nature se soit réservé le cœur d'un seul homme, celui-là seul trouvera les vrais accents. D'ailleurs, quelles que soient ses mœurs, l'homme est rarement factice lorsqu'il est subjugué par les passions violentes.

Je fis un travail si prodigieux et si obstiné, pour me servir à propos et avec sobriété des éléments dont ma tête était pleine, que je faillis succomber. L'expérience ne m'avait pas encore appris que l'art des sacrifices distingue le bon artiste. J'avais beau chercher à être simple et vrai, une foule d'idées venaient obscurcir mon tableau. Quand j'adoptais le tout, j'étais mécontent, et lorsque je retranchais, c'était au hasard, et j'étais plus mécontent encore. Ce combat entre le jugement et la science, c'est-à-dire entre le goût qui veut choisir et l'inexpérience qui ne sait rien rejeter, ce combat, dis-je, fut si vif que je perdis le reste de ma santé.

Je me mis au lit avec la fièvre; mon crachement de sang me reprit, je fus alité pendant six mois, et je ne songeais à la musique que pour regretter de ne pouvoir m'y livrer tout entier. Plusieurs morceaux des grands maîtres me roulaient dans l'imagination. Un surtout était l'objet auquel je comparais mes idées informes : *Tremate, tremate, mostri di crudeltà! ma il figlio, lo sposo*, etc. Ce morceau de Terradellas me semblait renfermer tout ce qui constitue le vrai beau.

Dès que je pus marcher, j'allai me promener dans les environs de Rome. Me trouvant un jour sur la montagne de Millini, j'entrai chez un ermite, que je trouvai bon homme, quoique Italien; je lui parlai de la maladie que je venais d'essuyer : il me conseilla de m'établir dans son ermitage, pour y respirer un air pur, qui seul me rendrait des forces. J'acceptai ses offres, et je devins son compagnon de retraite pendant trois mois.

Ce petit pèlerinage ne paraîtra sans doute aux yeux des lecteurs qu'une circonstance indifférente qui ne méritait pas d'être rapportée; cependant je dois dire que ce fut chez cet ermite que j'éprouvai la plus douce satisfaction de ma vie. La révolution s'était opérée seule dans mes organes, et je l'ignorais, lorsqu'un jour je m'avisai de composer un air sur des paroles de Metastasio[1]. Quel fut mon ravissement lorsque je vis mes idées nettes et pures se classer selon mes désirs, sachant ajouter ou retrancher sans nuire à l'objet principal, que je voyais s'embellir à chaque procédé ! Non, je le répète, je n'eus jamais de moment plus délicieux.

« Ah! fra Mauro, disais-je à mon ermite, je me souviendrai de vous tant que je vivrai. »

Ne vous découragez donc pas, jeunes artistes; car en supposant même que la nature vous ait faits pour produire des chefs-d'œuvre, ce n'est qu'en cherchant longtemps des effets fugitifs dans le vague de votre imagination que vous parviendrez à les fixer au gré de vos désirs. Mais il faut auparavant que vous ayez parcouru un cercle immense d'idées bizarres et incohérentes qui, toujours renaissantes et sans cesse rejetées, vous laisseront apercevoir enfin la vérité que vous cherchez.

Il est cependant un point de perfection au delà duquel il ne vous est pas permis d'atteindre. Qu'un sentiment secret vous marque la mesure de vos facultés; sachez alors vous arrêter, car c'est à d'autres que vous qu'il est permis de faire mieux. Si cette idée est triste, il est bien consolant de sentir qu'on a su se servir de tous les ressorts de son intelligence.

Deux procédés me semblent nécessaires pour faire bien; l'un est physique, l'autre est moral. C'est l'imagination qui crée, c'est le goût qui rejette, adopte ou rectifie. Gardez-vous, en travaillant, de refroidir votre imagination par des réflexions précoces; on ne dirige point un torrent rapide, laissez-le couler avec les matières brutes qu'il entraîne, il ne vous en marque pas moins la route simple et vraie que vous devez suivre.

---

1. P. Bonaventure Trapassi, dit Métastase (traduction grecque de son nom italien), né à Rome en 1698, mort à Vienne en 1782, poète lyrique, auteur tragique, reçut de l'empereur Charles VI le titre de *Poeta Cesareo*. Outre ses ouvrages dramatiques, on lui doit un grand nombre de cantates, oratorios, élégies.

Revenez ensuite sur vos pas, et que le goût et le discernement réparent froidement les écarts de votre imagination trop exaltée.

Il n'appartient qu'à l'artiste expérimenté de saisir, quelquefois, la vérité du premier coup. En doit-il être vain? Non, il jouit du fruit de ses premières erreurs, qu'il a longtemps combattues.

Je n'ai rien à dire à l'artiste qui, travaillant sans cesse, est toujours content de lui; il est né pour l'erreur, et l'ignorant l'applaudira.

Dès que j'eus fait entendre à Rome quelques scènes italiennes et quelques symphonies, je vis avec plaisir que l'on se promettait quelque chose de moi. Je fus, le carnaval suivant, choisi par les entrepreneurs du théâtre d'Aliberti pour mettre en musique deux intermèdes intitulés : *les Vendangeuses*. Les jeunes maîtres de musique du pays crièrent au scandale, en se voyant préférer un jeune abbé du collège de Liège. Mille bruits se répandirent dans les cafés, mais ils m'étaient favorables; à Rome comme ailleurs, on élève l'étranger pour humilier les nationaux.

Je commençais à m'occuper de mes intermèdes, lorsque les entrepreneurs vinrent chez moi pour me dire que, l'ouvrage qu'on répétait depuis quinze jours ne répondant point à leur attente, ils avaient engagé le musicien à retirer et corriger sa musique, et qu'il me fallait absolument prendre sa place.

« Y pensez-vous, messieurs, leur dis-je? c'est dans huit jours l'ouverture.

— Oui, dans huit jours. » Ils me firent beaucoup de compliments, vrais ou faux, sur l'impatience que le public témoignait de m'entendre; je travaillai pendant les huit jours et les huit nuits, entouré de copistes et de mes acteurs; on répétait le lendemain ce que j'avais composé la veille; on fit deux répétitions générales. Le bruit de ma témérité s'était répandu, et l'affluence fut si grande qu'on força la garde à la seconde répétition.

Ce qui me coûta le plus fut de tenir le clavecin aux

trois premières représentations; mais je ne pus m'en dispenser. Les entrepreneurs me dirent que mon jeune âge intéresserait le public et contribuerait à mon succès.

Je me rappelle qu'étant au premier clavecin, prêt à faire commencer l'ouverture, j'entendis un hautbois qui n'était pas juste. Je le lui fis dire; il s'approcha de moi pour s'accorder, et il me dit à l'oreille : « J'ai vu à la place où vous êtes les Buranelli, les Jomelli; mais je vous assure qu'au moment d'une première représentation ils ne s'apercevaient pas si un instrument n'était pas parfaitement d'accord. Allons, courage, signor maestro, me dit-il, notre opéra réussira. »

Et en effet la prédiction fut vraie.

Le public fit, malgré moi, répéter un air.

La vérité bien saisie plaît dans tous les pays, et le peuple italien, que l'on croit n'aimer qu'une ariette, serait aussi sensible que les Français à la musique dramatique, s'il la connaissait. Voici la situation dont il s'agit :

Un seigneur aimait une vendangeuse; son fiancé en était jaloux. Il vient trouver le seigneur et lui dit: « Ce n'est pas vous qui êtes aimé de Lisette.

— Eh! qui donc? lui dit le seigneur.

— C'est un jeune homme fait pour plaire, » etc. — Et il lui fait l'énumération des qualités du jeune homme. Il quitte la scène brusquement après son ariette, et se cache pour observer. Il revient à pas de loup après un silence, et lui dit : « Ne m'entendez-vous pas? Celui dont je parle, c'est moi. Lisette est l'objet que j'adore, et Lisette est toute à moi. » Il sort brusquement une seconde fois. Cette situation parut plaisante; le public sentit que les deux sorties de l'acteur et la seconde partie de l'air déclamée sans chant étaient des idées du jeune musicien. J'eus beau faire, il fallut recommencer ce morceau; l'orchestre partit sans mon ordre, et l'acteur suivit.

Il faut convenir que dans les pays chauds, où les

passions sont impérieuses, on aime la musique avec bien plus d'abandon que sous un ciel tempéré, où l'on raisonne trop ses plaisirs. Un compositeur en Italie est d'abord un homme aimé, par la raison seule qu'il se dévoue à l'art enchanteur qui nourrit les cœurs mélancoliques ; et ils ne sont pas rares à Rome. Pendant les jeux du carnaval, le compositeur dont on exécute les ouvrages au théâtre est remarqué des Romains autant que celui dont aurait dépendu le bonheur public. S'il n'a pas eu de succès, on le montre comme une malheureuse victime; s'il a réussi, c'est un dieu.

Il y eut gala le lendemain dans notre collège, à l'occasion de mon succès. Les tambours de la ville vinrent m'éveiller, en m'annonçant que ce jour était un grand jour pour moi. Pendant que nous étions rassemblés dans le réfectoire pour déjeuner, je reçus ordre de me transporter sur-le-champ au palais du gouvernement. Monseigneur le gouverneur me reprocha de n'avoir pas observé la loi qui défend de recommencer aucun morceau de musique au théâtre, sous peine d'amende [1], à moins que le gouverneur ou son représentant ne l'autorise, en laissant descendre un mouchoir blanc sur le bord de sa loge.

« Hélas! Monseigneur, lui dis-je, j'étais si loin de croire mériter les honneurs du mouchoir que je n'y ai pas regardé. » Il se mit à rire, et j'entendis dire aux Liégeois qui avaient voulu m'accompagner : « Bon! nous ne payerons point l'amende. » Il me fit plusieurs questions que je reconnus appartenir aux bruits qui s'étaient répandus sur mon compte dans les cafés. J'y répondis simplement en retranchant les exagérations du public. « Observez-vous, me dit-il, depuis plusieurs années un régime aussi austère qu'on le dit? — Non, Monseigneur. — Mais l'on m'assure que vous avez une manière de vivre toute particulière. » Je l'assurai que je dînais comme les autres au réfectoire, mais

---

[1]. L'amende était, je crois, de cent sequins, ou cinquante louis. (G.)

que depuis longtemps je soupais avec une livre de figues sèches et un verre d'eau.

« Ce régime me plaît, ajoutai-je, la nature me l'a indiqué, et j'imagine que c'est un baume excellent pour une poitrine fatiguée.

— Allons, me dit-il, en secouant sa sonnette, je ne veux point qu'une amende vienne troubler vos plaisirs; soyez plus exact par la suite. »

J'aurais dû payer cher les fatigues que j'avais essuyées en composant mon opéra; mais la joie d'un premier succès est un si puissant remède que je ne fus nullement incommodé.

Je me rappelle une aventure qui m'arriva quelques jours après, et qui aurait pu devenir tragique. En faisant, le soir, une visite à des dames voisines du collège, je fus assailli dans l'escalier de plusieurs coups d'épée, dont un perça mon habit d'abbé de part en part sur la poitrine. J'oubliai dans cet instant que j'étais à Rome; je parlai et jurai à la française en courant après mon assassin, qui disparut.

Je retournai au collège pour conter mon aventure; mes amis étaient persuadés que le succès de ma pièce avait porté quelques ennemis à cette atrocité, et ils résolurent de ne pas me quitter. Ils me faisaient assurément trop d'honneur, et j'étais loin de me croire capable d'exciter la jalousie.

Cependant, comme les Liégeois sont reconnus braves et peu endurants, le père de l'imprudent qui m'avait attaqué arbora dès le lendemain les armes du cardinal Albani sur la porte de sa maison, qui était celle où j'avais été attaqué. Il vint trouver notre recteur, à qui il détailla l'affaire de son fils, qui m'avait pris, à ce qu'il dit, pour un abbé avec lequel il avait eu querelle. Ce petit événement n'eut pas d'autre suite.

L'abbate Nicolo, qui m'avait conduit quelque temps auparavant chez Piccini, vint me dire qu'ils avaient assisté ensemble à une de mes représentations, et que ce célèbre compositeur avait dit publiquement qu'il était content de mon ouvrage, parce que je ne suivais pas la route commune.

Quelques jours après, j'eus une petite jouissance qui ne me flatta pas moins. Je fus suivi à la promenade par une troupe de perruquiers [1] qui chantaient en chœur et avec beaucoup de goût plusieurs morceaux de mon opéra.

J'étais rappelé depuis longtemps par mes parents; pour réponse je leur avais envoyé le psaume *Confitebor tibi, Domine*, etc. (que je n'ai jamais entendu), que j'avais composé pour concourir à une place de maître de chapelle qui vaquait dans le pays de Liège. J'obtins la place, à ce qu'ils me mandèrent, mais je ne partis pas. Ce fut pour une autre circonstance que je quittai l'Italie, où je pouvais demeurer avec agrément; car l'on m'avait proposé de faire pour le carnaval suivant des intermèdes pour les théâtres di Tordinona et della Pace. Je fus instruit par le public que milord A..., amateur de musique et jouant fort bien de la flûte traversière, avait demandé plusieurs fois des concertos de flûte aux compositeurs les plus distingués; mais que, ne les trouvant jamais à son gré, il leur renvoyait la partition avec un présent magnifique pour le pays. J'eus mon tour, et je fus prié de faire un concerto de flûte. Je répondis que, ne connaissant point les talents de milord, je ne pouvais rien faire qu'au hasard. Je fus invité à déjeuner; milord joua longtemps de la flûte. Quelques jours après, je lui envoyai un concerto qui était bien plus de sa composition que de la mienne : car j'avais mis en ordre presque tous les passages que je lui avais entendu faire en préludant; il m'envoya un beau présent et m'offrit une pension annuelle si je voulais lui envoyer d'autres concertos partout où il serait. J'acceptai sa proposition.

---

1. Le bas peuple de Rome a une manière toute particulière de psalmodier ses chansons en s'accompagnant d'une grande guitare nommée *calachone*; mais les artisans, plus rapprochés de la bonne société, chantent avec le goût, l'expression et la précision que les autres peuples admirent dans les Italiens. (G.)

Le maître de flûte de milord, Veiss, aussi excellent dans son art qu'aimable et honnête homme, me prit en amitié et m'engagea à venir à Genève, où il était établi.

Melon [1], attaché à l'ambassade de France à Rome, m'avait montré une partition de *Rose et Colas* [2], qui avait fait naître en moi le désir de travailler à Paris. Je partis donc de Rome et laissai tous mes psaumes, mes messes et mes leçons de composition dans les mains des Liégeois. Mon intention était, en allant à Genève, de faire quelques épargnes pour me mettre en état d'aller à Paris chercher à me faire connaître.

Je ne dois point quitter le beau pays qui a servi de berceau à mes faibles talents sans jeter un coup d'œil sur la musique théâtrale et actuelle des Italiens. S'il en coûte à ma reconnaissance de réprouver quelquefois la mère musique, mon enthousiasme pour ses beautés devient un plus pur hommage.

L'école italienne est la meilleure qui existe, tant pour la composition que pour le chant. La mélodie des Italiens est simple et belle; jamais il n'est permis de la rendre dure et baroque. Un trait de chant n'est beau que lorsqu'il s'est placé de lui-même et sans aucun effort. Dans le genre sérieux comme dans le comique, leurs récitatifs obligés, les airs de bravoure, les finales, ont servi de modèle à toute l'Europe.

Il est inutile de leur faire un mérite de la justesse de la prosodie, car il est presque impossible d'y manquer, tant leur langue est accentuée et libre par les élisions fréquentes des voyelles. Le public, d'ailleurs, ne critique jamais le musicien sur ce point. J'ai entendu un air d'un grand maître qui commençait par le mot *amor*; et quoique l'*a* soit bref, il était soutenu pendant plusieurs mesures à quatre temps, sans que personne y fît attention. L'Italien aime trop la musique pour lui donner d'autres entraves que celles de ses rè-

---

1. Il s'est brûlé la cervelle à Paris pendant le règne de Robespierre. (G.)
2. Comédie en un acte mêlée d'ariettes, paroles de Sedaine, musique de Monsigny, représentée pour la première fois en 1786.

gles. Il sacrifie volontiers sa langue aux beautés du chant.

La langue italienne est elle-même si amoureuse de la mélodie, qu'elle se prête à tout, même aux extravagances du musicien, sans que jamais ses grammairiens lui fassent le moindre reproche.

« Qu'importe, semble dire la nation, que, pour produire un trait de chant neuf, il faille estropier la prosodie et même le sens des paroles! le chant n'en est pas moins trouvé, et d'autres paroles se prêteront à sa contexture originale. » La France un jour pourra penser de même; mais alors elle aimera passionnément la musique, et le sentiment aura remplacé la manie d'épiloguer et d'analyser ses plaisirs.

Que manque-t-il donc aux Italiens pour avoir un bon opéra sérieux? car pendant les neuf à dix années que j'ai habité Rome je n'en ai vu réussir aucun. Si quelquefois l'on s'y portait en foule, c'était pour entendre tel ou tel chanteur; mais lorsqu'il n'était plus sur la scène, chacun se retirait dans sa loge pour jouer aux cartes et prendre des glaces, tandis que le parterre bâillait.

D'anciens professeurs m'ont assuré cependant que jadis les poèmes d'Apostolo Zeno [1] et ceux de Metastasio avaient obtenu des succès réels; et après les avoir interrogés sur la manière dont ils étaient traités par les musiciens de ce temps, j'ai su qu'ils faisaient les airs moins longs qu'aujourd'hui, moins de ritournelles, presque point de roulades ni de répétitions. N'allons pas chercher ailleurs d'où peut naître la langueur et le peu d'intérêt des opéras italiens; car si en effet on s'amusait à retrancher d'une partition les répétitions, les roulades et les ritournelles inutiles, je pose en fait qu'on en retrancherait les deux tiers, et que par conséquent l'action, étant ainsi rapprochée, intéresserait davantage. Les opéras-comiques sont moins

---

1. Apostolo Zeno, né à Venise en 1668, mort à Vienne en 1750, critique, poète dramatique, fut historiographe de l'empereur Charles VI.

sujets à ces défauts; la langueur vient presque entièrement de la mauvaise construction du poème. Les musiciens italiens finiront cependant par être dramatiques; je sais que nos partitions françaises circulent dans les conservatoires de Naples, et qu'on les étudie sous ce point de vue...

LIVRE DEUXIÈME

TRAVAUX

LIVRE DEUXIÈME

TRAVAUX

Jean-Jacques Rousseau dit qu'il faut voyager à pied pour s'instruire, en jouissant tout à la fois d'une bonne santé et des sensations délicieuses qu'offre à chaque instant le spectacle varié de la nature. Je partis de Rome le 1er janvier 1767; je ne vis rien sur ma route, je n'eus ni plaisir ni peine : j'étais dans une bonne voiture.

Arrivé à Turin, j'y retrouvai un baron allemand que j'avais connu à Rome; il me proposa de faire route ensemble pour Genève : il était pressé, et nous partîmes le lendemain. Dès que nous fûmes sortis de la ville, je voulus lui dire : « Ah! Monsieur le baron, que je suis enchanté de... » Il m'interrompit et me dit brusquement : « Monsieur, je ne parle point en voiture.

— Fort bien, » lui dis-je. Étant descendu le soir dans l'auberge, il fit faire grand feu, passa sa robe de chambre et vint à moi les bras ouverts en me disant: « Ah, mon cher ami, que je suis aise de... » Je l'interrompis à mon tour pour lui dire d'un ton sec : « Monsieur, je ne parle point dans les auberges. » Il se mit à rire comme un fou, et me fit le détail d'une cruelle maladie dont il était atteint et qui était cause de sa boutade.

Le jour suivant, nous passâmes le mont Cenis. Des porteurs se chargèrent de nous en montant; je leur demandai ce que signifiait une croix rouge que j'aperçus dans un précipice : « Paix, me dit-on, ne parlez pas !

— Comment donc! me dis-je en moi-même, rencontrerai-je partout des barons allemands? » Étant arrivé sur la montagne, mes porteurs m'apprirent que le son, ou l'écho seul du son de la voix, pouvait déterminer la chute des neiges amoncelées et suspendues sur la tête des voyageurs. La descente de la montagne m'amusa infiniment. Je proposai à mon baron de la remonter pour avoir le plaisir de la redescendre. Il ne crut pas devoir accepter.

La manière dont nous descendîmes la montagne s'appelle « la ramasse ». Il faudrait trois heures pour faire cette descente à pied ou sur un mulet, et peu de minutes suffisent quand on se fait ramasser. On remet sa vie entre les mains d'un petit Savoyard; le mien n'avait pas plus de dix à onze ans. On est assis sur une espèce de traîneau; le petit conducteur est sur le devant; il vous fait glisser de roc en roc, tandis que de ses petites jambes il dirige la voiture; on est presque suffoqué par les premières chutes; mais en se couvrant la bouche cette manière d'aller est très supportable.

Je quittai mon baron à Genève, et je m'en consolai, sachant que j'y verrais Voltaire. Après que j'eus été présenté dans les meilleures maisons par mon ami Weiss, je me trouvai avoir accepté vingt femmes pour écolières. J'avais été précédé d'un peu de réputation, et les magistrats me permirent d'outrepasser le prix des leçons ordonné par le gouvernement.

Le métier de maître à chanter ne me plaisait point, outre qu'il fatiguait ma poitrine; mais il fallait me préparer aux dépenses qu'entraîne le séjour de Paris.

La querelle entre les représentants et les négatifs[1] étant alors dans toute sa force, MM. les ambassadeurs de France, de Zurich et de Berne arrivèrent en qualité de médiateurs. La République fit bâtir une salle de

---

1. L'État de Genève était alors livré à de grandes discussions résultant des prérogatives qu'entendait s'attribuer ou plutôt conserver le Sénat, dont les partisans avaient pris le nom de *négatifs*, comme reconnaissant à ce conseil le droit de *négation* ou d'annulation des *représentations* que voulaient pouvoir faire les citoyens en cas d'emprisonnement : d'où la désignation opposée de *représentants*.

spectacle pour amuser Leurs Excellences et le peuple révolté. J'entendis des opéras comiques français pour la première fois. *Tom Jones*[1], *le Maréchal*[2], *Rose et Colas*, me firent grand plaisir, lorsque j'eus pris l'habitude d'entendre chanter le français, ce qui m'avait d'abord paru désagréable.

Il me fallut encore quelque temps pour m'habituer à entendre parler et chanter dans une même pièce ; cependant je sentais déjà qu'il est impossible de faire un récitatif intéressant lorsque le dialogue ne l'est point. Le poète a une exposition à faire, des scènes à filer, s'il veut établir ou développer un caractère. Que peut alors le récitatif? Fatiguer par sa monotonie et nuire à la rapidité du dialogue. Il n'y a que les jeunes poètes qui pressent trop leurs scènes de peur d'être longs; l'homme qui connaît mieux la nature sait qu'on ne produit des effets qu'en les préparant et les amenant doucement jusqu'à leurs plus hauts degrés. Laissons donc parler la scène. Formons à la fois des comédiens déclamateurs et des musiciens chanteurs, sans quoi nos ouvrages dramatiques perdront le mérite qu'ils ont et celui qu'ils peuvent encore acquérir. Je désirerais mettre en musique une vraie tragédie où le dialogue serait parlé ; j'imagine qu'elle produirait un plus grand effet que nos opéras chantés d'un bout à l'autre.

J'eus bientôt envie d'essayer mes talents sur la langue française, et cet essai n'était pas inutile avant de songer à la capitale de la France. Je demandais partout un poème; mais, quoiqu'il y ait beaucoup de gens d'esprit à Genève, on était trop occupé des affaires publiques pour donner audience aux Muses. Je pris le parti d'écrire à Voltaire, à peu près dans ces termes :

« Monsieur,

« Un jeune musicien arrivant d'Italie et établi depuis quelque temps à Genève voudrait essayer ses faibles

---

1-2. *Tom Jones* (1765) et le *Maréchal* (1761), comédies mêlées d'ariettes, musique de Philidor.

talents sur une langue que vous enrichissez chaque jour de vos productions immortelles; je demande en vain aux gens d'esprit de votre voisinage de venir au secours d'un jeune homme plein d'émulation : les Muses ont fui devant Bellone; elles sont sans doute réfugiées chez vous, Monsieur, et j'implore votre protection auprès d'elles, persuadé que si j'obtiens de vous cette grâce, elles me seront favorables dans cet instant, et ne m'abandonneront jamais.

« Je suis avec respect, etc. »

Voltaire me fit dire par la personne qui s'était chargée de ma lettre qu'il ne me répondait pas par écrit, parce qu'il était malade et qu'il voulait me voir chez lui le plus tôt qu'il me serait possible.

Je lui fus présenté le dimanche suivant par Mme Cramer[1], son amie. Que je fus flatté de l'accueil gracieux qu'il me fit ! Je voulus m'excuser sur la liberté que j'avais prise de lui écrire.

« Comment donc, Monsieur ! me dit-il, en me serrant la main (et c'était mon cœur qu'il serrait), j'ai été enchanté de votre lettre; l'on m'avait parlé de vous plusieurs fois; je désirais vous voir. Vous êtes musicien et vous avez de l'esprit ! Cela est trop rare, Monsieur, pour que je ne prenne pas à vous le plus vif intérêt. »

Je souris à l'épigramme, et je remerciai Voltaire. « Mais, me dit-il, je suis vieux et je ne connais guère l'opéra comique qui aujourd'hui est à la mode à Paris, et pour lequel on abandonne *Zaire* et *Mahomet*. Pourquoi, dit-il en s'adressant à Mme Cramer, ne lui feriez-vous pas un joli opéra, en attendant que l'envie m'en prenne ? Car je ne vous refuse pas, Monsieur.

---

1. Mme Cramer-Dellon. Voltaire dit d'elle dans une épître au chevalier Boufflers :
   Certaine dame honnête et savante profonde...
et il affirme dans une de ses lettres qu'elle avait parfois des mots très spirituels.

— Il a commencé quelque chose de moi, lui dit cette dame, mais je crains que cela ne soit mauvais.

— Qu'est-ce que c'est ? — Le *Savetier philosophe*. — Ah! c'est comme si l'on disait Fréron[1] le philosophe. Eh bien, Monsieur, comment trouvez-vous notre langue ?

— Je vous avoue, Monsieur, lui dis-je, que je suis embarrassé dès le premier morceau, dans ce vers :

Un philosophe est heureux,

que je voudrais rendre dans ce sens, et je lui chantai

Un philosophe !
Un philosophe !
Un philosophe est heureux...

l'*e* muet sans élision de la voyelle suivante me paraît insupportable.

— Et vous avez raison, me dit-il ; retranchez tous ces *e*, tous ces *phe*, et chantez hardiment « un philosoph. »

Le grand poète avait raison dans un sens, mais il se serait expliqué différemment s'il eût été musicien. L'*e* muet de « philosophe » est un des plus durs de la langue ; mais il faut une note pour l'*e* muet sans éli-

---

[1]. Fréron, auteur de l'*Année littéraire*, publication périodique où il militait sans cesse comme antagoniste ardent des philosophes et des encyclopédistes. Voltaire, qui ne supportait guère la controverse et qui n'admettait pas que la critique osât s'attaquer à lui, avait voué à Fréron une haine tenant de l'obsession. « Voltaire, dit Jules Janin, voyait Fréron partout, à chacune de ses pages. Ce malheureux critique, qui s'était permis de frôler de sa plume l'auréole du dieu, était pour Voltaire comme cet abîme entr'ouvert qui épouvantait Pascal. Au milieu d'une grande dissertation historique Voltaire s'interrompait pour lancer un trait à Fréron. Au cours d'un conte léger Voltaire s'arrêtait pour insulter Fréron ; en plein poème Voltaire insultait Fréron. Partout, à chaque instant, Voltaire prononce, écrit le nom de Fréron, pour le conspuer, pour le vilipender. Fréron est insulté dans le même livre que Jeanne d'Arc. Fréron est insulté dans *Candide* ; c'est contre Fréron que Voltaire a lancé cette horrible philippique de génie, *le Pauvre Diable* ; enfin c'est contre lui que Voltaire a écrit cette horrible comédie, *l'Écossaise*...

sion dans tous les cas; c'est au musicien à le faire tomber sur un son inutile dans la phrase musicale.

Voltaire me dit ensuite qu'il fallait me hâter d'aller à Paris. « C'est là, dit-il, que l'on vole à l'immortalité. — Ah! Monsieur, lui dis-je, que vous en parlez à votre aise! Ce mot charmant vous est familier comme la chose même. — Moi, me dit-il, je donnerais cent ans d'immortalité pour une bonne digestion. » Disait-il vrai?

Ayant été si bien accueilli chez Voltaire, j'y retournai souvent; j'allais faire chez lui mon apprentissage de cette aisance, de cette amabilité française que l'on trouvait chez lui plus qu'à Genève. Voltaire, quoique éloigné de Paris depuis longtemps, n'était rien moins que rouillé par la solitude; il semblait, au contraire, avoir transféré à Ferney le centre de la France. La correspondance continuelle qu'il entretenait avec les gens de lettres était le journal qui l'instruisait chaque jour des mouvements de la capitale, et l'opinion suspendue semblait attendre pour se fixer que le législateur du bon goût eût prononcé sur elle.

Genève et surtout les leçons que j'y donnais m'ennuyaient davantage quand je sortais de Ferney; tout m'enchantait dans ce lieu charmant : les parterres, les bosquets, les animaux les plus rustiques me semblaient différents sous un tel maître.

L'opulence d'un grand seigneur peut nous humilier, exciter notre envie; mais celle d'un grand homme contente notre âme. Chacun doit se dire: C'est par des travaux immenses, c'est en m'éclairant, c'est en charmant mes ennuis, en me sauvant du désespoir peut-être, qu'il est parvenu à la fortune; il m'a donc payé son bien par un bien plus précieux encore : pourquoi le lui envierais-je?

Ses vassaux obtenaient de lui tous les encouragements possibles; chaque jour on bâtissait de nouvelles maisons, et Ferney seroit devenu le bourg le plus considérable, le plus considéré de la France, si Voltaire s'y fût retiré vingt ans plus tôt.

J'ai entendu dire cent fois depuis qu'il était satirique, méchant, envieux de toute réputation. J'ose croire que si on ne l'eût combattu qu'avec des armes dignes de lui, Voltaire, la politesse, la galanterie même, sachant respecter le mérite, pour être lui-même respecté, bon, humain, infatigable à protéger l'innocence, non, Voltaire n'eût jamais paru dans l'arène fangeuse où l'envie et la satire l'ont fait descendre.

Il avait ses défauts sans doute; mais songeons que les défauts de l'homme célèbre suivent partout sa réputation, tandis que ceux de l'homme obscur ne sortent pas du cercle étroit qui l'environne. Songeons que l'on ne pardonne rien aux grands hommes qui nous humilient plus ou moins, en nous forçant à l'admiration. L'amour-propre blessé est si adroit à nuire! Il est le mobile du monde moral, comme je crois le soleil celui du monde physique. Quand tous les moralistes réunis ne seraient occupés pendant un siècle qu'à développer les replis de l'amour-propre, je doute qu'ils parvinssent à pénétrer le fond de son labyrinthe ténébreux.

Rien de plus noble, sans doute, que de mépriser la critique injuste; mais la nature, en créant l'homme de génie, commence par le rendre vif, sensible, passionné, et rarement assez pacifique pour résister au plaisir d'une juste vengeance. L'on n'outrage ni Dieu ni la nature impunément; comment oser espérer davantage de l'homme le plus parfait? Qui sait d'ailleurs si, pour être ce qu'il était, Voltaire n'avait pas besoin d'être quelquefois contrarié? Son génie s'allumait à l'aspect d'une feuille de Fréron; si cet aiguillon lui eût manqué, sa tête, qui cherchait sans cesse à s'enflammer, eût trouvé d'autres causes pour produire les mêmes effets.

> Au Cid persécuté Cinna doit sa naissance,
> Et peut-être ta plume au censeur de Pyrrhus
> Doit les plus nobles traits dont tu peignis Burrhus.
> (BOILEAU.)

Un habile peintre de mes amis, Menageot, était souffrant; il s'adresse à un médecin, heureusement homme d'esprit, qui, après l'avoir interrogé, nous dit, en sortant de l'atelier :

« Je me garderai bien de le guérir avant qu'il ait fini son tableau. » Sa maladie était effectivement produite par la grande fermentation du sang et des humeurs, et Menageot n'eût pas achevé avec la même force son superbe tableau de la *Mort de Léonard de Vinci*, si un médecin ignorant eût calmé à la fois son imagination et l'effervescence de son sang.

Mon opéra avec Mme Cramer n'avançait qu'à pas lents, et c'est presque toujours un mauvais signe quant aux ouvrages d'esprit et d'imagination. Les comédiens de Genève donnèrent alors l'opéra d'*Isabelle et Gertrude*[1], qu'on avait représenté depuis peu au Théâtre italien de Paris. Le poème fit plaisir, mais la musique parut faible. Je résolus de faire mon premier essai sur ce poème de Favart. Je n'éprouvai pas trop de difficulté ; il est vrai que je ne connaissais pas la rigidité de la langue, et que j'employais toutes les voyelles pour faire des roulades. J'ignorais qu'il faut attendre une chaîne, un vol, un ramage, un triomphe, etc., pour s'y livrer. Je sentis cependant en travaillant que la langue française était aussi susceptible d'accent qu'aucune autre.

Ce premier opéra français eut un succès encourageant pour moi : le public s'y porta avec affluence pendant six représentations ; et c'est beaucoup pour une petite ville telle que Genève.

Un musicien de l'orchestre, maître à danser, vint chez moi pour me dire que les jeunes gens de la ville, pour suivre l'usage de Paris, m'appelleraient après la pièce. « Je n'ai, lui dis-je, jamais vu cela en Italie.

— Vous le verrez, me dit-il, et vous serez le premier auteur qui ait reçu cet honneur dans notre république. » J'eus beau me défendre, il voulut absolument m'enseigner à faire une révérence avec grâce. Dès que

---

1. *Isabelle et Gertrude, ou les Sylphes supposés*, paroles de Favart, musique de Blaise, ouvrage représenté pour la première fois à Paris au Théâtre Italien en 1765.

l'opéra fut fini, on me demanda effectivement à plusieurs reprises, et je fus obligé de paraître pour remercier le public ; mon homme, dans son orchestre, me criait : « Ce n'est pas cela... point du tout... mais allez donc...

— Qu'as-tu donc ? lui dirent ses confrères.

— Je suis furieux ; j'ai été exprès chez lui ce matin pour lui apprendre à se présenter noblement, voyez si l'on peut être plus gauche et plus bête. »

Je sentis qu'il était temps d'aller à Paris. Je fus prendre congé de Voltaire ; je le vis s'attendrir sur mon sort ; et il paraissait l'envier tout à la fois. Je renouvelais sans doute dans son âme le temps de sa jeunesse, lorsqu'il se jeta dans la carrière des arts, où l'on trouve quelquefois la gloire avec la fortune, mais bien plus souvent le découragement suivi du désespoir.

Il me dit : « Vous ne reviendrez plus à Genève, Monsieur, mais j'espère encore vous voir à Paris. »

Je n'entrai pas dans cette ville sans une émotion dont je ne me rendis pas compte ; elle était une suite naturelle du plan que j'avais formé de n'en pas sortir sans avoir vaincu tous les obstacles qui s'opposeraient au désir que j'avais d'y établir ma réputation. Ce ne fut pas l'ouvrage d'un jour ; car pendant près de deux ans j'eus à combattre, comme tant d'autres, l'hydre à cent têtes qui s'opposait partout à mes efforts.

On écrivit à Liége que j'étais venu à Paris pour lutter contre les Philidor, les Duni et les Monsigni[1] ; les mu-

---

1. Philidor, né à Dreux en 1726, mort à Londres en 1795. Philidor, disent les *Annales dramatiques* de Babault, peut être regardé avec Duni comme le créateur de notre opéra-comique. Harmoniste très profond, son chant manque quelquefois d'intérêt et de mélodie. Parmi ses plus grands succès l'on cite *le Diable à quatre* et *Blaise le Savetier*, *l'Huître et les Plaideurs*, *le Jardinier et son Seigneur*, paroles de Sedaine, *Tom Jones*, *le Bon Fils*, etc. Philidor fut le premier joueur d'échecs de son temps. Quoique devenu aveugle dans ses dernières années, il fit, un mois avant de mourir, deux parties d'échecs à la fois et les gagna. Il passait pour avoir peu d'esprit naturel ; aussi le financier Laborde, l'un de ses plus grands admirateurs, l'entendant un jour à sa table dire beaucoup de sottises, se tira de l'embarras où il le mettait en s'écriant : « Vous le voyez, il n'a pas le sens commun : c'est tout génie ! »

Duni, né dans le royaume de Naples en 1709, mort à Paris en 1775,

siciens de Liège reprochèrent à mes parents l'excès de ma témérité ; cette menace ne me découragea pas ; au contraire, elle enflamma mon émulation, et je me disais : « Si je peux approcher de ces trois habiles musiciens, j'aurai le plaisir de surpasser les compositeurs liégeois, qui s'en reconnaissent très éloignés. »

Je fus deux fois à l'Opéra, craignant de m'être trompé la première ; mais je n'en compris pas davantage la musique française. On donnait *Dardanus*, de Rameau[1] ; j'étais à côté d'un homme qui se mourait de plaisir, et je fus obligé de sortir parce que je mourais d'ennui. J'ai découvert depuis des beautés dans Rameau ; mais j'avais alors la tête trop pleine de la musique italienne et de ses formes pour pouvoir me reculer tout à coup à la musique du siècle précédent. Je croyais entendre certains airs italiens qui avaient vieilli, et dont Casali, mon maître, me rappelait quelquefois les tournures triviales pour me montrer les progrès de son art.

Je fus tout au plus quatre fois aux Italiens ; j'en connaissais les meilleures pièces, et c'était uniquement pour connaître les talents et les voix des acteurs. L'étendue de la voix de Cailleau me surprit. Je le vis dans la nouvelle troupe ; l'acteur se présente comme chantant la haute-contre, la taille et la basse, et effectivement il aurait pu remplir les trois emplois également bien. C'est cette première impression de l'organe de Cailleau qui me fit composer le rôle du Huron dans un diapason trop élevé. On trouvera peut-être extraor-

vint en France après avoir acquis une grande réputation en Italie en composant des tragédies lyriques : *Artaxerce*, *Didon*, *Bajazet*, etc. A Paris, il ne travailla plus que dans le genre opposé. Par des œuvres faciles pittoresques, « il se fit, dit un journal contemporain, la plus honorable place parmi ceux qui ont forcé les Français à connaître de nouveaux plaisirs dans leurs spectacles en musique. »

Morsigni, né à Fauquemberq (Artois) en 1729, mort à Paris en 1817, auteur de *Rose et Colas*, d'*Aline, reine de Golconde*, et du *Déserteur*, qui est resté au répertoire.

1. Rameau, né à Dijon en 1683, publia en 1722 un *Traité d'harmonie* qui fit une révolution dans la technique musicale. Comme on lui reprochait de n'être qu'un théoricien, il se mit, à cinquante ans, à travailler pour le théâtre, et écrivit vingt-deux opéras, qui lui valurent la plus haute renommée. Anobli par Louis XV, il mourut en 1764, au comble des honneurs et de la fortune.

dinaire que le Théâtre-Français fût celui que je fréquentai assidûment. Je ne voulais faire la musique de personne; aussi me gardai-je bien d'étudier aucun des compositeurs que j'ai cités. La déclamation des grands acteurs me sembla le seul guide qui me convînt, et je crois qu'un jeune musicien peut être fier d'avoir eu cette idée, la seule qui pût me conduire au but que je m'étais proposé : c'est-à-dire d'être moi, en suivant la belle déclamation.

Cependant, pour travailler il me fallait un poëme, et pour le trouver j'allais frapper à toutes les portes; je ne manquais aucune occasion de me lier avec les auteurs dramatiques. Si l'un d'eux me faisait la lecture d'un opéra, j'osais avouer franchement que j'étais en état de l'entreprendre, de les étonner peut-être; mais on dissimulait avec moi, et j'apprenais sans étonnement qu'on m'avait préféré quelque musicien connu. Philidor et Duni s'occupaient cependant de bonne foi à me faire avoir un poëme; les habiles gens sont naturellement bons et honnêtes; l'homme instruit voit avec tant d'intérêt ce qu'il en coûte au vrai talent pour se faire connaître, que la crainte même de son rival ne peut l'empêcher d'agir en sa faveur.

Philidor m'annonce enfin qu'il a répondu de moi, et qu'un poëte veut bien me confier l'ouvrage qu'on lui destinait. Je me rends chez lui au jour indiqué; l'auteur lit : à chaque scène ma tête s'exaltait au point que je trouvais à l'instant le motif et le caractère qui convenaient à chaque morceau; je réponds que cet ouvrage n'eût pas été le plus mauvais des miens. Lorsque, après de longues études, l'âme commande avec cette impétuosité, elle ne laisse pas à l'esprit le temps de s'égarer. Je ne trouvai le poëme que médiocre et froid; mais la flamme qui me brûlait eût pu le réchauffer. J'embrassai l'auteur; comment ne vit-il pas dans mes yeux qu'une si belle ardeur ne serait pas inutile à son succès? Non, il ne le vit pas : car trois jours après, au lieu de recevoir le manuscrit, Philidor m'apprit que l'auteur avait changé d'avis. Il me permettait cependant de travailler à son poème, pourvu que ce fût avec Philidor, si cela nous convenait à tous deux. « Allons, courage, mon ami, me dit cet honnête homme, je ne crains pas de joindre ma musique à la vôtre.

— Je dois le craindre, moi, lui dis-je, car si la pièce réussit, elle sera de vous; si elle tombe, le public ne verra que moi. »

Philidor donna, un an après, son *Jardinier de Sidon*, et l'on sait qu'il eut peu de succès.

Je fus, quelques jours après, me présenter de moi-même à un acteur de la Comédie italienne; il ne dissimula pas combien il me serait difficile de réussir à côté des trois musiciens qui travaillaient pour leur théâtre. Il me chanta tout entière une romance de Monsigni.

« Voilà du chant, Monsieur, me dit-il; voilà ce qu'il faudrait faire; mais cela est bien difficile. »

Je sortis de chez lui en composant des chants de romance, que je comparais aux chants de Monsigni.

Je fis la connaissance d'un jeune poète, homme du beau monde, passant les nuits à jouer et les jours à faire des vers. Je lui demandai en grâce de me faire un poème; il me le promit sans hésiter. J'allai lui faire trente visites pour l'encourager à cette bonne œuvre; et, comme les aimables libertins ont souvent un bon cœur, il se laissa toucher et travailla.

Les *Mariages samnites*[1] furent le sujet qu'il choisit. J'allais chaque matin m'informer de la santé de mon auteur; il me lisait ce qu'il avait fait; je le lui arrachais scène par scène, et j'en faisais aussitôt la musique. Il me fallut attendre longtemps; mais n'importe, l'envie que j'avais de travailler me donnait une patience à toute épreuve.

Je connaissais Suard et l'abbé Arnaud[2]. Je leur fis

1. Cette pièce n'était pas celle qui fut donnée sous le même titre en 1770, dont il sera parlé ci-après.
2. J.-B.-A. Suard, secrétaire perpétuel de l'Académie française, né à Besançon en 1734, mort en 1817, ami de l'abbé Arnaud, né près de Car-

entendre ce que j'avais fait des *Mariages samnites*. Ils me jugèrent avantageusement; l'abbé Arnaud surtout m'applaudit avec l'enthousiasme de l'homme instruit qui n'a nul besoin des autres pour oser approuver.

Si je fus flatté de ce succès, mon poëte n'en fut pas moins encouragé à finir sa pièce. Ces citoyens m'annoncèrent chez les gens de lettres, et je fus peu de jours après invité à un dîner chez le comte de Creutz, alors envoyé de Suède. J'y exécutai les principales scènes de mon opéra; j'entendis pour la première fois parler de mon art avec infiniment d'esprit; j'en fus frappé, car j'avais remarqué, pendant mon séjour à Rome, que les Italiens sentent trop vivement pour raisonner longtemps. Un « o Dio ! » en posant la main sur leur cœur, est ordinairement le signe flatteur de leur approbation. C'est dire beaucoup, sans doute; mais si un soupir dans ce cas renferme une rhétorique, il faut convenir qu'elle est peu instructive.

Parmi les gens de lettres qui étaient de ce dîner, je remarquai que Suard et l'abbé Arnaud parlaient sur la musique avec ce sentiment vrai que l'artiste qui a tout senti pendant son travail sait si bien apprécier. Vernet[1] me parla comme s'il eût composé de la musique toute sa vie. Je vis qu'il eût été le musicien de la nature s'il n'en eût été le peintre.

Qu'importe d'ailleurs la route que l'on prenne, soit les yeux ou les oreilles, pourvu qu'on arrive au cœur?

Qu'il me soit permis d'examiner pourquoi les gens

---

pentrus en 1721, mort en 1784; les deux amis rédigeaient ensemble la *Gazette littéraire de l'Europe*, qui, à l'époque de la fameuse lutte des gluckistes et des piccinistes, fut l'organe très passionné des partisans de Gluck. On appelait l'abbé Arnaud le grand pontife de l'école gluckiste. « Gluck a retrouvé la douleur antique, » disait un jour l'enthousiaste abbé, devant l'ambassadeur de Naples, qui lui répliqua qu'il préférait le plaisir moderne. Quand l'abbé Arnaud, grand partisan de l'antiquité, voulait traduire sa plus vive admiration : « Voilà qui est grec ! » s'écriait-il.

« L'abbé Arnaud, dit un de ses biographes, était un ami précieux pour les artistes; sa conversation allumait leur enthousiasme, élevait leurs idées. Les talents naissants n'avaient qu'à se montrer à lui pour être encouragés et bientôt connus. »

1. Joseph Vernet, peintre de marines, né à Avignon en 1714, mort en 1789, grand-père d'Horace Vernet.

qui ont le plus d'esprit ne sont pas ceux qui savent le mieux apprécier un trait de chant, une note de basse, etc. Lorsque j'exécute ma musique auprès d'eux, je remarque qu'ils éprouvent l'inquiétude qu'avait sans doute Fontenelle lorsqu'il disait : « Sonate, que me veux-tu ? » tandis qu'une femme, un enfant, sont doucement agités de sensations agréables.

Je ne donnerai ici mes idées que comme un faible aperçu qui ne peut résoudre un problème aussi métaphysique et trop au-dessus de mes forces.

Voyons d'abord quel est le travail habituel de l'homme de lettres en général. Soit qu'il écrive ou qu'il parle, son but est le plus souvent d'orner des grâces de l'esprit la simple vérité, qui n'a besoin d'aucune parure étrangère. Pourquoi donc ne pas la présenter à nos yeux simple et naturelle ? Parce que les hommes de génie sont rares, et qu'elle ne se montre qu'à eux seuls. L'homme de génie laisse après lui une foule d'imitateurs, qui, n'osant plus dire de la même manière ce qui a déjà été dit, sont obligés de déguiser la vérité sous le charme des grâces. J'avoue même que souvent l'illusion est si parfaite, si séduisante, qu'on est tenté de prendre l'apparence pour la vérité elle-même.

Plus on a écrit sur un même sujet, plus il devient difficile à traiter; et comme il est impossible de rien ajouter à la vérité, il faut que chaque jour l'esprit fasse de nouveaux efforts pour lier entre elles des idées incohérentes, dont les rapports deviennent enfin si déliés, si subtils, si délicats, que l'esprit même, s'égarant dans son vaste empire, perd la dernière étincelle du flambeau de la vérité.

La musique n'ayant besoin, pour être bien sentie, que de cet heureux instinct que donne la nature, il semblerait que l'esprit nuise à l'instinct, que l'on n'approche de l'un qu'en s'éloignant de l'autre, et qu'enfin, plus vous aurez de facilité à combiner et à rapprocher plusieurs idées, plus vous affaiblirez le tact naturel, qui ne sent qu'une chose à la fois, et c'est assez pour bien sentir. L'homme livré à la simple nature reçoit sans résistance la douce émotion qu'on lui donne. L'homme d'esprit, au contraire, veut savoir d'où lui vient le plaisir, et avant qu'il parvienne à son cœur il est évanoui. Le sentiment est volatil comme l'essence renfermée dans un vase, que le contact de l'air fait évaporer; de même une sensation est perdue si elle frappe des organes habitués à analyser pour sentir.

Tout le monde, cependant, veut avoir l'air d'aimer la musique; chacun sait qu'elle est un élan de l'âme, le langage du cœur; convenir que cette langue nous est étrangère serait faire un aveu d'insensibilité; l'on se donne donc pour connaisseur; on dit : « Ah! que c'est délicieux! » avec une mine à la glace. Si l'on est homme de lettres, on se dépêche d'écrire une brochure sur la musique; on y dit que les musiciens sont des bêtes qui ne savent que sentir, et à force de raisonnements l'on s'établit musicien à leur place.

Voudra-t-on inférer de ce que je viens de dire qu'il faudra, pour avoir le sentiment de la musique, n'être ni poète, ni historien, ni orateur, ni homme d'esprit enfin? Non, sans doute; mais il faut, je crois, tenir de la nature elle-même une de ces qualités, ou toutes (s'il était possible), et il ne suffit pas de les avoir acquises par un travail forcé d'érudition, de compilation, qui peut sans doute ouvrir un chemin neuf à l'homme bien né, mais qui ne donne à l'homme ordinaire que le désespoir de ne jamais approcher de ses modèles.

Voulez-vous savoir si un individu quelconque est né sensible à la musique? Voyez seulement s'il a l'esprit simple et juste; si dans ses discours, ses manières, ses vêtements, il n'a rien d'affecté; s'il aime les fleurs, les enfants; si de tendres sentiments le dominent... Un tel être aime passionnément l'harmonie et la mélodie qu'elle renferme, et n'a nul besoin de composer une brochure d'après les idées des autres pour nous le prouver.

Tout se disposait au gré de mes désirs; il ne me restait plus qu'à trouver dans mes acteurs des juges aussi indulgents que les hommes célèbres dont je venais d'obtenir l'approbation ; je cherchais les moyens de leur faire entendre ma musique, quand mon poëte m'apprit que notre pièce avait été refusée. Il fut résolu que l'ouvrage serait refondu et arrangé pour l'Opéra : car les comédiens, et surtout Cailleau, l'avaient jugé trop noble pour leur théâtre, et ils avaient raison. Un mois suffit au poëte et à moi pour cette métamorphose. Les protecteurs de mon talent (et il en faut à Paris quand on n'est pas connu) avaient parlé de mon ouvrage au feu prince de Conti, qui ordonna à Trial[1], directeur de sa musique et de l'Opéra, de faire exécuter chez lui les *Mariages samnites*. J'en fis moi-même presque toute la copie, ma fortune ne me permettant pas d'en faire la dépense. Lorsque le jour qui allait décider de mon sort fut arrivé, Trial me fit dire de me trouver le matin au magasin de l'Opéra pour la répétition des chœurs. C'est ici qu'il faudrait une plume exercée pour décrire tout ce que j'entrevis de fâcheux sur la mine des musiciens rassemblés ; un froid glacial régnait partout. Si je voulais, pendant l'exécution, ranimer de ma voix ou de mes gestes cette masse indolente, j'entendais rire à mes côtés, et l'on ne m'écoutait pas. Je frémis davantage le soir en voyant chez le prince de Conti toute la cour de France rassemblée pour me juger. Depuis l'ouverture (qui, aujourd'hui, est en partie celle de *Sylvain*) jusqu'à la fin de l'opéra, rien ne produisit le moindre effet ; l'ennui fut si universel que je voulus fuir après le premier acte ; un ami me retint ; l'abbé Arnaud me serra la main, il avait l'air furieux ; il me dit : « Vous n'êtes pas jugé ce soir ; il me semble que tous les musiciens s'entendent pour vous écorcher ; mais vous vous relèverez de là, je vous le jure sur mon honneur. »

---

1. Trial, compositeur, né à Avignon en 1734, mort à Paris en 1771, composa un certain nombre d'ouvrages d'à-propos pour les fêtes du prince de Conti. Nommé directeur de l'Opéra, il se distingua en même temps par un grand sentiment de l'art et une profonde habileté administrative.

Le prince eut l'extrême bonté de me dire : « Je n'ai pas trouvé exactement ce que vos amis m'avaient annoncé, mais je suis fâché que personne n'ait applaudi une marche que j'ai trouvée charmante. » C'était celle que j'ai placée ensuite dans le *Huron*. Je dois ici rendre justice à un de mes chanteurs, qui, au milieu de l'exécution la plus soporifique, déploya toute l'énergie du grand talent et de la probité. Si son rôle eût été plus considérable, ou, pour mieux dire, s'il eût à lui seul chanté tout l'opéra, j'eusse obtenu un succès; mais, l'ennui s'étant déjà emparé de l'auditoire quand il commença, il ne put parvenir à le tirer de sa léthargie. Cet artiste distingué, qui n'avait jamais eu, sans doute, l'âme assez basse pour s'opposer au succès des talents naissants, c'est Géliote. On se figure aisément dans quel état je rentrai chez moi après cette répétition; mais ce qu'on ne se figurera pas, c'est l'effet que produisit sur mon esprit déjà abattu la lecture de deux lettres que je trouvai en rentrant chez moi; la première était anonyme; elle contenait ces mots consolants : « Vous croyez donc, honnête Liégeois, venir figurer parmi les grands talents de cette capitale? Désabusez-vous, mon cher, pliez bagage; retournez chez vos compatriotes, et leur faites entendre votre musique baroque, qui n'a ni sens ni raison. » L'autre, datée de Londres, était de milord A..., dont j'ai parlé ci-devant; il m'écrivait qu'il « ne jouait plus de la flûte, et qu'il supprimait ma pension ».

Je n'osai pas, comme on peut le penser, demander au directeur Trial si l'on donnerait mon opéra; cette demande aurait été ridicule. Les gens de lettres qui s'intéressaient à moi, voyant que je projetais de partir, engagèrent Marmontel[1] à me faire un poème. Il vint me trouver; il m'avoua franchement qu'il avait donné une pièce aux Italiens (la *Bergère des Alpes*), et que,

---

1. Marmontel, de l'Académie française. Ses *Contes moraux* et ses romans *Bélisaire*, *les Incas*, qu'on ne lit plus aujourd'hui, eurent pendant longtemps le plus grand succès populaire. Marmontel a laissé trois volumes de *Mémoires* très intéressants.

malgré son peu de succès, il allait travailler sur un conte de Voltaire qu'on venait de publier (l'*Ingénu* ou le *Huron*).

« Vous me rendez la vie! lui dis-je, car j'aime ce charmant pays où l'on me traite si mal. »

Cet ouvrage fut fait, paroles et musique, en moins de six semaines. L'envoyé de Suède, qui s'était déclaré mon plus zélé partisan, même après mon désastre, pria Cailleau de venir dîner chez lui pour entendre un ouvrage dans lequel on lui destinait un grand rôle; il m'a dit depuis qu'il fut sur le point de refuser l'invitation, s'étant déjà si souvent compromis pour de mauvais ouvrages. Il n'accepta que par égard pour l'envoyé de Suède et pour Marmontel. Il écouta avec défiance les premiers morceaux; mais dès que je lui chantai: « Dans quel canton est l'Huronie! » il marqua le plus grand contentement; il nous dit qu'il se chargeait de tout, et que nous serions joués incessamment. « C'est donc là, dit-il, cet homme dont j'entends si horriblement déchirer les talents! »

D'après ce que je viens de dire, le jeune compositeur sentira combien il est important de soigner en tout point le premier essai, qui va le faire connaître ou reculer ses progrès pour plusieurs années. Un jeune peintre est cent fois plus heureux que lui; un tableau est aisément placé dans sa véritable perspective; mais l'exécution de la musique exige des attentions préliminaires qu'on n'accorde guère à un artiste peu connu.

LE HURON [1]

Comédie en deux actes, en vers, paroles de Marmontel; représenté pour la première fois par les comédiens italiens, le 20 août 1769.

Cailleau me conduisit chez Mme Laruette, où je trouvai les principaux comédiens rassemblés; j'exé-

---

[1]. Le *Huron* n'est autre que l'*Ingénu* de Voltaire. « Né curieux, comme il le dit lui-même, il a quitté son pays pour voir un peu comme le monde est fait. » Arrivé en France, dans un certain village des bords de

cutai seul au clavecin toute la musique de cet ouvrage : nous fîmes une répétition au théâtre quelques jours après ; lorsque Cailleau chanta l'air « Dans quel canton est l'Huronie », et qu'il dit : « Messieurs, messieurs, en Huronie... » les musiciens cessèrent de jouer pour lui demander ce qu'il voulait : « Je chante mon rôle, » leur dit-il. On rit de la méprise, et l'on recommença le morceau. Les répétitions se firent avec zèle, et je sentis renaître l'espoir de réussir à Paris. Le jour de la première représentation, j'étais dans une telle perplexité que, trois heures à peine étant sonnées, je fus me poster au coin de la rue Mauconseil ; là, mes regards se fixaient sur les voitures, et semblaient attirer les spectateurs et solliciter leur indulgence. Je n'entrai dans la salle que lorsque la première pièce fut jouée ; et lorsque je vis qu'on allait commencer l'ouverture du *Huron*, je descendis à l'orchestre. Mon intention était de me recommander au premier violon (Lebel). Je le trouvai prêt à frapper le premier coup d'archet ; ses yeux étaient enflammés, les traits de son visage changés au point qu'on aurait pu le méconnaître : je me retirai sans mot dire, et je fus saisi d'un mouvement de reconnaissance dont je n'ai jamais perdu le souvenir. J'ai depuis obtenu qu'il fût nommé musicien du roi, avec douze cents francs de pension [1]. Le public fit comme Cailleau : il écouta le premier morceau avec défiance ; il me croyait Italien, parce que mon

---

la mer, il a vu « ce que le monde a de plus parfait », c'est-à-dire Mlle Hortense de Saint-Yves, et « il a fini sa ronde », c'est-à-dire il n'ira pas plus loin. Il mène là une vie de sauvage original vêtu de la façon la plus primitive, courant, chassant, ne s'humanisant que pour plaire à la belle Hortense, promise au fils du bailli, qui n'est qu'un niais et un poltron. Le Huron porte au cou des portraits qui le font reconnaître comme fils d'un Français qui est allé mourir au Canada ; il retrouve dans ce même village son oncle et sa tante, qui veulent lui faire obtenir la main d'Hortense, qui d'ailleurs est éprise de lui. Le père, dont la parole est engagée au bailli, refuse ; mais les Anglais débarquent pour une invasion, et pendant que le fils du bailli se cache dans une cave, le Huron fait des prodiges de valeur qui forcent les envahisseurs à la retraite, et après quelques autres péripéties il est enfin uni à celle qu'il aime.

1. Depuis plusieurs années il suivait les comédiens italiens lorsqu'ils jouaient à la cour, et n'avait aucun traitement. (O.)

nom se termine en *t*; j'ai su depuis que le parterre disait : « Nous allons donc entendre des roulades et des points d'orgue à ne jamais finir. » Il fut trompé, et me dédommagea de la prévention ; le duo « Ne vous rebutez pas », etc., détruisit le préjugé ; Cailleau parut, fit aimer le charmant Huron, qu'on a longtemps regretté à la Comédie italienne. Mme Laruette chanta le rôle de Mlle de Saint-Yves, avec sa sensibilité toujours si décente ; Laruette déploya dans celui de Gilotin sa pantomime comique sans charge ; l'excellent acteur Clairval, toujours animé du désir d'être utile à ses camarades et aux arts, ne dédaigna pas de se charger du petit rôle de l'officier français. Le succès fut décidé après le premier acte, et confirmé à la fin du second ; on demanda les auteurs : Clairval me nomma, et dit que l'auteur des paroles était anonyme.

Si j'ai jamais passé une nuit agréable, ce fut celle qui suivit cet heureux jour. Mon père m'apparut en songe ; il me tendait les bras ; je m'élançais vers lui, en poussant un cri qui dissipa un si doux prestige. Cher auteur de mes jours, qu'il fut douloureux pour moi de penser que tu ne jouirais pas de mon premier succès ! Dieu, qui lit au fond des cœurs, sait que le désir de te procurer l'aisance qui te manquait fut le premier mobile de mon émulation. Mais dans l'instant même où je luttais contre l'orage avec quelque espoir de succès ; quand des amis cruels faisaient entendre à ce malheureux père combien mes efforts étaient téméraires ; lorsque enfin j'étais l'unique objet de ses inquiétudes, et que d'une voix presque éteinte il disait : « Je ne verrai plus mon fils ! Réussira-t-il ? » la mort vint terminer des jours menacés depuis longtemps, et que j'allais rendre plus heureux.

Un peintre de mes amis vint me trouver le lendemain. « Je veux, me dit-il, te montrer quelque chose qui te fera plaisir.

— Allons ! lui dis-je, car je suis fatigué d'entendre des lectures de pièces.

— Comment, déjà ?

— Bon! tu vois un homme auquel depuis ce matin on a offert cinq pièces reçues aux Italiens. « Tout ou rien » est un adage qui se réalise surtout à Paris. Les poètes qui m'ont honoré de leurs visites sont ceux que j'avais sollicités vainement pour avoir un ouvrage.

— Ah! me dit mon ami, j'ai bien ri hier à l'amphithéâtre. J'étais entouré de ces messieurs, et à la fin de chaque morceau ils s'écriaient : « Ah! il fera ma pièce! « Vous verrez, Messieurs, l'ouvrage que je lui destine! » « Si l'on finissait un air comique : « Ah! j'ai aussi de « la gaieté dans mon ouvrage; bravo! bravo! c'est « mon homme... » Enfin, poursuivit le peintre, as-tu accueilli quelques-uns de ces messieurs?

— Non; je leur ai dit que Marmontel méritait la préférence, puisqu'il avait bien voulu se hasarder avec moi. »

Je sortis avec mon ami; il me conduisit dans une petite rue derrière la Comédie italienne; puis, m'arrêtant vis-à-vis une boutique, je vis :

AU GRAND HURON

N..., MARCHAND DE TABAC

J'entrai, j'en pris une livre, parce que je le trouvai, comme de raison, meilleur que partout ailleurs.

Si je fus enchanté de la réussite du *Huron*, je ne le fus pas moins d'un autre événement auquel j'étais bien loin de m'attendre. Eût-on pu croire, en effet, que dans le temps de mon arrivée à Paris, lorsque je quêtais infructueusement dans cette grande ville des poèmes à musique, et que je n'avais effectivement aucun titre pour inspirer beaucoup de confiance aux Parisiens, le premier poète de la France et de son siècle, Voltaire, me tenait la parole qu'il m'avait donnée, sur laquelle je n'osais compter, et faisait pour moi des opéras comiques? A la vérité, il avait marqué, ainsi que Mme Denis, sa nièce, beaucoup d'indulgence pour les morceaux que j'avais exécutés devant lui à Ferney; mais quelques airs détachés, et la musique que j'avais refaite sur l'opéra d'*Isabelle et Gertrude* de Favart, me paraissaient des titres insuffisants pour exciter l'attention d'un homme tel que Voltaire et pour mériter ses encouragements. Quand, pour me déterminer à venir à Paris, il m'assurait qu'il travaillerait pour moi, je crus qu'il plaisantait, et je fus loin d'imaginer que Voltaire pût quitter quelques moments le sceptre de Melpomène pour les grelots de Momus. Il le fit pourtant, et composa, en se jouant, le *Baron d'Otrante*, et les *Deux Tonneaux*. Je reçus le premier pendant qu'on jouait encore le *Huron* dans sa nouveauté. Le conte de Voltaire intitulé *l'Éducation d'un prince* lui fournit le sujet du *Baron d'Otrante*. Je fus chargé de présenter la pièce aux comédiens italiens, comme l'ouvrage d'un jeune poète de province. Le sujet parut comique et moral, et les détails agréables; mais ils ne voulurent point recevoir cet ouvrage à moins que l'auteur n'y fît des changements. Ce qui les choqua, peut-être, c'est que l'un des principaux rôles, celui du corsaire, est écrit en italien, et tous les autres en français. Ce mélange des deux idiomes n'était point rare sur leur théâtre dans les comédies dites italiennes; mais c'était une nouveauté dans l'opéra-comique, et ils ne voulurent point la hasarder, surtout n'ayant point de chanteur italien. Cependant ils voyaient très bien dans le *Baron d'Otrante* un talent qui pouvait leur être utile, et ils m'engagèrent à faire venir le jeune auteur anonyme à Paris. Je leur promis d'y faire mes efforts. On peut croire que la proposition fit rire Voltaire, et qu'il se consola facilement du refus des comédiens. Pour moi, je fus très fâché de ce contretemps, qui me fit renoncer à mettre sa pièce en musique, comme il renonça de son côté à l'opéra-comique.

Le public ne tarda pas à me mettre au rang des compositeurs dignes de ses encouragements; mais on m'accordait trop ou pas assez. On commença par me refuser le genre comique, quoiqu'il y eût du comique dans le *Huron*. D'autres cherchèrent à arranger mes chants sur le système de la basse fondamentale, et elle ou moi nous nous trouvâmes quelquefois en défaut.

« J'ai, me dit un homme, cherché vainement la basse fondamentale de la note du cor, dans le récitatif obligé de Mlle de Saint-Yves, au second acte. Quelle raison me donneriez-vous de cette sortie d'un ton à l'autre, sans rapports entre les harmonies?

— La voici, lui dis-je : c'est parce que le Huron, dont Mlle de Saint-Yves s'imagine entendre les accents, est trop éloigné du lieu de la scène pour savoir dans quel ton l'on y chante.

— Et si la basse fondamentale ne peut justifier cet écart?

— Tant pis pour elle. Mais il n'en est pas moins vrai que l'on ne peut chanter un duo en tierces lorsqu'on est à une demi lieue l'un de l'autre.

— La raison est bien pour vous, me dit-il, mais la règle!.. » Je rencontrai mon homme quelque temps après :

« Soyez tranquille, me dit-il, j'ai trouvé la basse fondamentale de votre note. »

Malheur à l'artiste qui, trop captivé par la règle, n'ose se livrer à l'essor de son génie! il faut des écarts pour pouvoir tout expérimenter; il doit savoir peindre l'homme sensé qui passe par la porte et le fou qui saute par la fenêtre.

Si vous ne pouvez être vrai qu'en créant une combinaison inusitée, ne craignez point d'enrichir la théorie d'une règle de plus; d'autres artistes placeront peut-être encore plus à propos la licence que vous vous êtes permise, et forceront les plus sévères à l'adopter. Le précepte a presque toujours suivi l'exemple. Ce n'est cependant qu'à l'homme familiarisé avec la règle qu'il est quelquefois permis de la violer, parce que lui seul peut sentir qu'en pareil cas la règle n'a pu suffire.

Tâchons de voir maintenant pourquoi ma musique s'est établie doucement en France, sans me faire des partisans enthousiastes et sans exciter de ces disputes puériles, telles que nous en avons vu. C'est, je crois, à mes études et à la manière que j'ai adoptée que je dois cet avantage.

J'entendais beaucoup raisonner sur la musique, et comme, le plus souvent, je n'étais de l'avis de personne, je prenais le parti de me taire. Cependant je me demandais à moi-même : « N'est-il point de moyen pour contenter à peu près tout le monde ? Il faut être vrai dans la déclamation, me disais-je, à laquelle le Français est très sensible. » J'avais remarqué qu'une détonation affreuse n'altérait pas le plaisir du commun des auditeurs au spectacle lyrique, mais que la moindre inflexion fausse au Théâtre-Français causait une rumeur générale. Je cherchai donc la vérité dans la déclamation; après quoi je crus que le musicien qui saurait le mieux la métamorphoser en chant serait le plus habile. Oui, c'est au Théâtre-Français, c'est dans la bouche des grands acteurs, c'est là que la déclamation accompagnée des illusions théâtrales fait sur nous des impressions ineffaçables, auxquelles les préceptes les mieux analysés ne suppléeront jamais.

C'est là que le musicien apprend à interroger les passions, à scruter le cœur humain, à se rendre compte de tous les mouvements de l'âme. C'est à cette école qu'il apprend à connaître et à rendre leurs véritables accents, à marquer leurs nuances et leurs limites. Il est donc inutile, je le répète, de décrire ici les sentiments dont l'action nous a frappés; si la sensibilité ne les conserve au fond de notre âme, si elle n'y excite les orages et ne ramène le calme, toute description est vaine. Le compositeur froid, l'homme sans passions ne sera jamais que l'écho servile qui répète des sons; et la vraie sensibilité qui l'écoutera n'en sera point émue.

Persuadé que chaque interlocuteur avait son ton, sa manière, je m'étudiai à conserver à chacun son caractère.

Bientôt je m'aperçus que la musique avait des ressources que la déclamation, étant seule, n'a point. Une jeune fille, par exemple, assure à sa mère qu'elle n'éprouve aucun trouble; mais pendant qu'elle affecte le calme, l'orchestre exprime, par un chant simple et monotone, les agitations de son cœur. Un nigaud veut-il exprimer son amour ou son courage : s'il est vraiment animé, il doit avoir les accents de sa passion; mais l'orchestre, par sa monotonie, nous montrera le petit bout d'oreille. En général, le sentiment doit être dans le chant; l'esprit, les gestes, les mines, doivent être répandus dans les accompagnements.

Telles furent mes réflexions et mes études. Je ne dirai pas que les acteurs que je trouvai à Paris étaient plus acteurs que chanteurs, et que je devais, par cette raison, adopter le système de la déclamation musicale; non : je serai plus vrai; je dirai que la musique de Pergolèze m'ayant toujours plus vivement affecté que toute autre musique, je suivis mon instinct; il se trouva conforme à celui de cette partie du public qui, dans la jouissance même de ses plaisirs, aime à pouvoir s'éclairer du flambeau de la raison. Le sexe qui reçut la sensibilité en partage fut mon premier partisan; le jeune étourdi me trouva de l'enjouement et de la finesse; l'homme sévère dit que, ma musique était parlante; les vieux partisans de Lulli et de Rameau trouvèrent dans mon chant certains rapports avec celui de leurs héros. Mais lorsqu'on veut bien applaudir aux efforts d'un artiste, qu'il est loin d'être satisfait de son travail! Tantôt il sent que la déclamation se perd dans les chants vagues et suaves, ou qu'une belle mélodie exclut une harmonie complète; que c'est toujours en sacrifiant une partie qu'il en fait ressortir une autre. Il voit, en travaillant, la source des différents systèmes et des querelles qu'ils font naître; mais, oubliant l'opinion, il ne doit être guidé que par le sentiment qui le maîtrise.

LUCILE [1]

Comédie en un acte, en vers, paroles de *Marmontel*; représentée pour la première fois par les comédiens italiens, le 5 janvier 1769.

Cette pièce fut attendue avec impatience; mon premier ouvrage avait été jugé avec indulgence, mais le public ne voulait m'accorder un second succès qu'avec plus de retenue. Cette comédie, où je trouvai de quoi déployer la sensibilité domestique, si naturelle à l'homme né dans le pays des bonnes gens [2], réveilla, j'ose le dire, ce sentiment précieux :

Où peut-on être mieux qu'au sein de sa famille?

fit couler les larmes des spectateurs, surpris d'être émus par de nouveaux ressorts dans le pays de la galanterie.

Ce morceau de musique a servi, depuis qu'il est connu, pour consacrer les fêtes de famille. Un jeune homme, dont je devrais savoir le nom, étant à la première représentation de cette pièce, aperçut le duc d'Orléans essuyant ses yeux pendant le quatuor; il se présente le lendemain avec confiance au prince, qui ne le connaissait pas : « Monseigneur, dit-il en se jetant à ses genoux, j'ai vu pleurer Votre Altesse, hier, au

---

[1] Les *Annales dramatiques* de Babault analysent ainsi cet ouvrage : « La jeune Lucile doit épouser Dorval. On la croit fille d'un gentilhomme, et son union avec Dorval, qui l'est lui-même, se fait par suite d'un consentement mutuel. Mais le laboureur Blaise, que l'on croit être le père nourricier de Lucile, vient déclarer qu'elle a été changée en nourrice et qu'elle est sa propre fille. Cette nouvelle, qui semble devoir rompre le mariage projeté, produit un effet contraire. Dorval n'aime pas moins la jeune Lucile, et les deux pères sont enchantés de la probité du paysan qui a fait une telle déclaration : ils en font leur ami, et le mariage a lieu. »
On sent plus le mérite de cette pièce à la représentation qu'à la lecture, parce que ce poème n'est qu'une espèce de canevas pour le musicien, comme devraient être la plupart des ouvrages lyriques : c'est à la musique à développer ce que les paroles ne doivent qu'indiquer.

[2] En appelant ainsi mon pays natal (Liège) j'éprouverai sans doute des contradictions : l'on pourrait à plus juste titre appeler ce pays, plus qu'aucun autre, celui des vertus et des vices. En effet, dans le temps de ma jeunesse, la vertu s'y montrait sans ostentation, et le vice sans

quatuor de *Lucile*. J'aime éperdument une demoiselle qui appartient à un gentilhomme de votre maison; il refuse de nous unir parce que ma fortune ne répond pas à la sienne, et j'implore votre protection. » Le prince lui promit de s'instruire de l'état des choses, et le mariage fut fait peu de temps après. Je demande si à cette noce on chanta le quatuor ! Je me trouvai moi-même quelque temps après chez un homme qui s'était opposé infructueusement au mariage de son frère; la jeune épouse, belle comme Vénus, se présente chez le frère de son mari; elle y est reçue très poliment, c'est-à-dire froidement. Cependant, comme j'aperçus que les caresses de la dame jetaient du trouble dans le cœur de son beau-frère, je les engageai à s'approcher du piano; je chantai le quatuor avec effusion de cœur, et j'eus le plaisir de voir, après quelques mesures, le frère et la sœur s'entrelacer de leurs bras en répandant des larmes bien douces, celles de la réconciliation. S'il est permis de joindre l'épigramme à ce que le sentiment a de plus précieux, je rapporterai l'anecdote suivante: Des officiers de judicature, créés sous les auspices d'un ancien ministre dont les opérations n'avaient pas eu l'approbation publique, assistaient, dans leur loge, à un spectacle de province; on représentait la tragi-comédie de *Samson*[1]. Arlequin

---

hypocrisie. Qu'il me serait doux d'y voir fleurir le commerce et les arts, autant qu'il m'en paraît susceptible par sa position et le génie de ses habitants ! Partout environné de nations aussi commerçantes que formidables, dont il sépare les limites, il devrait jouir de tous les avantages de la liberté et de la neutralité. Si l'artiste y trouvait de l'encouragement, combien de têtes vigoureuses sortiraient du petit pays de Liège ! (G.)

1. Voici comment Voltaire parle de cette tragi-comédie dans une de ses lettres: « Une comédie de *Samson* fut jouée en Italie. On en donna une traduction à Paris par un nommé Romagnesy, en 1717. On la représenta sur le théâtre français de la prétendue Comédie italienne, anciennement le palais des ducs de Bourgogne. Dans cette pièce sublime, qui fut imprimée et dédiée au Régent, Arlequin, valet de Samson, se battait contre un coq d'Inde pendant que son maître emportait les portes de Gaza sur ses épaules. En 1732, on voulut représenter à l'Opéra de Paris une tragédie de *Samson* (poème de Voltaire), mise en musique par le célèbre Rameau. On ne le permit pas. Il n'y avait dans la pièce ni Arlequin ni coq d'Inde; la chose parut trop sérieuse. On était d'ailleurs bien aise de mortifier Rameau, qui avait de grands talents... »

luttait sur la scène avec un dindon, qui, s'étant échappé, se réfugia dans la loge de ces officiers; aussitôt le parterre se mit à chanter en chœur : « Où peut-on être mieux qu'au sein de sa famille ! »

La Comédie italienne n'avait, jusqu'à cette époque, donné aucune pièce dans laquelle le sentiment prédominât; aussi, dès que le quatuor fut fini, les spectateurs reçurent Cailleau avec des éclats qui semblaient dire : « Nous allons rire avec le bon nourricier de Lucile. » Cailleau jeta sur le parterre un regard douloureux, et dit :

> Je viens dans la douleur,
> Et j'apporte ici le malheur.

Le monologue de Blaise : « Ah ! ma femme, qu'avez-vous fait ? » fut chanté et joué par cet acteur inimitable d'une manière sublime, et je dirai, pour faire son éloge, qu'il parut court. Il a souvent paru long depuis. Le poëte et le musicien avaient pressenti les talents de Cailleau en faisant ce monologue.

Son organe commençait à s'affaiblir, mais chaque jour il se montrait plus grand comédien. Pour se costumer avec plus de naturel, il avait arrêté un paysan dans les rues de Paris, en le priant de lui prêter son habit; il parut sur la scène les pieds poudreux, et, pour la première fois, avec la tête chauve. Chacun le félicitait sur son courage à s'être fait raser la tête pour être mieux dans son rôle, lorsqu'il nous apprit qu'il n'avait fait que la moitié du sacrifice, c'est-à-dire qu'il portait depuis longtemps un faux toupet que personne n'avait reconnu.

Les paroles et la musique eurent un succès égal. L'on demanda les auteurs; Clairval vint, comme au *Huron*, me nommer, en ajoutant que l'auteur des paroles était anonyme. « Il a tort, » dit une voix forte, et toute la salle applaudit.

Le public, en accordant un plein succès à cet ouvrage, se confirma cependant dans l'idée que le genre gai m'était refusé ; les journaux répétèrent ce que le public avait dit, et l'on me reprocha de faire pleurer à l'opéra-comique. Je répondis à ce reproche par la pièce suivante :

LE TABLEAU PARLANT [1]

Paroles d'*Anseaume*; représenté à Paris par les comédiens italiens, le 20 septembre 1769.

Cette pièce me parut la meilleure réponse que je pusse faire au public. Deux succès de suite m'avaient rendu ma gaieté naturelle, que j'aurais eu bien de la peine à exciter dans le temps que je fis le *Huron*.

C'est dans les beaux jours du printemps que je composai le *Tableau parlant*; et je puis dire que, pendant deux mois, chanter et rire fut toute mon occupation ; j'étais si plein de mon sujet, qu'un jour, après le dîner, je fis, chez l'ambassadeur de Suède, quatre morceaux de musique sans interruption.

>   Le 1er : Pour tromper un pauvre vieillard, etc.
>   Le 2e : Vous étiez ce que vous n'êtes plus.
>   Le 3e : La Tempête de Pierrot.
>   Le 4e : Le duo : Je brûlerai d'une ardeur éternelle.

Cette fertilité m'étonna moi-même. Elle serait dangereuse pour l'ignorant ou pour l'homme qui se livre rarement au travail; mais l'artiste qui passe les nuits à réfléchir doit profiter des prodigalités de la nature.

1. Isabelle va donner sa main à M. Cassandre, son vieux tuteur, lorsque l'arrivée inattendue du jeune Léandre, qu'elle aime, change ses dispositions. Cassandre, pour connaître le motif de cette brusque différence d'humeur, simule un voyage, et se renferme dans un cabinet d'où il pourra tout observer. On profite de l'absence du vieillard et l'on fait les apprêts d'un repas agréable. Pour être témoin de la scène, Cassandre se cache derrière son portrait, qui est placé sur un chevalet où le peintre vient de l'achever. En conséquence il découpe la figure de la copie et met celle de l'original à la place. Les jeunes gens se mettent à table. Bientôt la conversation s'engage. Cassandre y prend part dans des apartés fort comiques. On s'égaye aux dépens du pauvre tuteur. Léandre pousse la gaieté au point d'engager Isabelle à faire une déclaration d'amour au portrait du vieillard. Cette idée folle s'exécute, mais Cassandre, en sortant sa tête du trou, fait bientôt succéder les craintes les plus vives à cette joie immodérée. Il ne profite point toutefois de cet avantage, et unit les deux jeunes amoureux... pour se venger.

Je finis cet opéra à Croix-Fontaine ; on y fit la lecture du *Tableau parlant*, et l'on plaignit le malheureux musicien. Le duc de N... y fit de légers changements, que je communiquai ensuite à *Anseaume*[1], et qu'il adopta. Voilà pourquoi le public, après le succès, attribua ce poème au duc de N...

Je m'appliquai surtout, dans cet ouvrage, à ennoblir, autant que faire se pouvait sans blesser la vérité, le genre de la parade ; et c'est une attention très nécessaire à tout compositeur qui traite un sujet trivial.

Une des premières règles dans les beaux-arts est de donner de la noblesse à tout ce qui en est susceptible, en imitant la nature, souvent même en peignant les mœurs ; et l'artiste ferait sagement de rejeter tout sujet qui ne peut être ennobli. Cependant, si ce procédé est nécessaire, il est des sujets nobles par eux-mêmes qui exigent une attention opposée. Je n'entends pas que l'artiste dégrade ceux qui sont nobles ou sublimes ; mais il doit craindre que l'exagération ne prenne la place du naturel, lorsqu'il met sur la scène ou les dieux de la fable ou les héros. Les artistes grecs et romains n'avaient pas autant que nous cet écueil à redouter : alors tout était grand et noble ; ils peignaient d'après leurs modèles, et ne redoutaient point de n'être pas entendus ni de paraître gigantesques.

Quand j'entends dire que les arts sont dégénérés, j'entends que les hommes ne sont plus les mêmes. Si l'on jette un coup d'œil sur les mœurs actuelles, en les comparant à celles que l'artiste ne peut plus peindre qu'à travers une perspective d'environ deux mille ans, qu'aperçoit-on ? La femme, plus coquette à mesure qu'elle avance en âge[2], fait passer sa fille de son sein chez une nourrice, et de là dans un couvent, d'où elle

---

1. Anseaume, souffleur, secrétaire, répétiteur et poète en titre de la Comédie italienne, composa pour le théâtre auquel il était attaché un grand nombre de pièces légères fort médiocrement écrites, mais assez habilement conçues au point de vue technique.

2. « Quel âge a madame la marquise ? demandait un de nos rois. — Sire, j'ai quarante ans. — Et vous ? dit-il ensuite au fils de la dame. — J'ai le même âge que ma mère, sire, » répond-il. (G.)

ne sortira que pour recevoir l'époux qu'on lui donne sans la consulter. Jadis on voyait la femme, belle de sa vertu, fière de la destruction de ses charmes, lorsqu'elle pouvait montrer la nombreuse famille qui lui devait le jour ou le héros dont elle était mère.

Aujourd'hui, pour faire toujours le contraire des anciens, l'homme de génie n'obtient des éloges qu'après décès. On encourage les morts, on décourage les vivants; les gens à talents, pour forcer la multitude à les admirer seuls, se déchirent tous mutuellement; tandis que jadis l'homme, plus fier de la puissance de son être que de son mérite personnel, respectait le talent partout où il était, et jouissait des chefs-d'œuvre des hommes en songeant qu'il était homme lui-même. Celui qu'on voulait reconnaître pour le premier de son état avouait qu'il n'était que le second, quand son rival lui avait fourni les idées qu'il avait mises dans un plus grand ordre.

Les hommes de génie, se respectant ainsi, forçaient la multitude à les admirer. Si les musiciens de nos jours étaient jugés par l'esprit qui caractérisait les anciens, l'on nommerait Gluck et Philidor pour la force de l'expression harmonique; Sacchini[1] et Piccini, pour la tendre et belle expression idéale; Paisiello[2], Cimarosa[3], pour la fraîcheur des idées; Monsigny,

---

[1]. Ant. Sacchini, élève de Durante, naquit en 1735 aux environs de Naples dans une pauvre cabane de pêcheurs. En 1771, il alla en Allemagne, où plusieurs de ses opéras furent accueillis très favorablement. De Londres, où il alla ensuite, il vint en 1782 à Paris, où la protection de la reine Marie-Antoinette lui était assurée; mais après avoir donné quelques pièces que la lutte persistante des gluckistes et des piccinistes empêcha de remarquer, il mourut sans pouvoir faire jouer son chef-d'œuvre, *Œdipe à Colone*, qui parut après sa mort (1786) et obtint un grand succès.

[2]. Paisiello, né à Tarente en 1740, élève de Durante. Après avoir fait jouer quelques opéras en Italie, il fut appelé par Catherine II à Saint-Pétersbourg, où il resta neuf ans. De là il retourna en Italie, d'où Napoléon le fit venir pour diriger la chapelle impériale. Il eut plus tard la direction du conservatoire de Naples, et c'est dans cette ville qu'il mourut en 1816. Ses chefs-d'œuvre sont *Nina* et la *Bella Molinaro*. Il avait composé un *Barbiero di Seviglia*, que celui de Rossini ne tarda pas à faire oublier.

[3]. Domenico Cimarosa, l'un des plus grands compositeurs de l'Italie, né à Naples en 1755, mort en 1801. « *Il Matrimonio segreto*, son chef-

pour les chants heureux; Dezaïde [1], pour les airs champêtres; Haydn pour la richesse des compositions instrumentales, etc. Mais aujourd'hui, pour tout embrouiller, l'on compare entre eux des talents qui n'ont que de légers rapports et qui ne peuvent en avoir de plus intimes sans s'anéantir, en rentrant dans le tronc dont ils ne sont que les branches. Les Romains gens de lettres eussent dit, d'une voix forte, à ces corrupteurs de la vérité : « Bêtes brutes ! ne voyez-vous pas qu'il faut la fraîcheur de l'eau vive pour peindre ce feuillage, et que le feu du Tartare n'est pas trop ardent pour exprimer la fureur du héros ? Laissez donc ces rapprochements ineptes ; cessez de tout détruire, en confondant ce qui doit être séparé. »

Que manque-t-il cependant à ce dix-huitième siècle pour devenir peut-être le plus beau de tous ? Ce siècle de lumière, où des hommes rares en tous genres savent mieux que jamais rapprocher et analyser toutes les productions humaines dont ils profitent, et dont ils écartent les défauts et les préjugés ; que lui manque-t-il, dis-je ? Une seule chose : que chaque homme qui pense dise : « Je ne dissimulerai jamais la vérité que j'aurai sentie au fond de mon cœur. Si le Français ne se presse d'être juste autant qu'il est instruit, l'Anglais, son rival, lui donnera peut-être les regrets de n'être qu'imitateur dans la plus sublime des vertus [2].

Laissons donc à chacun le genre qui lui est propre, et n'écoutons plus l'amateur exclusif qui voudrait que chacun sacrifiât à son idole. Qui oserait décider si, en musique, l'harmonie doit l'emporter sur la mélodie ? Tout dépend, je crois, de la manière de les employer. Du reste, s'il faut chercher à plaire au plus grand

d'œuvre, fut composé à Vienne en 1792 : charmant ouvrage, toujours jeune et frais, qu'on ne se lasse pas d'entendre, surtout quand il est interprété à l'italienne avec tout le *brio buffone* dont le grand chanteur Lablache, par exemple, a donné la mesure. » (L. Collin, *Hist. abrégée de la musique et des musiciens.*)

1. Dezaïde ou Dezède, mort en 1792, écrivain dramatique et compositeur, auteur d'*Auguste et Théodore*, comédie ; *Blaise et Babet, Alexis et Justine, les Trois Fermiers*, opéras-comiques.

2. On sait que cette partie de mon livre a paru avant la Révolution. (G.)

nombre des spectateurs, remarquons qu'un air de chant qui se rencontre dans un ouvrage sévère, peu chantant, mais très harmonieux, cause un délire universel; et qu'au contraire, un morceau aussi harmonieux que sévère, placé dans un ouvrage dont la fraîcheur et le chant font le caractère, ne produit pas le même effet.

Je reviens au *Tableau parlant*. Cette pièce n'eut pas d'abord un succès aussi décidé que les deux précédentes. Je vis Duni après la première représentation; je lui demandai s'il était toujours content de moi : il me répondit qu'il avait entendu un bon duo. Une prude dit le soir, au souper du duc de Choiseul, que l'on ne pouvait pas entendre deux fois cet opéra, parce que les accompagnements étaient d'une indécence outrée. Choiseul invita sa société à y retourner pour s'en convaincre. Je fus remercier ce ministre de la protection qu'il accordait à mon ouvrage, et je lui en offris la dédicace.

Le succès augmenta avec les représentations. Les acteurs, qui d'abord n'avaient pas osé se livrer à la gaieté de ce genre, finirent par y être charmants. Clairval, dans le rôle de Pierrot, et Mme Laruette, dans celui de Colombine, furent inimitables, parce qu'ils surent unir la décence et la grâce à la gaieté la plus folle.

On a vu quelquefois des écrivains et des artistes médiocres qui, n'ayant pu faire tomber un ouvrage accueilli du public, ont voulu en dépouiller le véritable auteur pour l'attribuer à d'autres; c'est ce qui est arrivé au *Tableau parlant*.

Un musicien italien, aussi ignorant que malhonnête, voulut me contester la musique de cet ouvrage; il en parla d'abord d'une manière équivoque devant une nombreuse compagnie, dans un château des environs de Paris[1]. On le força de s'expliquer : c'était ce qu'il voulait. Il avoua donc, avec l'air de la répugnance, qu'il avait dans son portefeuille presque tous les airs italiens que j'avais, disait-il, fait parodier. On conclut de là que mes ouvrages précédents n'étaient pas plus

---

1. A Montigni, chez Mme de Trudaine. (G.)

de moi que le *Tableau parlant*. Cependant la maîtresse du logis et sa sœur, qui prenaient intérêt à mes succès, en étaient affligées. Elles le furent bien davantage lorsque l'honnête signor descendit son portefeuille, où l'on trouva, en italien, les airs :

Pour tromper un pauvre vieillard...   *del signor Galluppi;*
Il est certains barbons............. } *del signor Pergolèze;*
Vous étiez ce que vous n'êtes plus.

le duo :

Je brûlerai d'une ardeur éternelle....   *del signor Trajetta.*

Ces dames chantèrent mes airs en italien, non sans quelque chagrin, mais il fallut se rendre à l'évidence : j'étais un fripon en musique, et rien de plus. Le lendemain, en se promenant dans le parc, la conversation retomba sur moi ; ces dames se rappelaient tout ce que leur avait dit l'ambassadeur de Suède, du plaisir qu'il avait à me voir composer. « Avec quelle facilité, disait la dame du château, il fit, ces jours derniers, en notre présence, la musique sur les couplets de Metastasio,

    Ecco quel fiero instante.
    Addio, mia nice, addio [1] ;

je crois que cet Italien nous en impose. Pendant que tout le monde se promène, allons visiter sa chambre, peut-être découvrirons-nous quelques indices. » Elles y furent effectivement ; ces dames trouvèrent des lambeaux de papier de musique en quantité ; elles ramassèrent tout et l'emportèrent dans leur appartement avec plusieurs volumes de Metastasio, dont le signor s'était muni pour s'amuser à la campagne en me rendant ce petit service. Ces dames eurent le courage de

---

[1]. L'on a depuis parodié cet air en français dans l'*Amitié à l'épreuve* :

    A quel maux il me livre !
    Nelson, Nelson, etc.

rassembler tous ces lambeaux; elles n'y trouvèrent absolument que des brouillons des airs du *Tableau parlant* sur des paroles de Metastasio; le même air se trouvait avoir été essayé sur deux ou trois sortes de vers différents. La compagnie rentra; l'on se mit à table; ces dames affectèrent de parler de moi avec peu d'estime pour mes talents; mais au milieu de la jouissance du signor, elles firent apporter les fragments rapprochés les uns des autres... Notre Italien fut couvert de honte; et, ne trouvant nul subterfuge pour justifier sa fourberie, il avoua que le besoin l'avait déterminé à parodier mes airs, qu'il comptait faire graver en leur prêtant des noms célèbres : cette excellente excuse n'empêcha pas qu'il ne fût chassé.

J'ai dit plus haut que je fis quatre morceaux de musique du *Tableau parlant* en une séance; l'on ne peut croire combien le comte de Creutz[1], par son amour pour l'art et ses bontés encourageantes pour l'artiste, excita mon zèle et multiplia mes faibles productions, pendant environ huit années qu'il voulut bien m'honorer de l'attachement le plus pur et le plus vrai.

Né avec un caractère tendre, distrait et mélancolique, instruit dans toutes les sciences, auteur d'excellentes poésies très estimées à Stockholm, la musique, qu'il aimait de passion, sans être musicien, faisait le bonheur de sa vie.

Il aimait surtout à me voir composer; cinq ou six heures de travail s'écoulaient en un instant pour lui comme pour moi. Si je trouvais un motif convenable, il le sentait aussitôt et marquait, par ses exclamations, combien il était satisfait. Lorsqu'il s'apercevait que je tenais la bonne veine, il s'éloignait de moi, de peur de me troubler; et il m'applaudissait de loin à voix basse. J'étais souvent étonné d'avoir passé une matinée chez moi, sans avoir été dérangé par per-

---

1. Gust.-Phil. comte de Creutz, littérateur, chancelier de l'université d'Upsal, né en 1726, mort en 1785.

sonne; mes domestiques m'apprenaient que l'ambassadeur leur avait donné des ordres et de l'argent. Si j'étais peu disposé au travail, il usait de mille petites ruses pour m'y engager; tantôt il piquait mon amour-propre, en disant que le morceau qui m'occupait était d'une difficulté horrible à mettre en musique; tantôt il supposait que je n'avais pas pris garde à une réminiscence que j'avais laissée échapper la veille; je passais vite à mon piano pour m'en assurer, et dès qu'il m'y tenait c'était pour longtemps, et il fallait travailler. Il n'est sorte de moyen qu'il n'employât pour faire sourire mon imagination.

Si dans quelques sociétés je rencontrais en préludant quelque trait de chant qui lui plût, il disparaissait un instant, et m'apportait du papier où il avait tracé lui-même des lignes parallèles. « Écrivez vite ce trait, me disait-il, il peut vous servir. » Il assistait à toutes mes répétitions; si l'impatience me faisait parler à quelque acteur avec trop de chaleur, mon aimable comte raccommodait tout.

L'on connaissait si bien l'intérêt qu'il prenait à ma musique, que fréquemment sur le théâtre, après quelque ouvrage nouveau, ce n'était pas moi qu'on félicitait: de Creutz était entouré, et c'est lui qui recevait les compliments.

Parlerai-je de ses distractions? Elles m'étaient si précieuses que je ne puis résister au plaisir de m'en entretenir un instant. Un distrait ne peut être, je crois, ni méchant ni dissimulé : la crainte de se faire trop connaître le corrigerait bientôt. Les femmes, qui, par leur constitution physique et leur éducation, ont plus besoin que nous de dissimulation, me semblent en effet moins sujettes à ces sortes d'absences. D'ailleurs, les distractions du comte de Creutz ne compromirent jamais le secret de l'Etat; je crois même qu'il a pu s'en servir quelquefois pour lui être fidèle.

On lui parlait un jour en ma présence de la révolution de Suède, en le pressant de communiquer son avis sur les démarches ultérieures que devait faire la cour de Stockholm auprès de celle de Versailles. Il écouta patiemment, et profita peut-être des avis de l'homme d'esprit qui lui parlait; puis, tout à coup, me prenant par la main : « Vous ne connaissez pas sa musique, dit-il, si vous n'avez pas entendu le morceau qu'il fit hier. »

Il gronde un de ses amis parce qu'il porte un habit de drap en automne; il le renvoie chez lui pour en prendre un de soie, en lui assignant le rendez-vous de chasse où il va se rendre lui-même; il y va effectivement, mais en habit de drap et en pelisse.

Il accroche et emporte, sans le savoir, avec la garde de son épée, la perruque du vieux maréchal de Richelieu, qui était assis plus bas que lui au spectacle; on a beau crier, il n'entend rien, et va gravement se promener dans les foyers, jusqu'au moment où on lui fait remarquer son nœud d'épée.

Il tire toutes ses sonnettes à trois heures du matin; son valet de chambre accourt tout effrayé : « Allez vite chercher le baron. » Le secrétaire d'ambassade arrive : « Ah! mon ami, vous étiez hier chez Grétry; ne pourriez-vous pas vous rappeler un trait que je ne puis retrouver? »

Il a l'honneur d'annoncer au roi le mariage d'un prince de Suède. Après avoir fouillé dans sa poche, il présente sa main au roi, mais les lettres de la cour sont restées chez lui.

Il entre dans la loge de Mme Laruette : « Dépêchez-vous, Madame, on va commencer l'ouverture. » Il sort, ferme la porte à double tour, emporte la clef et rentre dans la salle.

Tel était cet homme rempli de candeur et d'esprit : son rang était le seul obstacle qui m'empêchât de me livrer à mon penchant pour lui. « Vous me félicitez bien froidement, mon ami, me disait-il un jour, des bontés dont mon roi vient de m'honorer. — Ah! lui dis-je, vos cordons et vos titres vous éloignent de moi; comment voulez-vous que je les aime? » Son roi le fit premier ministre; il partit; mais bientôt un violent accès de goutte le fit périr, à l'âge d'environ cinquante ans. Il conserva jusqu'à son dernier soupir la tranquillité d'une âme aussi forte que pure.

SYLVAIN[1]

Comédie en un acte, en vers, mêlée d'ariettes, paroles de *Marmontel*; représentée par les comédiens italiens, en 1770.

Avant les répétitions de *Sylvain*, je fus prié de me rendre à l'assemblée des comédiens; j'appris que les actrices chargées de l'emploi des mères mettaient opposition à la représentation de la pièce, parce que le rôle d'Hélène leur appartenait, et non à Mme Laruette, à qui nous l'avions confié. Ce délai aurait été long s'il avait fallu faire intervenir des ordres supérieurs. Je pris le parti d'approuver leur réclamation, et je donnai sur-le-champ ce rôle à la plus ancienne des mères; elle sentit, par la manière dont le rôle était fait, que c'était une épigramme. On nous laissa faire.

Si *Sylvain* eût été mon premier ouvrage, il est probable que j'eusse essuyé bien d'autres difficultés, et peut-être le renvoi de la pièce.

Molière était maître de sa troupe; combien de sacrifices n'eût-il pas été obligé de faire au préjudice de son art s'il eût, comme nous, travaillé pour des acteurs maîtres de leur théâtre et des pièces qu'on y représente?

[1]. Sylvain, né gentilhomme, s'est épris d'une jeune fille de basse condition, mais très digne, très vertueuse, qu'il a épousée contre le gré de son père, et celui-ci lui a signifié de ne plus chercher à le voir. Depuis son mariage il a vécu à la campagne, travaillant la terre. Il a deux filles. L'aînée est fiancée au fils d'un riche paysan. Le seigneur du pays, homme excellent pour ses vassaux, leur a laissé le droit de chasse; Sylvain en profite à ses loisirs. Un jour il est tout étonné que des gardes l'appréhendent pour avoir tué quelque gibier. C'est que la seigneurie du pays a changé de titulaire, et le fils du nouveau seigneur veut se réserver pour lui seul le droit de chasse. Sylvain échappe aux gardes qui veulent l'emmener, mais il doit être puni. Sa femme et ses filles vont se jeter aux pieds du seigneur, qui, frappé de leur bonne grâce, leur témoigne une vive affection. Sylvain, qui revient bravement s'offrir au châtiment, reconnaît son père dans le nouveau seigneur, et la pièce s'achève sur une scène touchante de réconciliation.

La première répétition de la musique de *Sylvain* ne fit point d'effet ; j'en sortis chagrin. Le monologue : *Je puis braver les coups du sort*, ne m'avait fait nulle impression ; dès le soir même j'en fis un autre. Ce travail fut pénible, car je croyais avoir saisi le sens juste de la situation et des paroles. Il fallait changer de système ; je retournais en vain mes idées de mille manières, rien ne pouvait me contenter. Cailleau vint heureusement chez moi ; il jeta mon nouvel air au feu, et jamais sacrifice ne me parut plus doux.

Les répétitions suivantes firent plus d'effet à mesure que chaque acteur se pénétra de son rôle ; ce qui prouve que plus une composition est sévère, plus il faut de temps pour bien l'apprécier. Je sais que pendant les répétitions d'*Alceste* de Gluck il fut question à l'Opéra d'assembler un comité pour y délibérer si l'on donnerait au public cette belle production.

Marmontel me conduisit chez Mme Clairon[1] ; j'exécutait le duo *Dans le sein d'un père*, dont elle parut contente, à quelques vers près qu'elle ne trouvait pas assez déclamés. Je la priai de me les indiquer ; elle déclama ; et voyant que je copiais, en chantant, ses intonations, ses intervalles et ses accents : « Comment! disait-elle, le chant a ce pouvoir ? J'avoue que jusqu'à ce jour je l'avais ignoré. » Je corrigeai donc plusieurs parties de ma musique d'après la déclamation de la célèbre Clairon.

La représentation de *Sylvain* eut le même succès que *Lucile* ; le dénouement fit un grand effet ; un accident qui arriva à Cailleau y contribua. En se jetant aux genoux de son père, il voulut les embrasser ; celui-ci recula maladroitement et fit perdre l'équilibre à Cail-

---

[1]. Claire-Josèphe Legris de la Tude, dite Clairon, célèbre actrice de la Comédie française, née à Condé (Flandre) en 1723, morte en 1803. Elle naquit, disent les anecdotiers de théâtre, en carnaval, dans une petite ville, où, comme partout (en ce temps-là), on aimait à se divertir. Le curé et le vicaire étaient masqués l'un en Arlequin et l'autre en Gilles quand on apporta l'enfant, que l'on croyait morte, pour que le curé l'ondoyât ; ce qu'il fit sans changer d'habits, circonstance dans laquelle on voulut voir, si tant est qu'elle soit historique, un indice de prédestination.

leau, qui, se sentant chanceler, sut tirer parti de l'accident en se jetant la face contre terre. L'attitude parut naturelle, et la situation déchirante. Ce dénouement eut un succès complet ; mais l'effet n'en eût pas été senti, et des éclats de rire eussent remplacé peut-être les applaudissements, sans la présence d'esprit de l'acteur.

Le même homme qui avait joué le rôle de père de Sylvain à Paris fut ensuite en province jouer celui de Sylvain ; pour imiter Cailleau, il se jeta par terre, mais si maladroitement qu'il fit tomber son père, qui, dans sa chute, entraîna un autre acteur. Ils s'en relevèrent tous cependant, et le père de Sylvain, continuant son rôle, dit : « De quinze ans de chagrin voilà donc la vengeance ! »

LES DEUX AVARES [1]

Comédie en deux actes, paroles de *Fenouillot de Falbaire*, représentée devant la Cour, à Fontainebleau, le 18 octobre 1770, et à Paris le 6 décembre de la même année.

Cet ouvrage n'a pas eu un brillant succès dans l'origine ; cependant on l'a depuis représenté plus souvent que mes précédentes pièces : l'originalité du sujet et la facilité de l'exécution en général y ont sans doute contribué.

Cependant je dois dire que le bas comique auquel il appartient n'est pas le genre qui flatte mon imagination.

La mauvaise exécution en musique peut défigurer les meilleures choses : La *marche des janissaires*, que

---

[1]. Un jeune homme et une jeune fille qui s'aiment ont l'un et l'autre pour tuteurs un oncle très avare. Les deux pupilles, s'entendant à merveille, dépouillent les avares, pendant que ceux-ci ouvrent un tombeau pour voler les richesses qu'ils croient y être enfermées. L'auteur de cette bouffonnerie un peu sinistre, Fenouillot de Falbaire, écrivain médiocre, obtint un succès retentissant avec l'*Honnête Criminel*, drame en vers, dont le sujet lui avait été fourni par l'anecdote véritable d'un fils prenant la place de son père, condamné aux galères pour cause de religion.

j'ai placée dans les *Deux Avares*, en est un exemple frappant. Je l'avais faite depuis longtemps à la sollicitation d'un colonel qui m'en demandait une pour son régiment : je la lui envoyai, on l'exécuta ; elle parut détestable. Cette même marche, employée dans les *Deux Avares*, eut un plein succès, et le colonel qui l'avait rejetée ne fut pas le dernier à l'adopter.

Il est pernicieux, pour l'artiste qui cherche des succès, de se livrer aux complaisances de société ; le cercle des idées prescrit par la nature s'épuise rapidement, et il semble que l'homme qui s'occupe souvent d'objets détachés perd les facultés nécessaires pour produire un ensemble tel que l'exige un ouvrage important.

Je n'ai jamais entendu le chœur des *janissaires :*

Ah ! qu'il est bon, qu'il est divin !...

sans une peine extrême ; les tourments que ce morceau m'a fait souffrir en le composant en sont la cause.

J'étais conduit aux portes du tombeau par de violents accès de fièvre que j'éprouvais depuis un mois, lorsque l'auteur des *Deux Avares* se présenta chez moi ; on lui dit que j'étais très mal ; cependant, comme je fus le premier à lui parler de l'ouvrage que nous venions de terminer, il glissa sous mon chevet une lettre cachetée, en me recommandant de ne point l'ouvrir que ma santé ne fût rétablie. Tout le monde connaît l'inquiétude que nous donne un paquet cacheté ; je l'ouvris derrière mes rideaux, et je trouvai le chœur des *janissaires*, que l'auteur disait nécessaire à sa pièce, et qu'il me priait de mettre en musique le plus tôt possible. Il fut obéi ; dans l'instant j'y travaillai malgré moi. Je crus, après m'être débarrassé de ce fardeau, retrouver le repos qui m'était si nécessaire ; mais non, la crainte d'oublier ce que je venais de faire me poursuivit pendant quatre jours et quatre nuits. J'entendais exécuter ce chœur avec toutes ses parties ; j'avais beau me dire qu'il était impossible que je l'oubliasse; j'avais beau m'occuper fortement de quelque autre objet pour me distraire; j'entrais inutilement dans les détails d'une partition, en me disant: « Les violons feront ce trait, les bassons soutiendront cette note, les cors donneront ou ne donneront pas, etc. » Après quelques minutes, un orchestre infernal recommençait encore :

Ah ! qu'il est bon, qu'il est divin !...

Mon cerveau était comme le point central autour duquel tournait sans cesse ce morceau de musique sans que je pusse l'arrêter. Si l'enfer ne connaît pas ce genre de supplice, il pourrait l'adopter pour punir les mauvais musiciens. Pour me préserver d'un délire mortel, je crus qu'il ne me restait d'autre remède que d'écrire ce que j'avais dans la tête ; j'engageai mon domestique à m'apporter quelques feuilles de papier ; ma femme, qui était sur un lit de repos à mes côtés, s'éveilla et me crut agité d'un délire semblable à celui que j'avais eu quelques jours auparavant; j'achevai la partition au milieu de ma famille muette ; après quoi je rentrai dans mon lit, où je trouvai le repos.

Après un assoupissement aussi long que salutaire, le plus beau réveil contribua sans doute à hâter ma convalescence. Une mère adorée, que j'avais quittée avec tant de regrets, fut l'objet qui frappa ma vue. Inquiète de ce qu'on lui avait écrit de ma santé, sa tendresse l'avait fait voler auprès d'un fils qui la pressait de venir s'établir à Paris. Elle fut témoin des soins touchants que prenait de moi ma jeune épouse; étonnée de voir une jeune femme française se livrer avec plaisir aux travaux les plus durs, elle l'aimait autant que son fils, et nous promit de ne jamais nous quitter : elle est aujourd'hui âgée de quatre-vingts ans passés, et jouit de la meilleure santé.

L'AMITIÉ A L'ÉPREUVE

Comédie en deux actes, en vers, remise ensuite en trois actes, par *Favart*[1]; représentée à Fontainebleau le 13 novembre 1770, et à Paris le 17 janvier 1771.

Avant d'avoir essuyé la maladie dont je viens de parler, et après avoir fait la musique des *Deux Avares*, je composai celle de l'*Amitié à l'épreuve*. Aucun de mes ouvrages ne m'a coûté tant de peine, et jamais il ne me fut plus difficile d'exalter mon imagination au point convenable ; mes forces diminuaient de telle manière en composant la musique de ce poème, que je fus au moins huit jours à chercher et à trouver enfin le coloris que je voulais donner à un trio.

Ce fut, pour ainsi dire, la crise et les derniers efforts de mon âme languissante.

Cette pièce parut froide à Fontainebleau, et elle n'eut que douze représentations à Paris [2]. Je suggérai à l'auteur du poème d'ajouter un rôle comique, qui jetterait de la variété dans son sujet. Elle reparut en 1786, avec des changements considérables. Une actrice douée d'une voix flexible et chantant d'une manière exquise (Mlle Renaud, aujourd'hui Mme d'Avrigny) reprit le rôle de Corali, que j'arrangeai selon ses moyens; Trial, l'acteur le plus zélé et le plus infatigable qu'on vit jamais, fut chargé d'un rôle de nègre, qu'il rendit avec

---

[1]. La pièce imprimée porte cette mention : « Les paroles sont de MM. *** et Favart, compositeur des spectacles de la cour. » Grétry ne mentionne pas le collaborateur du fournisseur ordinaire des théâtres lyriques. Les œuvres de Favart, qui (à l'exception peut-être de l'*Amitié à l'épreuve*) se distinguent par du naturel, de la gaieté, de la finesse, forment plusieurs volumes. Son chef-d'œuvre est une bluette intitulée *la Chercheuse d'esprit*, dont Crébillon fils a dit :

> Il est un auteur en crédit
> Dont la muse à le don de plaire.
> Il fit la *Chercheuse d'Esprit*
> Et n'en chercha point pour la faire.

[2]. Il serait en effet difficile d'imaginer une plus languissante et plus diffuse composition.

vérité ; enfin, cette reprise eut plus de succès, et le public, satisfait des longs efforts des auteurs, les appela pour leur témoigner son contentement.

Quoique le public appelle trop fréquemment les auteurs de productions éphémères ; quoiqu'il soit peu glorieux de partager des couronnes si souvent prodiguées ; quoiqu'on n'ignore plus le manège dont on se sert pour les obtenir, je crus devoir présenter au public l'auteur octogénaire de tant d'ouvrages estimables, qui, hors d'état par sa cécité de se présenter lui-même, avait besoin d'un guide pour aller recevoir du public attendri un des derniers fleurons de sa couronne.

ZÉMIRE ET AZOR [1]

Pièce en quatre actes, en vers libres, par *Marmontel*; représentée à Fontainebleau le 9 novembre 1771, et à Paris le 10 décembre de la même année.

J'étais rendu à la vie, la nature était neuve pour mes organes débarrassés, lorsque je commençai cet ouvrage. Une féerie était ce qui convenait le mieux à ma situation. Qui n'a pas éprouvé combien l'équilibre dans ce qui constitue notre existence nous rapproche du merveilleux ? L'âme pure et libre, pour ainsi dire, de toute entrave semble avoir, s'il est permis de le dire, des rapports avec des êtres surnaturels, que le noir chagrin ne connut jamais.

Cet ouvrage m'occupa pendant l'hiver de 1770 ; j'eus une jouissance presque continuelle en y travaillant, parce que je sentais que cette production était à la fois d'une expression vraie et forte ; il me paraît même dif-

---

[1]. Le sujet de cet opéra féerique n'est autre que celui de la *Belle et la Bête*, le conte si connu et si touchant de M⁻ᵉ Leprince de Beaumont, avec cette différence que la Bête du récit primitif, qui n'eût pas été admissible comme personnage chantant, est remplacée par un prince affligé d'une grande laideur, par suite d'un enchantement qui l'a privé de ses charmes naturels et qui doit cesser le jour où il sera aimé pour lui-même. Zémire est la jeune fille qui se dévoue d'abord par tendresse filiale, et ensuite par amour pour le prince, qui aussitôt retrouve sa beauté.

ficile de réunir plus de vérité d'expression, de mélodie et d'harmonie [1].

Je ne dis pas que ces trois agents, qui constituent tous les genres de musique, soient portés au même degré dans cet ouvrage ; cette réunion est peut-être ce qu'on ne verra jamais, car ce sera toujours aux dépens des deux autres qu'on en fera valoir un. Si vous saisissez la vérité de l'expression, la mélodie et l'harmonie lui seront subordonnées ; voilà, je crois, la musique dramatique. Si cette vérité d'expression vous est refusée par la nature, si les chants heureux se présentent rarement à votre imagination, c'est sans doute dans les modulations des accords que vous trouverez encore de quoi faire une composition estimable ; voilà la musique d'église, celle des chœurs qui conviennent au théâtre tragique, et la clef pour faire la symphonie.

Si l'on voulait mettre en musique la haute poésie, qui porte avec elle toute son harmonie et nous présente des tableaux achevés, ce serait encore l'harmonie musicale seule qu'il faudrait adopter ; car, lorsque le poète a tout dit et tout fait sentir, tout se détruirait en y ajoutant encore.

Si vous donnez trop à la mélodie, la vérité d'expression se perdra dans le vague charmant de son empire idéal, et l'harmonie ne sera plus que son piédestal ; voilà la musique de concert. Celle qui plaît à l'imagination exaltée qui veut créer elle-même ses fantômes, voilà la musique des anges, et peut-être celle de la nature.

Je dis donc que la nature seule donne le sentiment et le goût qui nous rendent maîtres de l'expresion jointe à plus ou moins de mélodie ou d'harmonie ;

---

[1]. Il est nécessaire de m'expliquer : lorsque je parle ainsi de mes propres ouvrages, je n'entends pas que d'autres musiciens ne puissent faire, n'aient déjà fait, ou ne fassent mieux que moi ; mais, je l'ai dit ailleurs, l'artiste le plus consommé est celui qui sent qu'il a tiré tout le parti possible de ses facultés : chaque maître a sa manière, qu'il n'adopte qu'après avoir essayé toutes ses forces ; dès qu'il est arrivé à ce point, il ne dépend plus de lui de changer de style ; s'il quittait sa manière pour adopter celle de ses rivaux, même supérieurs, il aurait tort, car il cesserait d'être original. (G.)

c'est elle encore qui favorise certains individus, en leur prodiguant les chants les plus simples et les plus suaves.

Une étude profonde des modulations fait le bon harmoniste; il n'est cependant point, comme les autres, enfant de la nature, mais enfant d'adoption.

L'idée de faire bâiller Ali dans le duo

Le temps est beau, etc.

m'était venue en faisant la première ritournelle, où le bâillement est indiqué par les notes tenues du basson. Le bâillement d'un esclave qui s'endort dans les fumées du vin a son caractère, comme un oui ou un non articulé dans différentes situations et par différents personnages a le sien.

En cherchant le bâillement convenable, je m'aperçus que je faisais bâiller réellement toute ma famille, qui m'environnait. Je lui fis entendre mon duo pour la rassurer sur l'ennui qu'elle me supposait. J'ai souvent vu bâiller au théâtre pendant l'exécution de ce morceau, et j'ai osé espérer que ce n'était pas d'ennui.

Je fis de trois manières le trio

Ah! laissez-moi la pleurer.

J'avais fait ce morceau deux fois, lorsque Diderot[1] vint chez moi; il ne fut pas content, sans doute, car, sans approuver ni blâmer, il se mit à déclamer :

Ah! laissez-moi, laissez-moi la pleurer.

Je substituai des sons au bruit déclamé de ce début, et le reste du morceau alla de suite.

Il ne fallait pas toujours écouter ni Diderot ni l'abbé Arnaud, lorsqu'ils donnaient carrière à leur imagina-

---

1. Diderot, né en 1713 à Langres, mort à Paris en 1784, fut, chacun le sait, un des plus brillants esprits et l'un des écrivains les plus originaux du dix-huitième siècle.

tion; mais le premier élan de ces deux hommes brûlants était d'inspiration divine.

Zémire et Azor fut donné à Fontainebleau pendant l'automne de 1770. Le succès fut extraordinaire.

Cette pièce eut autant de succès dans les provinces de la France qu'à la cour et à Paris; elle rétablit les finances de plusieurs directions prêtes à échouer; elle fut traduite dans presque toutes les langues. Un Français nous dit avoir assisté à trois spectacles où l'on jouait, le même jour, *Zémire et Azor* en flamand, en allemand et en français; c'était à une foire d'Allemagne. A Londres, on la traduisit en italien; on y ajouta un seul rondeau qui n'était pas des auteurs. Le public, après l'avoir entendu, cria: « Plus de rondeau, il n'est pas de la pièce. »

Lorsque les auteurs d'un ouvrage ont su faire naître l'unité de la variété même, on a tort de croire que l'on peut encore enrichir l'ensemble par de nouvelles beautés. En rassemblant les traits de trois jolies femmes, croirait-on faire une beauté parfaite? Non; l'artiste, il est vrai, réunit souvent de beaux traits épars pour faire une belle tête; mais il diminue ou augmente chaque chose en détail pour les approprier à son sujet et pour faire un tout.

Une beauté inutile est donc une beauté nuisible. La place que doit occuper chaque chose est le grand procédé des arts; la nature seule, en se jouant, opère partout ce prodige.

L'AMI DE LA MAISON [1].

Comédie en trois actes et en vers, par *Marmontel;* représentée à Fontainebleau le 26 octobre 1711, et à Paris le 14 mars 1772.

On pourrait croire, avec quelque raison, qu'une comédie proprement dite, d'un genre où le comique

---

1. Célicour, jeune militaire, aime sa cousine Agathe, qu'il voudrait épouser, et qui d'ailleurs le paye de retour. Il ne voit donc qu'avec peine introduit chez sa tante Orphise un certain M. Cliton, pédant qui, en

ne domine point, qui n'est pas ce qu'on appelle une comédie d'intrigue, était peu faite pour la musique. C'était l'opinion de plusieurs gens de lettres que je pourrais citer. Le succès qu'eut cette pièce à Fontainebleau fut au moins équivoque. De retour à Paris, nous débarrassâmes l'action de plusieurs morceaux, et le succès alla grandissant de représentation en représentation.

J'eus, cette fois, comme en beaucoup d'autres occasions, le courage de retrancher les morceaux qui, en société et aux répétitions particulières, avaient produit le plus d'effet.

Telle musique enchante lorsqu'elle est exécutée au piano par le compositeur; elle subit une première métamorphose lorsqu'on entend l'orchestre et les chanteurs, qui ne peuvent être tous pénétrés de l'esprit de l'ouvrage, et qui ne le seront jamais. Lorsque l'on joint l'action du drame à la musique, c'est là qu'on est étonné de voir se dégrader les morceaux qu'on avait le plus admirés. Chaque morceau devait trouver une place favorable et embellir la situation qui l'amène; mais si le drame est mal conçu, si l'acteur devait se taire lorsqu'il chante, ah! pauvre musique, le charme de ton éloquence doublera les fautes du poëte, en prolongeant ou en exagérant ce qui aurait dû être supprimé! L'artiste le plus consommé ne peut pas, dans le fond de son cabinet, se faire une image parfaite de la scène : en voici quelques raisons. D'abord il peut exister dans le poëme des invraisemblances qui ne paraissent qu'à la scène; secondement, l'auteur lisant sa pièce, le musicien chantant sa musique, exécutent également bien tous les rôles; cependant les

---

donnant des leçons de géographie à la jeune Agathe, s'avise de vouloir donner des leçons de morale à Célicour. Orphise, entichée de l'intrus, n'est nullement favorable à l'inclination de sa fille pour son neveu. Elle rêve pour Agathe l'union d'un homme de sens comme Cliton; celui-ci, bien que très apprécié par la mère, a l'imprudence de déclarer ses sentiments à la jeune fille dans une lettre dont le cousin et la cousine se servent pour le perdre dans l'esprit d'Orphise, et ils se marient après l'élimination du pédant, qui, bien entendu, n'agissait que sous l'empire de vues intéressées.

rôles moins transcendants sont toujours confiés aux acteurs qui ont le moins de talent. De là naissent les longueurs insupportables; on les retranche; alors les situations capitales ne sont pas assez préparées. Voilà, je crois, une partie des difficultés qui rendent l'art dramatique si arbitraire; il faut réunir tous les arts dans un seul cadre; ils doivent se faire des sacrifices mutuels et concourir à un ensemble que l'expérience la plus consommée ne saisit que faiblement.

Malgré le succès de *Zémire et Azor,* qui se soutenait toujours, celui de l'*Ami de la maison* augmenta avec les représentations.

Deux airs de l'*Ami de la maison* : *Je suis de vous très mécontente* et *Rien ne plaît tant aux yeux des belles,* ont démontré que les accents de la parole peuvent être copiés par les sons de la gamme. Je sais, néanmoins, que ce que j'ai cru prouver sera dédaigné par bien des gens; mais je ne m'en afflige pas, ou, si je m'en affligeais, ce serait pour les plaindre.

Un homme de lettres qui m'avait entendu parler sur la possibilité de noter toutes les inflexions de la parole et qui niait cette possibilité me pria, en souriant, de le recevoir chez moi, pour parler plus à fond sur cette matière.

En entrant dans mon cabinet, il me dit en me saluant, avec un petit ton de protection : « Bonjour, monsieur. »

Je notai ses inflexions, et lui chantai à l'instant, sur le même ton : ut sol, sol ut, et il fut à moitié converti.

Il serait assez plaisant de faire une nomenclature de tous les *bonjour, monsieur,* ou *bonjour, mon cher,* mis en musique avec l'intonation juste; l'on verrait combien l'amour-propre est un puissant maître de musique, et comme la gamme change lorsque l'homme en place cesse d'y être.

Un *bonjour, monsieur,* me suffit, presque toujours, pour apprécier en gros les prétentions ou la simplicité d'un homme : la politesse ou la fausseté nous cache l'homme dans ses discours; mais il n'a pas encore appris à se cacher tout à fait dans ses intonations. Je crois faire ici l'éloge de l'humanité.

La même phrase prononcée par différents personnages et dans des circonstances différentes reçoit donc toujours de nouvelles inflexions, et la vérité de déclamation peut seule faire de la musique un art qui a ses principes dans la nature.

Il faut surtout soigner la ponctuation musicale, de laquelle ressortira cette vérité de déclamation. Les rapports mathématiques qui existent entre les sons sont bien aussi dans la nature, comme les proportions physiques du corps humain; mais c'est l'attitude, l'expression, la passion, qui animent une statue, de même que la déclamation anime les sons. Quel champ vaste pour le musicien!

J'ai dit que la musique est un discours; elle a donc, comme les vers et la prose, le repos et les inflexions de la virgule, des deux points, du point d'exclamation, d'interrogation et du point final.

On aura beau dire et beau faire, la musique vocale ne sera jamais bonne si elle ne copie les vrais accents de la parole; sans cette qualité, elle n'est qu'une pure symphonie.

Lorsque j'entends un opéra qui ne me satisfait pas entièrement, je me dis que le compositeur ne comprend pas sa langue, je veux dire la langue musicale. L'harmonie, ou le trait de chant dont il s'est servi pour rendre un sentiment, me semble propre à une autre expression. Si l'on ne me chantait point de paroles, j'en substituerais qui rendraient le morceau de musique excellent à mon gré. Il faut donc que le compositeur sache bien sa langue musicale, pour qu'il puisse y adapter des paroles, qu'il doit aussi entendre parfaitement : c'est de l'union de ces deux idiomes que résulte la bonne musique vocale.

On peut exprimer juste, avec beaucoup d'harmonie, un grand travail d'orchestre et un chant souvent accessoire, ou une déclamation peu chantante; c'est ce qu'en général a fait Gluck.

On peut exprimer juste en faisant sortir de la déclamation un chant pur et aisé dont l'orchestre ne sera qu'un accompagnement accessoire; c'est généralement ce que j'ai cherché à faire.

La musique de Haydn peut être regardée comme un modèle dans le genre instrumental, soit pour la fécondité des motifs de chant ou celle des modulations. L'abondance des moyens le rendrait peut-être abstrait, s'il ne semblait observer une espèce de régime, qui consiste à conserver longtemps le même trait de chant, s'il module beaucoup; mais il est riche en mélodie lorsqu'il module moins.

Il me semble que le compositeur dramatique peut regarder les œuvres innombrables de Haydn comme un vaste dictionnaire où il peut sans scrupule puiser des matériaux, qu'il ne doit reproduire cependant qu'accompagnés de l'expression intime des paroles. Le compositeur de la symphonie est, dans ce cas, comme le botaniste qui fait la découverte d'une plante en attendant que le médecin en découvre la propriété.

S'il est vrai, comme je l'ai dit, que le compositeur vocal doive sentir les différentes nuances qui constituent un discours dans toutes ses parties, pour pouvoir ensuite faire un rapprochement tel qu'il unisse son idiome musical au langage ordinaire, combien est-il absurde d'ajouter foi à un vain préjugé qui voudrait nous faire accroire que l'on peut joindre un grand talent à l'ineptie!

Qu'on ne dise pas que mille fois les bons musiciens ont commis des fautes d'ignorance; l'homme ignorant ne peut être qu'un détestable musicien, et c'était l'avis de Voltaire lorsqu'on lui parlait des prétendues inepties des hommes distingués par un talent quelconque.

On rapporte que Carle Vanloo, le peintre célèbre, ne voulait pas recevoir douze cents francs pour un tableau qu'il venait d'achever, parce qu'il était convenu qu'on le lui payerait cinquante louis[1]. Cette ignorance me

---

1. Le louis, pièce d'or de cette époque, étant de vingt-quatre francs, cinquante louis équivalaient donc à douze cents francs.

paraît sublime dans un grand artiste. Elle prouve que plus l'homme porte toutes ses facultés vers une seule chose, moins il doit être instruit de toutes les autres. On ignore combien de grandes choses pour le commun des hommes paraissent minutieuses pour l'artiste qui, tout entier à son objet, vit pour ainsi dire avec la nature.

Mille petites facultés nécessaires pour avoir seulement le sens commun se détruisent pour fortifier une faculté majeure. Aussi l'homme occupé d'un grand objet avec tous ses rapports devient indifférent sur beaucoup d'autres, pour se livrer à celui qui l'occupe fortement.

La nature, ne nous ayant donné qu'une certaine portion de force répandue dans l'individu, nous laisse les maîtres, par un exercice habituel, de fortifier un de nos organes aux dépens des autres. Telles sont les jambes du danseur et du maître en fait d'armes; la main gauche du joueur de violon; la poitrine du chanteur; la tête du savant; les organes du sentiment pour le poète, le peintre, le musicien et tout homme de génie. Ne jugeons donc point légèrement l'homme qui fait une chose mieux que tout autre; et souvenons-nous qu'un jeune étourdi avait répondu dix fois à une question, pendant que J.-J. Rousseau restait taciturne en y cherchant une réponse.

LE MAGNIFIQUE [1]

Drame en trois actes, par Sedaine; représenté à Paris par les comédiens italiens, le 4 mars 1773.

A mesure que j'acquérais les connaissances propres au théâtre, je désirais de mettre en musique un poème

---

[1]. Le sujet de ce drame est tiré d'un conte de La Fontaine, déjà mis au théâtre par Lamotte en 1731. L'intrigue roule sur l'absence d'un marchand florentin qui a été pris sur mer par des pirates et que l'on croit mort. La fille de ce marchand a un tuteur qui veut l'épouser, mais elle est aimée d'un jeune et riche seigneur très libéral (le Magnifique). Celui-ci, pour prix d'un marché à conclure, obtient du tuteur, qui sera

de Sedaine, qui me semblait l'homme par excellence, soit pour l'invention des caractères, soit pour le mérite si rare d'amener les situations d'une manière à produire des effets neufs, et cependant toujours dans la nature.

Le *Magnifique* me fut offert par Mme de la Live d'Épinay[1], l'amie intime de J.-J. Rousseau; c'est assez faire son éloge. La scène de la rose me séduisit, quoique je sentisse la difficulté de faire un morceau de musique le plus long qui ait jamais été tenté au théâtre. Quant au reste de la pièce, je m'en rapportai plus à la réputation de l'auteur qu'à mon propre jugement.

Il était écrit à la tête du poème: « Pendant l'ouverture, on verra passer derrière la scène une procession de captifs; on entendra le chant des prêtres. »

C'est d'après cet avis de l'auteur que je commençai l'ouverture par une espèce de fugue, ou musique de motet un peu mitigée. Faire entendre ensuite un contrepoint désignant absolument les chants d'église me semblait périlleux à l'Opéra-Comique. « Que faudrait-il faire passer dans l'âme des spectateurs, me disais-je, pour que, sans étonnement, ils pussent entendre des cantiques? » L'air de *Henri IV* me vint heureusement à l'esprit; je saisis cette idée, et sur l'air

> Vive Henri quatre,
> Vive ce roi vaillant...,

présent, un quart d'heure d'entretien avec la jeune fille. Le tuteur ne consent qu'après que la jeune fille s'est engagée par serment à garder le silence; mais quand le jeune homme lui parle, il lui demande pour toute réponse de laisser tomber la rose qu'elle tient à la main. La rose tombe... Le père, esclave en Afrique, a été racheté; il revient, chasse le tuteur et marie les deux jeunes gens.

1. Mme d'Épinay, née en 1725, morte en 1783. Un jour qu'elle se promenait dans son parc de la vallée de Montmorency avec J.-J. Rousseau, ils arrivèrent ensemble devant une petite masure appelée l'Ermitage: « Ah! Madame, quelle délicieuse habitation! s'écria le philosophe; voilà un asile tout fait pour moi. » Mme d'Épinay fit reconstruire la maison, puis, y ayant conduit Rousseau: « *Mon ours*, lui dit-elle, voilà votre asile; c'est vous qui l'avez choisi, c'est l'amitié qui vous l'offre. » Rousseau accepta avec de grandes protestations de remerciement; mais sa nature ombrageuse ne tarda pas à lui fournir un motif de quitter cette demeure, où, quand il y entra, il disait vouloir finir ses jours.

j'ajoutai un second air chantant, pour qu'il y eût quelque chose du compositeur; les prêtres se présentèrent ensuite et furent très bien reçus du public. J'ai toujours été curieux des cérémonies d'église, lorsqu'elles sont observées avec toute la décence et la dignité qu'elles exigent. L'artiste seul a intérêt de considérer de près la nature. Pendant qu'une procession passait, j'avais observé une espèce de cacophonie, naturelle lorsqu'on entend plusieurs chants à la fois; des prêtres sont à votre droite, un orchestre d'instruments à vent est à votre gauche; quelques trompettes et timbales plus éloignées se joignent encore aux deux premiers chœurs de chant; ce qui forme dans l'éloignement un ensemble caractéristique, quoique désagréable à l'oreille. Peu de personnes, je crois, ont remarqué ce mélange dans l'ouverture du *Magnifique*. Les trompettes font quelques éclats; on entend une phrase de la marche qui va suivre; le chant des prêtres s'y joint; ils jouent tous ensemble; ils finissent l'un après l'autre; un silence général succède; enfin la musique militaire, qui est censée être arrivée à l'endroit des spectateurs, commence avec force une marche.

Alors on n'entend plus que cette marche, qui absorbe tout le reste.

Si je disais qu'en faisant la musique de ce drame j'ai éprouvé les mêmes agréments et la même facilité qu'en composant sur les poèmes de Marmontel, ce serait une fausseté palpable, que les connaisseurs reconnaîtraient aisément; mais qu'importe la peine ou le plaisir de l'artiste, si son ouvrage peut être utile à l'art? Le ton qui règne dans le poème du *Magnifique* n'a nul rapport avec ceux que j'ai composés précédemment. « Il ne faut donc pas, me suis-je dit, qu'on y retrouve la musique de *Zémire et Azor*, ni celle de *Sylvain*. »

C'est en étudiant le poème, et non les paroles de chaque ariette, que le musicien parvient à varier les tons; c'est surtout en saisissant le caractère des premiers morceaux que chante chaque acteur qu'il s'impose la loi de les suivre en leur donnant à chacun une physionomie particulière. Sans cette étude, on ne reconnaît partout que le musicien ; ce sont toujours les mêmes traits de chant qui se représentent pour tout exprimer, avec la différence puérile d'une trompette désignant la fierté du guerrier, ou d'une flûte exprimant la tendresse de l'amour. Je voudrais cependant que le musicien obtînt une pleine satisfaction de ses travaux, que les paroles destinées à la musique fussent toujours soignées.

Dans les temps les plus reculés, la musique ne fut employée qu'à consacrer les paroles dignes de passer à la postérité ; c'était par des chants que les peuples anciens honoraient leurs dieux, leurs parents, leur patrie. Aujourd'hui l'on dit : « Si les paroles sont mauvaises, faites-les mettre en musique : on les trouvera bonnes. » Je dis le contraire : on les trouvera détestables. J'entends chaque jour des vers que le public permet dans le dialogue parlé et qu'il rejetterait s'ils étaient mis en musique de manière à être entendus. Le langage musical n'existe que dans l'accent plus fort que celui de la déclamation ordinaire. Il est donc clair que plus vous déclamerez, plus vous accentuerez, plus vous ferez sentir la platitude des vers, plus vous dégraderez les paroles et la musique.

Voyez avec combien de retenue un acteur adroit débite des vers qu'il croit mauvais : il éteint toute déclamation ; il passe rapidement et presque sans accent les endroits suspects. Le musicien éprouve la même gêne en composant ; il rencontre mille difficultés presque insurmontables ; ce vers est de huit syllabes, le suivant n'en a que trois, l'autre en a dix, etc. Il faut trouver un dessin régulier dans l'irrégularité même. C'est bien pis si les idées qui forment la strophe sont incohérentes ; pour surcroît de malheur, il y aura des mots prosaïques ou triviaux qu'il faut passer rapidement pour qu'ils soient peu entendus et que les spectateurs croient s'être trompés.

Voilà l'abrégé des peines que l'on impose au musicien lorsqu'on lui donne des paroles peu soignées. « Mais il faut une coupe de vers propre à la musique? mais il faut de petits vers? — Eh non! Messieurs, il ne faut rien de tout cela; il faut des vers analogues au sentiment que vous peignez ; des vers alexandrins ou des vers de six syllabes sont les mêmes pour la musique. Soyez corrects, symétriques ; ne faites pas des phrases trop longues avec de grands vers de dix ou douze syllabes, dont les hémistiches soient liés par des voyelles, parce que physiquement le chant ne marche pas si vite que la parole, et qu'il faut respirer, enfin. Souvenez-vous qu'il faut pressentir le mouvement de l'air que l'on fera sur vos paroles : huit vers sur un mouvement lent prendront plus de temps que trente sur un mouvement rapide.

Ne répétez pas les mots dans un même vers, ou que ce soit pour embellir votre idée ; c'est une ressource pour le musicien, lorsqu'il veut arrondir son chant, mais dont il n'a pas toujours besoin ; si vous le faites d'avance, vous le gênez, parce que vous ne pouvez pas deviner quand il en aura besoin. Il sera peut-être forcé, par la tournure du chant, de répéter les mots que vous n'avez pas répétés, de sorte que vos répétitions et les siennes seront fastidieuses.

J'ai toujours cru que le prétexte spécieux de servir le musicien, en pareil cas, n'était autre chose que le besoin de compléter le nombre des syllabes, pour faire des vers de même mesure.

Chaque auteur dramatique se plaint des sacrifices qu'il est obligé de faire à son musicien. Sedaine[1] en parle dans son discours de réception à l'Académie française. Cependant je défie les poètes avec lesquels

---

1. Michel Sedaine, né en 1719, mort en 1797, d'abord simple ouvrier tailleur de pierres, et n'ayant jamais pu se donner qu'une instruction fort incomplète, suivit en se livrant aux lettres, dit un de ses biographes, la seule impulsion de son esprit et eut le droit d'être original, droit dont il usa largement : car il fut, par l'exemple de ses travaux, un véritable initiateur de la nouvelle école dramatique. Doué d'une imagination féconde, possédant d'instinct une grande lucidité d'observation, une profonde entente des effets scéniques et l'art d'exposer simplement un sujet

j'ai travaillé de citer un bon vers sacrifié à ma musique.

Quoique la digression précédente se trouve à l'article du *Magnifique*, je suis loin d'avoir voulu faire une critique particulière des paroles de ce drame. Si Sedaine n'est pas le poète qui soigne le plus les vers destinés au chant, les situations qu'il amène, et non pas qu'il trouve, comme disent ses envieux, sont si impérieuses qu'elles forcent le musicien à s'y attacher pour les rendre. Il dit presque toujours le mot propre, et il se croit dispensé de l'embellir par des tours poétiques. Il force donc le musicien à prendre des formes neuves pour rendre ses caractères originaux. La facilité dans le travail n'est guère possible en pareil cas; mais souvenons-nous que l'habitude d'un travail facile est dangereuse, si elle n'est le fruit d'une longue étude. Après avoir fait la musique d'un poème avec facilité, j'aime à en rencontrer un qui me force à un travail plus obstiné; celui-ci me donne à son tour des idées pour en faire un troisième aussi facilement que le premier.

Le *Magnifique* n'eut pas un succès éclatant, mais ce qu'on appelle un succès d'estime; il est resté au théâtre.

LA ROSIÈRE DE SALENCI [1]

Comédie pastorale, en vers, paroles de *Pezai*; représentée à Fontainebleau, en quatre actes, le.....; et à Paris, en trois actes, le 28 février 1777.

Lorsque l'artiste ne confond pas tous les genres dans un même ouvrage, il reste une couleur pour chacun

---

qu'il sait toujours développer par une action vive et intéressante. Sedaine a laissé au répertoire du Théâtre-Français deux chefs-d'œuvre: le *Philosophe sans le savoir*, la *Gageure imprévue*; et comme modèles à l'Opéra-Comique: le *Déserteur* et *Richard Cœur de lion*. Sedaine fut membre de l'Académie française. — Voyez plus loin l'article à propos de la pièce intitulée *le Comte d'Albert*.

1. Salenci, on le sait, est le village où saint Médard, qui y était né, institua la cérémonie du couronnement de la rosière. Or donc, à Salenci,

d'eux. La pastorale, qui tient de si près à la simple nature, offre cependant des difficultés, parce que la candeur, la douceur de ses accents ne présentent pas des contrastes assez frappants ni des couleurs assez vives pour l'optique du théâtre. Je voulais faire une pastorale en ma vie; on m'offrit la *Rosière de Salenci*, dont tout le monde aimait le sujet. Ce ne fut qu'après mille changements que cette pièce fut fixée au répertoire. Pour monter ma tête au ton de la pastorale, les poésies de Gesner m'occupèrent pendant tout le temps que j'employai à composer la musique de la *Rosière*. Je crois même que l'on doit remarquer le fruit de cette lecture par la douceur, et j'ose dire la piété des chants qui caractérisent cet ouvrage.

Sans s'y porter en foule, le public a toujours vu avec satisfaction les représentations de la *Rosière*; il a repoussé les actrices dont les mœurs étaient peu régulières, lorsqu'elles se sont présentées pour remplir le rôle de Cécile; celles au contraire dont la sagesse embellissait le talent ont reçu des applaudissements flatteurs, surtout à l'instant du couronnement; ce qui prouve que les hommes rassemblés aiment la vertu.

LA FAUSSE MAGIE [1]

Comédie en deux actes, en vers, mêlée d'ariettes, par *Marmontel*; représentée par les comédiens italiens, le 1er février 1775.

On m'a souvent demandé auquel de mes ouvrages je donnais la préférence; j'ai toujours été embarrassé dans ma réponse. Je n'en quitte aucun sans en être content, sans y avoir mis tout ce qui dépend de moi, sentant bien en même temps ce qu'il faudrait pour

---

la jeune Cécile vient d'être désignée pour recevoir la couronne. Elle aime Colin, dont elle est aimée. Le bailli, qui est épris d'elle et qui veut l'épouser, mais qu'elle rebute, dirige contre elle une accusation qui doit la perdre dans l'estime publique; mais il ne réussit qu'à se déconsidérer lui-même auprès du seigneur, qui marie les deux jeunes gens.

[1]. Un vieillard est amoureux d'une jeune fille. Comme il croit à la magie, en feignant de n'y pas croire, on profite de sa faiblesse pour lui faire signer le mariage de celle qu'il voulait épouser.

faire mieux; mais ce que j'ajouterais de plus ne s'accorderait pas avec ce qui est fait; cette raison suffit pour avertir l'artiste qu'il doit s'arrêter. L'ouvrage qui coûte peu d'étude et de peine est un enfant gâté qui semble plus appartenir à l'heureux élan qui l'a produit qu'à l'homme même. Il chérit son enfant, il lui sourit, et n'ose presque s'en croire le père. L'ouvrage, au contraire, qui a sollicité vivement tous les ressorts de l'imagination, est le véritable fruit du travail; jamais on ne le revoit qu'en songeant aux peines qu'il a coûtées; c'est celui qu'on défend avec plus de chaleur, parce qu'il nous appartient de plus près; si le premier nous flatte, le second nous attendrit. La mère de plusieurs enfants pourrait mieux que nous expliquer les divers sentiments que nous font éprouver nos productions, selon qu'elles sont plus ou moins heureuses.

Les anciens ont beaucoup parlé de l'empire du rythme ou du mouvement; il opère plus puissamment que la mélodie et l'harmonie; mais lorsqu'il y est réuni, son empire est irrésistible. Lorsqu'un air marqué et symétrique s'empare d'un auditoire, on entend les pieds, les cannes, frapper la mesure; tout est subjugué et contraint de suivre le mouvement donné. J'ai usé souvent d'un stratagème singulier pour ralentir ou accélérer la marche de la personne que j'accompagnais à la promenade; dire à quelqu'un : « Vous marchez trop vite, » ou « trop lentement, » est une espèce de despotisme peu décent, excepté avec son ami; mais chanter sourdement un air en forme de marche, d'abord à la mesure de la marche, ensuite la lui ralentir ou l'accélérer, en changeant insensiblement le mouvement de l'air, est un stratagème aussi innocent que commode.

Peu de musiciens entendent moins de musique que moi. Si j'allais aux spectacles lyriques tous les jours, si j'assistais à tous les concerts où je serais admis, si enfin je ne fuyais la plupart des occasions d'entendre de la musique, la satiété m'aurait souvent donné un dégoût que je n'ai jamais éprouvé. Tout est limité dans la nature; le matin, je ne touche mon piano avec plaisir que parce que la veille je n'ai pas entendu de la musique pendant quatre heures; dès que le plaisir se tourne en habitude ou en manie, il cesse d'être piquant. Un amateur peut ainsi occuper son temps, mais l'homme qui veut produire doit l'éviter.

Le compositeur qui se repaît trop de ses ouvrages doit se répéter aisément; il doit craindre aussi l'impression que lui laissera un de ses morceaux qui aura réussi généralement : il peut, s'il n'est pas sur ses gardes, le répéter toute sa vie par des réminiscences imperceptibles pour lui seul.

Je vais peu aux premières représentations qui ne m'intéressent pas personnellement; je préfère laisser fixer l'opinion publique, que je compare alors avec plaisir à la mienne.

Je sens un mouvement de reconnaissance pour les musiciens qui exécutent au théâtre celles de mes pièces qui ont été le plus souvent représentées; l'attention, la chaleur qu'ils mettent à exécuter ce qu'ils savent par cœur depuis longtemps, me semble une grâce d'état. Je ne pense pas de même de l'acteur, parce qu'il est immédiatement sous les regards du public, qui lui impose la loi d'être toujours attentif, et lui donne chaque jour une émulation nouvelle.

Lorsque j'entends mes ouvrages bien rendus, ils me rappellent les sensations agréables que j'ai éprouvées en les composant.

J'aime aussi à me rappeler que ce fut à une représentation de la *Fausse Magie* que l'on me présenta à J.-J. Rousseau. J'entendis quelqu'un qui disait : « Monsieur Rousseau, voilà Grétry, que vous nous demandiez tout à l'heure. » Je volai auprès de lui, je le considérai avec attendrissement.

« Que je suis aise de vous voir, me dit-il; depuis longtemps je croyais que mon cœur s'était fermé aux douces sensations que votre musique me fait encore éprouver. Je veux vous connaître, Monsieur, ou, pour mieux dire, je vous connais déjà par vos ouvrages; mais je veux être votre ami.

— Ah! Monsieur! lui dis-je, ma plus douce récompense est de vous plaire par mes talents.

— Êtes-vous marié?

— Oui.

— Avez-vous épousé ce qu'on appelle une femme d'esprit?

— Non.

— Je m'en doutais!

— C'est une fille d'artiste; elle ne dit jamais que ce qu'elle sent, et la simple nature est son guide.

— Je m'en doutais : oh! j'aime les artistes, ils sont enfants de la nature. Je veux connaître votre femme, et je veux vous voir souvent. » Je ne quittai pas Rousseau pendant le spectacle; il me serra deux ou trois fois la main pendant la *Fausse Magie;* nous sortîmes ensemble : j'étais loin de penser que c'était la première et la dernière fois que je lui parlais! En passant par la rue Française, il voulut franchir des pierres que les paveurs avaient laissées dans la rue; je pris son bras, et lui dis :

« Prenez garde, Monsieur Rousseau. » Il le retira brusquement, en disant :

« Laissez-moi me servir de mes propres forces. » Je fus anéanti par ces paroles; les voitures nous séparèrent, il prit son chemin, moi le mien, et jamais depuis je ne lui ai parlé.

Si j'avais moins aimé Rousseau, dès le lendemain je l'aurais visité; mais la timidité, compagne fidèle de mes désirs les plus vifs, m'en empêcha. Toujours la crainte d'être trompé dans mes espérances m'a fait renoncer à ce que je souhaite le plus; si cette manière d'être expose à moins de regrets, elle contrarie sans cesse l'espérance, cette douce illusion des mortels.

J'étais, un jour, dans la voiture de l'ambassadeur de Suède avec un homme de lettres; je vis Rousseau qui cheminait avec sa grosse canne sur les trottoirs du Pont-Royal, résistant avec peine aux secousses du vent et de la pluie; je fis un mouvement involontaire, en m'enfonçant dans la voiture comme pour me cacher.

« Qu'avez-vous? me dit mon compagnon.

— Voilà Jean-Jacques, lui dis-je.

— Bon, me dit le philosophe, il est plus fier que nous. » Il disait vrai; mais il avait la fierté que donne le talent naturel, et non cette morgue insolente que l'on remarque dans ceux qui, par un travail pénible ou un hasard heureux, ont su prendre une place que la nature ne leur destinait pas. Un enfant, le plus petit insecte, la feuille d'un arbre, auraient suffi pour amuser et arrêter les idées de Rousseau, parce que toutes ces choses sont vraies; mais tout ce qui tenait aux conventions morales, tout ce qui avait l'empreinte de la main des hommes lui était suspect. Il se chagrinait du bien qu'on lui voulait faire, parce que, né libre et sensible, il devait s'élever en lui un combat entre l'homme naturel et l'homme social, dont le premier sortait toujours vainqueur. Un tel être, sans doute, devait exciter l'envie des hommes riches et puissants; l'on courait après la reconnaissance de Rousseau avec la même ardeur que l'on veut moissonner la fleur qui se cache sous le voile de la pudeur; mais son unique bien était l'indépendance; si elle eût été l'effet de la vanité, on la lui eût ravie, et nous l'eussions vu esclave : c'était par sentiment qu'il était libre; toutes les ruses des hommes ont échoué.

D'ailleurs Rousseau repoussait peut-être le bien qu'on voulait lui faire, dans la crainte d'être ingrat; et il aurait dû l'être par la faute même de ceux qui cherchaient à l'obliger avec trop de chaleur. Pour ne pas courir les risques de l'ingratitude, il faudrait apprendre à obliger noblement, mais froidement, et ne jamais trop se lier avec ceux qu'on oblige. J'ai toujours remarqué que j'avais obtenu la reconnaissance de ceux que je n'avais obligés qu'indirectement, et que tous ceux qui ont été à portée de voir combien j'avais de joie à leur rendre quelques services, se sont presque toujours dispensés d'être reconnaissants, sans doute parce qu'ils jugeaient trop clairement que j'étais assez récompensé par la jouissance même du bien que je leur avais fait.

J'entends souvent dire que le cœur de l'homme est un labyrinthe impénétrable. C'est peut-être à la faveur de mon ignorance que je ne suis pas de cet avis. Je n'ai jamais vu que deux hommes : celui qui se conduit d'après ses sensations et celui qui n'agit que d'après les autres ; le premier est toujours vrai, même dans ses erreurs ; l'autre n'est que le miroir où se réfléchissent les objets de la scène du monde. Voilà l'homme de la nature, l'homme estimable, et l'homme de la société.

Lorsque Rousseau eut écarté la foule qui cherchait à l'obliger et qui, selon lui, cherchait à lui nuire parce qu'on voulait le forcer à renoncer à son indépendance (car un bienfait oblige celui qui le reçoit, quoique le donateur ne l'exige pas) ; lorsque Rousseau, dis-je, eut lui-même élevé la barrière qui le séparait du reste des hommes, il dut se trouver encore plus malheureux que lorsqu'il combattait, car alors il vivait de ses triomphes ; mais livré à lui-même, accablé d'infirmités et de vieillesse, ayant usé les ressorts puissants de son âme altière, il redevint homme ordinaire ; il reçut enfin l'asile que lui offrit Girardin, et mourut peut-être de regret de l'avoir accepté. Un tel homme est rare, mais il est dans la nature. On dit qu'il se contredit sans cesse dans ses écrits : je croirai à cette accusation lorsqu'on m'aura prouvé qu'une même cause, surtout au moral, peut se montrer deux fois sans être accompagnée de circonstances et d'effets différents.

On n'a pu ravir à Rousseau ni sa liberté ni ses ouvrages littéraires ; la première était son apanage : *vitam impendere vero*[1]. Ses ouvrages étaient à lui, parce que nul homme n'a pu être mis à sa place ; mais on voulut lui contester son *Devin du village*[2] ; s'il eût menti une seule fois en face du public, l'apôtre

---

1. *Consacrer sa vie à la vérité* : devise qu'avait prise J.-J. Rousseau.
2. *Le Devin du village*, paroles et musique de J.-J. Rousseau, joué en 1752.

de la vérité n'était en tout qu'un imposteur, et il perdait son premier droit à l'immortalité. Comment un tel homme eût-il pu forger et soutenir un tel mensonge? J'ai examiné la musique du *Devin du village* avec la plus scrupuleuse attention; partout j'ai vu l'artiste peu expérimenté auquel le sentiment révèle les règles de l'art.

Si Rousseau eût choisi un sujet plus compliqué, avec des caractères passionnés et moraux, ce qu'il n'avait garde de faire, il n'aurait pu le mettre en musique; car en ce cas toutes les ressources de l'art suffisent à peine pour rendre ce qu'on sent. Mais, en homme d'esprit, il a voulu assimiler à sa muse novice de jeunes amants qui cherchent à développer le sentiment de l'amour. Souvent gêné par la prosodie, il l'a sacrifiée au chant, comme dans

J'ai perdu mon serviteur.

L'avant-dernière syllabe du vers est brève, et il est impossible de la faire telle sans nuire au chant.

C'est sans doute après avoir éprouvé les difficultés infinies que présente la langue française, et avoir bien senti qu'il ne les avait pas toutes vaincues, qu'il a dit: « Les Français n'auront jamais de musique. » Si j'eusse pu devenir l'ami de Rousseau; si nous n'eussions pas trouvé des pierres dans notre chemin; si Rousseau, en me voyant au travail, voyant avec quelle promptitude j'essaye tour à tour la mélodie, l'harmonie et la déclamation, pour rendre ce que je sens (je dis avec promptitude, car il ne faut qu'un instant pour perdre l'unité en s'appesantissant sur un détail), peut-être il eût dit alors: « Je vois qu'il faut être nourri d'harmonie et de chants musicaux, autant que je le suis des écrits des anciens, pour peindre en grand et avec facilité. »

Homme sublime, ne dédaigne pas l'hommage d'un artiste qui, comme toi, occupe ses loisirs en s'essayant, par cet ouvrage, dans une carrière étrangère à ses vrais talents. Tu fus bien malheureux, mais ton âme sensible ne devait-elle pas pressentir, à l'instant même de tes malheurs, que des larmes éternelles couleraient de tous les yeux pour te plaindre? Que ne m'est-il permis de te dire : « O mon illustre confrère, tu reçus jadis un outrage des musiciens que tu honorais, outrage que leurs successeurs désavouent avec indignation; puissent mon respect et mon admiration pour tes vertus et tes talents expier un crime qui n'était que celui du temps[1]! »

CÉPHALE ET PROCRIS

Tragédie en trois actes, en vers, par *Marmontel*; représentée à Versailles en 1773, et à Paris le 2 mai 1775.

Cet opéra fut donné l'année du mariage du comte d'Artois; il n'eut qu'un médiocre succès, tant à Versailles qu'à Paris...

Gluck assista à deux de mes répétitions, à Versailles. La musique du troisième acte dut lui paraître aussi dramatique qu'elle l'est en effet. Si Gluck n'eût été qu'amateur désintéressé, il m'eût dit sans doute ce qu'un artiste consommé a le droit de dire à un jeune homme de trente ans :

« Le chant mesuré, tel que vous l'avez fait, ne convient pas à vos acteurs; il faut que votre poète vous mette à même de jeter plus de chaleur et d'intérêt dans vos deux premiers actes; il faut qu'il retranche les airs auxquels il vous a trop assujetti, et qu'il vous laisse le maître de faire du chant mesuré quand il vous plaira; alors vous choisirez les endroits qui sont susceptibles d'une musique telle qu'elle puisse convenir à vos chanteurs. »

Mais Gluck préparait *Iphigénie en Aulide*, et il était plus naturel qu'il profitât de mes erreurs que de m'en tirer.

---

[1]. Lorsque Rousseau fit répéter son *Devin de village*, il témoigna son mécontentement aux exécutants; ceux-ci, pour se venger, le pendirent en effigie. Rousseau en fut instruit et dit à ce sujet : « Je ne suis pas surpris qu'on me pende, après m'avoir mis si longtemps à la question. »

Je suis loin de croire que j'eusse fait une tragédie comme Gluck ; je suis entraîné vers le chant auquel l'harmonie sert de base, autant qu'il est lui-même commandé par l'harmonie expressive de son orchestre, à laquelle il joint un chant souvent accessoire, ou ne faisant que la seconde moitié du tout.

Tel est l'empire de la nature : l'Italie fournit cent mélodistes et harmonistes ; l'Allemagne tout le contraire.

Tous les génies italiens n'ont pu produire une ouverture telle que celle d'*Iphigénie en Aulide*. Toute la force du génie allemand ne nous présente pas un air pathétique aussi délectable que ceux de Sacchini. La France, offrant une température mixte entre l'Italie et l'Allemagne, semble devoir un jour produire les meilleurs musiciens, c'est-à-dire ceux qui sauront se servir le plus à propos de la mélodie unie à l'harmonie, pour faire un tout parfait. Ils auront, il est vrai, tout emprunté de leurs voisins : ils ne pourront prétendre au titre de créateurs ; mais le pays auquel la nature accorde le droit de tout perfectionner peut être fier de son partage.

Le Français n'en est pas moins celui de tous les peuples qui a reçu de la nature le moins de dispositions pour la musique. Né dans un climat tempéré, il doit avoir les passions douces ; né vif, spirituel et galant, la danse et les disputes de l'esprit doivent lui plaire ; tout ce qui l'occupe profondément le rebute.

Lorsque les gens de lettres, surtout les demi-savants, se disputent sur quelque objet, ne croyons pas que la cour, les jolies femmes, les petits-maîtres, soient sérieusement de la partie. Ce qu'on peut appeler le beau monde s'amuse de tout. Le sujet le plus grave est un motif de plaisanterie ou le sujet d'une chanson[1].

Dès que Paris est resté trois mois sans révolution,

---

[1] « Madame, disait un jour d'Alembert, nous avons abattu une forêt de préjugés. — Je ne suis plus étonnée, reprend la dame, si vous nous débitez tant de fagots. » Par la suite, il faut en convenir, ces fagots ont produit un terrible incendie. (G.)

n'importe alors ou Lekain ou Jeannot[1] ; il court où la nouveauté l'appelle ; et l'on ne sait distinguer s'il s'amuse davantage d'une chose ridicule ou d'une chose digne d'admiration. Cependant, au milieu des mille frivolités, le temps met tout à sa place ; et si le Français actuel croit à peine qu'on ait eu la fureur des pantins, il aime à jamais les chefs-d'œuvre de Racine.

L'Italie, depuis longtemps, veut en vain le séduire par ses chants toujours tendres et mélodieux ; l'Allemagne veut en vain le subjuguer par ses accords nerveux ; trop énergique encore pour craindre la séduction de l'Italie, trop faible pour adopter des accords qui le blessent, le Français danse, en attendant qu'il ait adopté de l'un et de l'autre de ses voisins la portion qui lui est propre, et qu'il ne veut recevoir que de la main des grâces, du plaisir et du bon goût.

L'on verra dans la suite de cet ouvrage combien la musique du jour, la musique bruyante, qu'on peut appeler révolutionnaire, est celle qui est propre au caractère du Français, preuve incontestable qu'en tout pays la musique suit les mœurs.

LES MARIAGES SAMNITES

Drame en trois actes, en vers[2], par *Durosoy* ; donné aux Italiens, le 22 juin 1776.

L'auteur de ce poème, reçu avec acclamation par les comédiens, vint m'offrir son ouvrage[3] ; je n'eus pas

---

1. Lekain, célèbre auteur tragique, né en 1729, mort en 1778, la même année que Voltaire, qui l'avait protégé à ses débuts et dont il incarna les principales créations dramatiques : *Mahomet, Orosmane*, etc. On lui doit la première tentative de réforme du costume au théâtre. — Jeannot ou Janot, personnage niais, dont l'acteur Volange fit un type populaire et dont le langage, caractérisé par l'interversion des membres d'une phrase, est resté célèbre sous le nom de *Janotisme*.
2. Il était d'abord en prose, et c'est ainsi qu'il a été gravé. (G.)
3. Le premier poème des *Mariages samnites* avait été refusé unanimement, et il était bien écrit. Pourquoi le second fut-il accepté ? L'auteur venait de donner *Henri IV ou la Bataille d'Ivry*, qui avait du succès. Les comédiens ont ordinairement trop de confiance dans l'auteur qui vient de réussir, et trop de défiance s'il n'a pas réussi. (G.)

besoin de lui dire que j'avais travaillé jadis sur le même sujet : il le savait; il me pria seulement de lui laisser lire l'ancien poème des *Mariages samnites;* après quoi, il remarqua que le fond des deux ouvrages était absolument le conte de Marmontel mis en action; que, les situations étant partout les mêmes, ma musique pouvait servir, et que je n'avais que peu de morceaux à faire pour le rôle d'Éliane, qui était de son invention. Je lui laissai donc parodier ma musique; après quoi je fis une revue générale de l'ouvrage pour rendre la prosodie plus exacte. Cet ouvrage ne réussit point ; peut-être que le préjugé y contribua : les spectateurs ne voulurent pas s'habituer à voir sous le casque les acteurs qu'ils voyaient chaque jour dans des rôles comiques.

MATROCO

Drame burlesque, en quatre actes, en vers, par *Laujon* [1]; représenté à Fontainebleau l'année 1777, et à Paris le 23 février 1778.

J'avais peu d'envie de mettre en musique ce poème bien écrit, mais rassemblant, sans intérêt, toutes les métamorphoses, les combats de nains, de géants, enfin les forfanteries de tous les romans de la chevalerie. La musique y faisait à chaque instant épigramme, et l'épigramme sortait d'un air de vaudeville. L'ouverture était composée d'airs connus et parlants, qui expliquaient le sujet de la pièce.

Je fis cet opéra pour la cour et par complaisance; il fut joué à Paris malgré moi, et la flamme a dévoré cette production monstrueuse, en expiation de l'atteinte que j'avais donnée au bon goût.

---

1. Laujon, né en 1727, mort en 1811, est surtout connu par des chansons.

LE JUGEMENT DE MIDAS

Comédie en trois actes, mêlée d'ariettes, par *d'Hèle*; représentée sur le théâtre de la Comédie italienne, le 27 juin 1778.

... D'Hèle me fut adressé par Suard; il me le recommanda comme un homme de beaucoup d'esprit, qui joignait à un goût très sain de l'originalité dans les idées. Cet Anglais, que la perte de sa fortune avait engagé à venir cacher son indigence à Paris, et qui savait parfaitement notre langue, s'appelait Hales, que les Anglais prononcent comme « Hèles »; nos journaux ont transformé ce nom en celui de d'Hèle, sous lequel cet écrivain est connu. Il me lut les poèmes du *Jugement de Midas*[1] et de l'*Amant jaloux*; il manquait, il est vrai, quelque chose à la charpente du dernier. Il avait conduit sur la scène un vieillard asthmatique, tuteur d'Isabelle, lequel ne pouvait dire un mot sans tousser, ce qui ne l'empêchait pas cependant d'être très entiché de sa pupille. Il prit enfin le parti de retrancher cet épisode. Les morceaux destinés à être mis en musique, de l'une et de l'autre de ces pièces, étaient écrits en prose, mais d'un style si clair qu'il n'y manquait que la rime. Il me disait qu'un vers lui coûtait plus qu'une scène. Nous choisîmes Anseaume, secrétaire de la Comédie italienne, pour versifier la partie lyrique du *Jugement de Midas*. Cet ouvrage, étant achevé, resta deux ans dans mon portefeuille. Même en lisant le poème, on ne voulait pas croire qu'un Anglais fût en état de faire une bonne pièce française. Celle-ci me fut renvoyée de la cour, où elle fut con-

---

[1]. Apollon, chassé de l'Olympe, s'amuse à courtiser de jeunes bergères qui, protégées par le bailli Midas, doivent être mariées à de jeunes bergers. Apollon dispute avec ceux-ci le prix du chant, que Midas doit décerner. L'un des bergers chante de grands airs du vieil opéra français, l'autre des refrains de vaudeville; Apollon chante de la musique sérieuse. Le bailli n'adjuge pas moins le prix aux bergers; mais à peine a-t-il prononcé son jugement que deux longues oreilles lui sortent de la tête et qu'Apollon se révèle avec les emblèmes de sa divinité.

damnée, et les comédiens qui l'avaient reçue attendaient, sans se presser, que son tour arrivât [1].

J'en parlai chez Mme de M*** ; le duc d'Orléans voulut l'entendre, et le chevalier de B*** en fit la lecture avec autant de chaleur que si l'ouvrage eût été le sien.

Il fut représenté chez cette dame ; les acteurs de la Comédie italienne y vinrent, et ne furent pas plus prévenus en faveur de l'ouvrage.

On parla, dit-on, avec peu d'estime de cette représentation à une séance de l'Académie française ; le jugement de l'orateur se répandit dans le public ; d'Hèle le sut et lui dédia le *Jugement de Midas*, dans une épître très plaisante que j'eus bien de la peine à lui faire supprimer.

On donna enfin cette pièce à Paris : l'assemblée était peu nombreuse, mais chacun sortit content du spectacle, excepté les clercs de procureurs, sans doute, car le lendemain je reçus ce billet imprimé :

« Messieurs les clercs de procureurs vous invitent à venir siffler demain la seconde représentation du *Jugement de Midas*, dans laquelle pièce ils se trouvent insultés. »

La seconde représentation fut en effet un peu orageuse ; mais les clercs perdirent leur procès.

Cet opéra fut la satire la plus mordante contre l'ancienne musique, ou, pour mieux dire, contre la manière traînante dont on la chantait.

L'abbé Arnaud disait aux peintres : « Ne peignez pas le soleil. » Je voudrais dire à mon tour aux musiciens : « Ne faites pas chanter Apollon ni Orphée. » Les auditeurs sont trop prévenus en faveur de ces illustres personnages de la Fable. Les prodiges que décrivent les poètes sont un écueil infaillible pour celui qui croira exécuter en chant ce que leur imagination bril-

---

[1]. Lorsqu'une pièce était agréée par les premiers gentilshommes de la chambre, et qu'elle avait été jouée à la cour, elle avait le droit de passer incontinent à Paris, et presque toutes les miennes ont été dans ce cas. Sans cet avantage, les pièces (de même qu'aujourd'hui) n'étaient données que suivant la date de leur réception. (G.)

lante a décrit. Il est en effet bien plus aisé de raconter des miracles que de les mettre en action.

La colère d'Achille, décrite par Homère, nous transporte dans le camp des Grecs. On frissonne aux cris de ce héros formidable. En est-il ainsi, par exemple, de la colère d'Achille exprimée en musique dans l'*Iphigénie en Aulide* de Gluck? L'air que chante le héros est une espèce de marche assez commune, dont le chant pourrait s'adapter également à toutes sortes de fêtes. Le bruit général de l'orchestre semble faire seul tout le mérite du tableau. Sans doute l'habile artiste avait senti l'impossibilité d'atteindre la vérité; et sagement il s'est abstenu de vains efforts qui n'eussent montré que l'insuffisance de l'art, en l'écartant davantage de son but.

Lorsque j'entendis, à la première répétition, l'air d'*Apollon*:

> Doux charme de ma vie,
> Divine mélodie...

je ne pus m'empêcher de dire que cet air me paraissait triste et insuffisant pour le dieu de l'harmonie, et je me confirmai de plus en plus dans cette opinion. A la seconde répétition, d'Hèle avait ajouté quelques mots à la prose qui précède cet air, et faisait dire à Apollon: « Je suis d'une lassitude et d'une tristesse!... » « Fort bien, d'Hèle, lui dis-je, je vous remercie. » L'auteur des paroles, sentant que je n'avais pu atteindre à la sublimité d'Apollon, s'efforçait, en homme d'esprit, de le rabaisser jusqu'à moi. Lorsque Orphée veut forcer le Ténare, l'air de Gluck ne satisfait pas davantage les spectateurs, qui attendent un prodige inouï en musique; cet air paraît froid et le serait effectivement, si les démons ne le réchauffaient par leurs cris. Ce sont donc les diables qui opèrent fortement sur les spectateurs, et non Orphée; il fait naître, il est vrai, les oppositions qui frappent; mais ne devrait-il pas frapper lui-même pour être acteur principal?

C'est à l'occasion des différents succès du *Jugement*

de Midas, que Voltaire fit ce quatrain que me donna sa nièce, Mme Denis :

> La cour a dénigré tes chants
> Dont Paris a dit des merveilles ;
> Grétry, les oreilles des grands
> Sont souvent de grandes oreilles.

L'AMANT JALOUX

Comédie en trois actes, paroles de *d'Hèle* ; représentée à Versailles le 11 novembre 1779, et à Paris le 13 du même mois.

L'*Amant jaloux* tomba à la répétition générale que l'on en fit à Versailles, le jour même de la première représentation. L'on était si sûr de sa chute, qu'on ne fut occupé qu'à m'en consoler pendant le dîner du premier gentilhomme de la chambre, où j'étais ; je le priai d'aller demander au roi la permission de commencer le spectacle par cette pièce, au lieu de *Rose et Colas*, où Cailleau venait encore quelquefois recueillir de nombreux applaudissements après sa retraite.

Le roi y consentit, et je fis changer les décorations à cinq heures passées. Le sort de l'*Amant jaloux* changea à la représentation : j'avoue que cette transition d'une chute parfaite à un plein succès, pendant un si court intervalle, fut pour d'Hèle et pour moi un moment délicieux. Que de réflexions ne peut-on pas faire sur les révolutions qu'éprouve un ouvrage avant qu'il ait été représenté et jugé ! sur l'incertitude où sont les auteurs qui peuvent le plus compter sur leur expérience ! Racine est mort sans avoir joui du succès d'*Athalie*; qui sait s'il ne s'est pas repenti d'avoir fait son chef-d'œuvre ?

LES ÉVÉNEMENTS IMPRÉVUS

Comédie en trois actes, paroles de *d'Hèle* ; représentée à Versailles le 11 novembre 1779, et à Paris le 13 du même mois.

Cette comédie d'intrigue est la dernière qui soit sortie de la plume de l'auteur du *Jugement de Midas* et de l'*Amant jaloux*. J'ai dû regretter plus que personne un talent aussi précieux. Si la mort n'eût enlevé à la fleur de l'âge un des hommes de ce monde qui avaient le plus de justesse dans les idées, et qui éclaircissaient le mieux celles des autres, plusieurs ouvrages, sans doute, auraient suivi de près ceux que j'ai cités.

D'Hèle avait passé sa jeunesse au service de la marine anglaise, où vraisemblablement les excès des liqueurs fortes, et surtout un accident dont il m'a rendu compte, avaient affaibli sa poitrine. Étant à bord, il s'enivra de punch avec quelques officiers; sa soif fut si grande pendant la nuit, qu'il porta à sa bouche une bouteille d'eau-forte que le roulis du vaisseau avait amenée auprès de lui. Il vivait très sobrement à Paris; tous les goûts, toutes les passions semblaient s'être anéanties chez lui, après qu'il eut dissipé une fortune assez importante; c'est alors qu'il s'occupa du théâtre, et qu'il fréquenta assidûment le café du Caveau au Palais-Royal. D'Hèle parlait peu, mais toujours bien; il ne se donnait pas la peine de dire ce que l'on doit savoir, et il interrompait les bavards, en disant d'un ton sec : « C'est imprimé. » Lorsqu'il approuvait, c'était d'un léger coup de tête; si on l'impatientait par des bêtises, il croisait ses jambes en les serrant de toutes ses forces, il humait du tabac qu'il avait toujours dans ses doigts, et regardait ailleurs. Le jugement qu'il portait des pièces nouvelles était irrévocable; et c'était d'après les conjectures qu'il formait sur les affaires politiques que les nouvellistes ouvraient souvent des paris. Je n'examinerai pas si, après avoir parcouru le cercle immense des connaissances humaines, l'homme qui a l'habitude de réfléchir et de penser juste peut être heureux. Je croirais assez que les préjugés, les folies humaines, les prétentions des sots, affectent plus désagréablement l'homme d'esprit, qu'il ne tire de consolation de ses propres lumières; car, si parmi des hommes insatiables, ambitieux, et aspirant au même but, la possession des uns doit être la privation des autres, la somme des maux surpasse celle du bien, et malheur à celui dont l'esprit fin et subtil sait le mieux lire au fond des cœurs. Il est aisé de croire que d'Hèle exigeait des hommes la précision d'esprit qu'il avait lui-même et qu'on remarque dans ses pièces. Il n'inventait point [1], mais il était peu de choses qu'il ne pût perfectionner. Il était lent dans ses productions ; je ne dirai pas qu'il fût paresseux : on ne peut l'être en réfléchissant toujours ; mais il avait au fond du cœur cette voix terrible, et consolante cependant, qui crie mille fois *non*, avant de dire *c'est bien*.

Beaucoup de gens l'ont cité et le citent encore comme un modèle d'ingratitude ; mais je crois qu'absorbé dans ses idées il n'oubliait ses bienfaiteurs que parce qu'il aurait lui-même oublié ses bienfaits. Forcé de se battre avec l'homme qui l'insulte, après lui avoir prêté de l'argent qu'il ne peut rendre, d'Hèle lui fait sauter son épée, et lui dit avec tout le flegme anglais : « Si je n'étais votre débiteur, je vous tuerais ; si nous avions des témoins, je vous blesserais ; nous sommes seuls, je vous pardonne. »

Peu de temps après, je lui envoyai une somme d'argent de la part du duc d'Orléans, chez qui j'avais donné le *Jugement de Midas* : il ne répondit pas à mon billet ; il dit à mon domestique : *C'est bon*. Après l'avoir rencontré vingt fois, je lui dis enfin : « Vous avez sans doute reçu... — Oui, » me dit-il ; et je ne fus pas étonné qu'il n'y ajoutât pas un mot de remerciement.

Il m'écrivit ce billet à six heures du matin, le jour de la première représentation de l'*Amant jaloux* à Paris : « Il ne m'est pas permis d'aller chez vous ; venez donc chez moi tout de suite, et apportez environ dix louis, sans quoi je vais au Fort-l'Évêque, au lieu d'aller ce soir aux Italiens. »

Son lit était entouré d'huissiers. D'Hèle s'était laissé condamner par défaut, à l'instance d'une personne qui

---

1. Le *Jugement de Midas* est une pièce anglaise, que d'Hèle a singulièrement perfectionnée. Je crois que le fond de ses deux autres pièces a été également puisé dans une source étrangère. (G.)

lui avait dépensé le reste de sa fortune, et qui exigeait encore le loyer de la chambre qu'elle lui avait donnée chez elle. C'était avec la même confiance et la même tranquillité qu'un jour, étant chez un de ses amis, il se revêtit d'une nippe dont il avait besoin et sortit. Son ami rentre, et en s'habillant ne trouve pas tout ce qu'il lui fallait; d'Hèle seul était entré dans l'appartement, mais on n'osait le soupçonner; cependant le soir, au Caveau, le monsieur, en posant la main sur la cuisse de d'Hèle, lui dit : « Ne sont-ce pas là mes culottes? — Oui, dit-il, je n'en avais point. »

Je suis loin de vouloir jeter un ridicule sur le caractère d'un tel homme. Il ne pouvait rougir de ses actions, qui dérivaient des principes qu'il s'était formés et dans lesquels il était inébranlable.

Je l'ai vu longtemps presque nu; il n'inspirait pas la pitié; sa noble contenance, sa tranquillité, semblaient dire : « Je suis homme, que peut-il me manquer? »

Si le dernier période d'une maladie lente, peu douloureuse, mais qui ne pardonne point à ses victimes, eût été reculé de quinze jours seulement, d'Hèle nous eût laissé un ouvrage de plus, et cet ouvrage lui eût procuré l'aisance due au vrai talent. Il était destiné au théâtre de Trianon; peut-être avec le temps nous aurait-il été permis de le donner au public; mais nous ne devions d'abord consulter que les talents de cette société, qui avait senti le désavantage de jouer et de chanter des rôles non proportionnés aux organes des acteurs[1]. D'Hèle se traîna chez moi quelques jours avant sa mort; j'étais au lit à cause de mon crachement de sang; il me consola, et me dit qu'il se sentait mieux de jour en jour, qu'il ne tarderait pas à écrire la pièce destinée pour Trianon, qu'il était pressé de la finir, parce qu'il voulait aller à Venise. D'Hèle n'écrivait rien qu'il n'eût dans sa tête l'ensemble de son

---

[1]. Lorsqu'on fait un rôle pour un acteur, on doit le proportionner à ses facultés; le double a donc le désagrément de s'approprier ce qui est fait pour un autre; il ne joue d'ailleurs qu'un rôle créé; et à moins que l'acteur en premier ne se soit trompé, il lui est impossible d'être original. (G.)

ouvrage. J'avais remarqué à ses pièces précédentes que lorsqu'il disait : « J'ai fini, » il ne lui restait aucun doute sur les situations, ni sur la manière de les amener. Je puis donc être sûr que l'ouvrage que je regrette était absolument terminé; et, comme disait le grand Racine, il ne fallait plus que l'écrire. « Quel est le genre de votre pièce? lui dis-je. — C'est un sujet portugais et en quatre actes, me dit-il : vous serez content. » Cependant il expira peu de jours après, en songeant aux situations de sa pièce, bien plus qu'à sa propre situation. Il avait dans ses mains le livre des postes; il devait aller rejoindre une personne qu'il aimait, et, cherchant à éviter les montagnes trop élevées, il se choisissait une route, lorsqu'il prit tranquillement celle où aboutit l'humanité.

LES MŒURS ANTIQUES
ou
LES AMOURS D'AUCASSIN ET NICOLETTE [1]

Drame en trois actes, par *Sedaine*;
représenté à Versailles le 30 décembre 1779,
et à Paris le 3 janvier 1780.

Le titre de cette pièce indiquait au musicien le genre qu'il devait prendre; mais en adoptant une musique

---

[1]. Le sujet de cette pièce est emprunté à un des plus charmants fabliaux du moyen âge, dont voici la donnée sommaire : « Le comte de Beaucaire, Garin, a acheté des Sarrasins une jeune fille, Nicolette, dont son fils Aucassin devient amoureux et qu'il veut épouser. Pour couper court à cette inclination, Garin fait enfermer les deux jeunes gens loin l'un de l'autre. Nicolette s'évade la première et fuit dans une forêt, où Aucassin, qui s'échappe aussi, ne tarde pas à la rejoindre. Ils s'embarquent ensemble, mais une tempête les porte sur une terre envahie par les Sarrasins, qui s'emparent de Nicolette et remettent dans sa barque Aucassin, que les flots ramènent à Beaucaire, où son père vient de mourir et où il est reconnu comme seigneur du pays. Nicolette, emmenée à Carthage, est reconnue par son père, qui est roi de cette contrée et qui veut la marier à un prince infidèle. Elle s'enfuit, reprend la mer et aborde de nouveau à Beaucaire, où elle épouse enfin Aucassin. »

Sedaine, très habile arrangeur scénique, ne sut pas garder à ce conte sa fraîcheur native. Il fit de Garin un personnage trop odieux, d'Aucassin une sorte d'insensé, et du père de Nicolette un niais ridicule.

antique, il fallait plaire aux modernes, car l'on ne sait gré à l'artiste d'avoir été vrai qu'autant qu'il amuse.

Bien des gens trouvent dans les mœurs de nos aïeux je ne sais quoi de religieux, qui les transporte dans ces siècles où régnaient franchement les préjugés, les vices et les vertus. Ceux-là aiment singulièrement la pièce et la musique d'*Aucassin et Nicolette*; d'autres s'y ennuient parce qu'ils n'ont pas ces sentiments : ils sont tout à eux et à leur siècle ; ils ignorent que les tendres regrets du passé constituent le bonheur présent, presque autant que l'espoir d'un doux avenir. L'ouverture d'*Aucassin* doit reculer d'un siècle ses auditeurs. Dans le courant de l'ouvrage, je n'ai pas cherché à mettre partout les chants antiques, ou les vieilles modulations que nous ont transmises l'ancien opéra français et la musique d'église; mais j'ai mis en opposition l'antique avec le moderne, ce qui donne plus de saillant à la composition générale de l'ouvrage; d'ailleurs les chants anciens devaient être pour les paroles gothiques qui se trouvent répandues dans le poème, comme :

Nicolette, ma douce amie...

La répétition générale que l'on fit à Versailles, et à laquelle assista la famille royale, fit l'effet d'une parodie. On riait aux éclats dans les endroits que Sedaine et moi avions crus les plus touchants. La représentation du soir produisit à peu près le même effet. Après quelques retranchements, le public de Paris se fit plus aisément illusion. On dit communément que les pièces qui tombent à la cour réussissent à Paris. Je ne partage point ce préjugé ; je crois, au contraire, que la cour doit être exempte de cabale, dans des objets si peu importants pour elle ; mais que les pièces éprouvent une métamorphose après leur chute, soit par les changements qu'on y fait, soit par la perfection du jeu des acteurs, que le moindre revers intimide devant la cour, et dans une salle qui, par son peu d'étendue, nuit à l'illusion.

Quelquefois l'impatience de jouir lui fait préconiser l'homme à talents dont elle attend de nouveaux plaisirs ; mais malheur à lui s'il n'entretient pas le délire qu'il a trop tôt excité ! Sa chute, aussi subite que son succès, l'éveillera, comme au milieu d'un rêve délicieux, pour lui montrer le néant où il va se replonger. C'est la nation entière qui donne la réputation ; des ennemis puissants peuvent enlever à l'artiste les récompenses qu'il mérite ; mais la plus douce consolation de l'homme qui a reçu son talent de la nature est de sentir qu'elle seule en est dispensatrice.

Ce fut après qu'on eut entendu souvent la musique d'*Aucassin* que les musiciens qui travaillent pour le théâtre des Italiens adoptèrent des chants anciens dans les pièces villageoises modernes. Ce n'est point un contresens ; mais pourquoi ne pas laisser à chaque chose sa couleur ? Pourquoi épuiser ses moyens sans nécessité ? Que feraient-ils s'ils travaillaient sur un poème dont les mœurs fussent vraiment surannées ?

Il serait encore à désirer que l'on ne rassemblât pas, comme on le fait, tous les genres de musique dans un même ouvrage. Les effets prodigieux que faisait la musique sur les anciens provenaient sans doute de la différence marquée des modes, des tons, des modulations et surtout du rythme qu'on employait scrupuleusement pour chaque genre ; mais aujourd'hui, le luxe règne partout. De même que l'on rassemble les productions des quatre parties du monde pour orner un salon ou pour donner un repas, la poésie a forcé la musique d'accumuler tous les genres dans une même composition. Et soyons justes : cette variété suffit à peine pour fixer l'attention d'un auditoire qui a joui de tout jusqu'à la satiété. C'est cependant lorsque le luxe s'est introduit outre mesure dans les arts, qu'ils ont besoin de modération. J'ai parlé ci-devant d'une sorte de régime auquel le musicien compositeur doit s'astreindre pour ne pas se dégoûter de son art, qu'il doit aimer et qu'il doit pratiquer toujours avec un nouveau plaisir. Ce n'est pas de ce régime qu'il est à présent question : c'est d'user avec sobriété des richesses, des instruments et des effets d'harmonie dont nous abusons ; c'est peut-être de là qu'est née cette satiété, cette difficulté de plaire aux auditeurs. En effet, dès l'ouverture d'un opéra, et dans presque tous les morceaux de force, on introduit timbales, trompettes, cors, hautbois, clarinettes, flûtes, petites flûtes, bassons, violes, basses et violons ; tout enfin a été employé, et dès qu'une occasion favorable demande essentiellement un de ces instruments, l'effet qu'il devait produire n'est plus aussi sensible, à beaucoup près, que s'il n'avait pas été entendu ; mais tel est le préjugé. L'on dirait qu'une ouverture est maigre si on n'y plaçait la plus forte partie des instruments qui composent l'orchestre. Cependant j'aurai le courage, quelque jour, d'user du régime qui me semble nécessaire et qu'on adoptera sans doute, lorsqu'on en aura reconnu les bons effets. Je veux dire que : 1° les timbales et trompettes ne doivent être employées que dans des sujets héroïques ; et quelques sons suffiraient dans l'ouverture afin de ne point rassasier tout d'un coup les oreilles des spectateurs ; 2° les violons, les violes et les basses doivent être regardés comme l'accompagnement général de tout ouvrage en musique ; et fallût-il laisser en repos tous les instruments à vent pendant un acte entier, je n'en ferais entendre aucun. Mais dès que l'occasion arrivera où ils seront d'absolue nécessité, on sentira le fruit de ce régime, et l'applaudissement de la salle consolera le compositeur de ses épargnes. Alors, étant arrrivé vers la fin du drame, si quelque mouvement violent dans son action indique au compositeur qu'il faut tout employer pour produire un effet terrible, c'est alors que, déployant toutes les difficultés de son orchestre, il fera trembler ses auditeurs, étonnés d'un effet qu'ils ne connaissaient pas, et qu'ils ne soupçonnaient pas être dans l'orchestre. Soyons de bonne foi ; nos tragédies en musique n'ont-elles pas produit presque tout leur effet musical après le premier acte ? Et si l'action du drame ne nous attachait aux actes suivants, peut-être le dégoût s'emparerait-il des auditeurs, au point qu'ils désireraient ne plus rien entendre.

ANDROMAQUE[1]

Tragédie en trois actes, en vers; représentée par l'Académie royale de musique, le 6 juin 1780.

L'harmonie peut étendre son empire dans le tragique, autant que la mélodie trouvera toujours de nouvelles ressources dans tous les autres genres.

Le plus habile musicien, après avoir composé deux ou trois tragédies, sera forcé, s'il varie ses chants, d'abandonner les formes larges et nobles qui s'épuisent rapidement, pour avoir recours à la nature non exagérée, qui est inépuisable, parce qu'elle peut s'emparer sans risque de l'accent vrai des passions. L'on voit qu'il cessera d'être tragique s'il devient naturel, ou qu'il se répétera sans cesse s'il veut fournir une longue carrière. Comment éviterait-il longtemps l'un et l'autre de ces écueils? Dans la tragédie, tous les personnages doivent être nobles, jusqu'au scélérat qui trahit sa patrie. La fausseté d'un traître pourrait fournir à l'artiste des réticences variées; mais à la longue, elles deviendront ignobles, et il est forcé de prêter la fermeté tragique. La fureur n'a qu'un accent, le désespoir qu'un caractère; l'amour y est presque toujours malheureux; la jalousie, si elle ne devient fureur, dégénère en faiblesse; le dépit, l'ironie, sont presque des taches dans un sujet noble, à moins que ces mouvements

---

[1] Grétry a dit ailleurs, à propos de cette pièce: « Je ne croyais nullement ajouter un degré de perfection à l'art lorsque je fis la musique d'*Andromaque*. C'était plutôt un essai que je voulais faire de ce genre qu'une prétention d'en étendre les limites au delà de ce qu'avait fait Gluck. Je me faisais cependant ce raisonnement et je disais : « Corneille « a fait des tragédies pleines de vigueur, mais ces chefs-d'œuvre no nui-« sirent pas à ceux que Racine fit ensuite. » Le poème d'*Andromaque* exige une profonde sensibilité, que Gluck, trop énergique, ne pouvait point avoir. C'était dans l'espoir de lui être supérieur dans cette partie, et parfaitement persuadé que je lui serais inférieur en force, que j'ai entrepris cet ouvrage. »

de l'âme ne passent rapidement. La tragédie n'ayant donc que peu d'accents pour chaque passion, étant obligée de donner encore de la noblesse aux accents accessoires qui conduisent à la fureur et ramènent au calme, l'on sent que sa déclamation a perdu ses droits à la variété, et que le musicien est forcé de reproduire souvent les mêmes chants, avec une harmonie différente.

Autant la vraie nature est vaste, autant la nature factice embrasse un cercle étroit. Il n'existe point de rois qui ressemblent à ceux de la tragédie ; si quelques-uns en approchent, ils sont plus fastueux que nobles, plus factices que naturels.

On dit, je le sais, qu'un poëte de vingt ans peut faire une bonne tragédie, mais qu'il faut avoir quarante ans pour produire une bonne comédie. C'est donc le contraire en musique : car je crois que l'âge mûr du musicien est celui qui convient à la tragédie. Si la fraîcheur, les chants nombreux, les nuances fines, sont épuisés à cet âge, peu importe, il en a peu de besoin. S'il a dans sa jeunesse fait de bonnes études, les ressources de l'harmonie lui restent, et il peut encore exceller dans le genre tragique. L'artiste ressemble alors à la fleur de l'automne, qui, plus noble que celle du printemps, n'exhale aucun parfum.

Les Allemands, dès leur tendre jeunesse, étudient savamment l'harmonie. Les douze gammes que renferme l'octave chromatique leur sont présentées sous toutes les faces, c'est-à-dire qu'en tenant un accord sous ses doigts, l'Allemand voit d'un coup d'œil à combien d'accords il conduit. Leurs marches en sont souvent dures ; mais ils s'y accoutument et cessent de les trouver telles. L'Italien, au contraire, semble craindre de s'initier dans le secret des accords ; la sensibilité lui donne ses chants, et il craint de les perdre dans le labyrinthe harmonique. Il veut que l'expression aille chercher l'accord dissonant, et l'Allemand la trouve, au contraire, dans l'accord même.

Il est aisé de voir pourquoi le chevalier Gluck sera

longtemps le modèle de la tragédie lyrique. Pour bien faire, il faudra l'imiter, et jamais imitateur ne fut cité pour lui-même.

Lorsque les auteurs des paroles d'*Orphée* et d'*Alceste* conçurent en Allemagne le projet de donner un grand mouvement à la tragédie lyrique; lorsque, après eux, le bailli du Rollet renferma dans trois petits actes une action[1] dont les développements en avaient exigé cinq au divin Racine, ces auteurs anéantirent d'avance les longueurs dont la tragédie lyrique était surchargée. Les scènes en récitatifs simples devenaient partie constitutive du drame; les divertissements eux-mêmes tenaient à la chose et ne pouvaient plus se prolonger à volonté.

Il est juste de croire que ces poètes sont véritablement les restaurateurs du drame lyrico-tragique; mais après avoir vu de quelle manière Gluck s'est emparé de leurs poèmes; en voyant avec quel courage il franchit rapidement les accessoires de l'action pour se développer tout entier, lorsqu'elle est parvenue à son dernier période, on est tenté de croire qu'il a lui-même suggéré le plan dont il s'est rendu maître. Oui, l'on est poète et musicien en opérant comme Gluck, de même qu'on s'approprie une idée lorsqu'on l'embellit.

Il est évident que la musique a fait un bel emploi de ses forces en s'assujettissant à l'action d'un drame vigoureux et pressé; n'a-t-elle pas aussi fait des sacrifices que les amateurs de la mélodie ont droit de regretter? Sans doute. Comment développer un motif heureux, si toujours le musicien est commandé et pressé par l'action? Comment développer un bel organe par des traits mélodieux ou brillants, si la vérité crie de ne point s'arrêter? Voilà pourquoi des hommes, injustes en apparence, ont dit que Gluck avait reculé les progrès de l'art. Soyons plus justes : il a créé un nouveau genre; son harmonie a osé tout peindre, et les accents de sa déclamation ont exprimé les passions.

---

1. Le bailli du Rollet, que Gluck avait connu à Vienne, arrangea pour lui en opéra l'*Iphigénie en Aulide*, de Racine.

Cette déclamation musicale n'est pas toujours, il est vrai, le chant par excellence ; elle n'est que le premier coup de crayon de Raphaël, sur lequel il nuancera mille couleurs diverses, *qui subjugueront alors l'âme et la raison.*

La musique peut parler en prose comme en vers. Si le chant pris séparément avec sa note de basse ne vous fait pas le plaisir délectable qu'on éprouve en chantant un bel air de Sacchini ou en lisant les vers de Racine, de Chénier, de Delille, de Lebrun, de Hoffmann, croyez alors que le chant n'est qu'un produit harmonique ; c'est de la prose, et non pas un élan de l'âme, toujours accompagné des charmes de la poésie.

Je hasarderai ici quelques idées sur un nouveau moyen de composer la musique dramatique.

Ne pourrait-on pas donner à la musique la liberté de marcher d'un plein essor, de faire des tableaux achevés, où, jouissant de tous ses avantages, elle ne serait plus contrainte de suivre la poésie dans ses nuances diverses, et jusque dans les moindres détails des syllabes longues et brèves? Quel amateur de musique n'a été saisi d'admiration en écoutant les belles symphonies de Haydn? Cent fois je leur ai prêté les paroles qu'elles semblent demander. Eh! pourquoi ne pas les leur donner? Pourquoi faut-il que le musicien, toujours captif, ne se voie pas une fois libre dans sa création, et ne recevrait-il pas ensuite les paroles qui exprimeront ses accents? Peut-on décider lequel des deux arts, de la poésie ou de la musique, peut se prêter plus aisément à cette servitude? Enfin, pourquoi ne mettrait-on pas la musique en paroles, comme l'on met depuis longtemps les paroles en musique? La prodigieuse facilité de Marmontel dans ce travail m'assure du succès. Pénétré de mes accents que je lui répétais, il ne se contentait pas de rendre ma musique; il l'embellissait.

L'air

   Toi, Zémire, que j'adore....

en est la preuve : cet air est de la partition ancienne des

Mariages samnites, et les paroles de Marmontel rendent mieux la musique que les vers originaux sur lesquels la musique avait d'abord été faite.

La musique dramatique tronquée, hachée, sans retour de phrases, sans périodes arrondies, sans *da capo*, sans ritournelles, abandonnant presque toutes les formes qui constituent la mélodie, ne réclame-t-elle pas contre la servitude qu'elle voue à la poésie? Les sociétés d'amateurs, les concertants privés des cinq sixièmes d'un opéra, n'ont-ils pas quelques droits de se plaindre?

Ce que je vais proposer promet encore une révolution dramatique, dont toute la gloire rejaillira sur la poésie. Elle peut enrichir la scène en lui donnant tous les habiles compositeurs symphonistes allemands, français, qui égalent en mérite, et qui surpassent peut-être aujourd'hui les compositeurs dramatiques, et qui, sans son secours, n'obtiendront jamais qu'une gloire peu solide. Ne croyons pas que le musicien qui a passé la moitié de sa vie à faire des symphonies puisse changer de système et s'assujettir aux paroles; on ne peut devenir esclave après avoir été libre; le contraire est plus facile. Ils feront des tableaux magnifiques lorsqu'ils ne composeront pas sur des paroles; si vous leur en donnez, ils feront ce que les peintres appellent des *croûtes*.

PROCÉDÉS DU POÈTE

Le poète, après avoir conçu son plan, ne doit versifier que les endroits qui lui paraîtront de pure déclamation et devant servir au récitatif; dès qu'il sentira sa verve s'animer et demander du chant mesuré, il faut qu'il écrive en prose.

Si c'est un père, par exemple, qui exige de sa fille le sacrifice de son amour, il écrira : « Fille cruelle! tu veux donc ma mort! Quoi! l'ami le plus tendre, qui sauva les jours de ton père; à qui j'ai promis ton cœur, comme la seule récompense qui puisse égaler le bienfait, tu le refuses ; tu refuses de m'obéir ! Fille cruelle ! tu veux donc ma mort ! »

Les duos, les trios, les quatuors, les chœurs, doivent être écrits de même. Envoyez ce canevas à Haydn, sa verve s'échauffera sur chaque morceau ; il n'en suivra que le sentiment général, et sera libre dans sa composition, pourvu qu'il ne sorte pas du genre, et prévoie, à quelques égards, le diapason de la voix à laquelle le morceau est destiné. Qu'il se garde bien de croire que les paroles feront passer un morceau que sans elles il rejetterait comme médiocre : non ; il faut que chaque morceau de symphonie soit tel qu'il n'y désire plus rien pour l'effet, l'unité, la fraîcheur et la nouveauté des idées. Le frein dont on le dégage lui impose la loi de bien faire : on ne le rend libre, on ne brise ses fers, que pour avoir un résultat supérieur à celui du compositeur qui travaille sur les paroles, et qui a mille difficultés à vaincre.

PROCÉDÉS DU MUSICIEN

Le musicien, ayant fait sa partition et ayant laissé les lignes en blanc pour recevoir la partie ou les parties du chant, fera exécuter son ouvrage à grand orchestre ; les morceaux qui n'obtiendront pas l'applaudissement seront refaits. Encore une fois, il ne lui doit pas être permis de rien faire de médiocre. L'on fera alors une seconde répétition de son ouvrage ; le poète lira le sens des paroles après chaque morceau, et souvent les spectateurs doivent se dire : « Je l'avais deviné, » ou « Je l'avais senti. »

PROCÉDÉS DU POÈTE AVEC LE MUSICIEN

J'aimerais qu'une ou deux personnes choisies fussent auprès du poète et du musicien lorsqu'ils travailleront à faire les vers que doit recevoir la musique. Souvent l'on s'obstine à vouloir trouver mieux que ce qui est bien; un homme de goût décide en ce cas et empêche la chaleur de se ralentir. D'ailleurs, le musicien prévenu sur ses tableaux, leur ayant déjà supposé des paroles, indécis sur celles que lui présente le poète, se rend à l'avis d'un tiers qui aplanit tout et fait avancer le travail. Le musicien se gardera bien d'exiger que chaque note porte une syllabe; il ne doit conserver en entier que les traits de chant heureux; du reste, toutes les parties qui composent sa partition instrumentale serviront tour à tour pour former son chant. Si le poète trouve un vers heureux, c'est au musicien de l'employer avec quelques sacrifices pour la mélodie. De quelque manière qu'il travaille et qu'il fasse au poète plus ou moins de sacrifices, je le défie de rendre sa musique mauvaise, puisque d'avance elle est excellente et qu'il ne doit point déranger l'ensemble de la partition; il peut même dessiner son chant avant de travailler avec le poète; pourvu qu'il soit simple et d'une belle mélodie, la poésie trouvera mille ressources pour exprimer ses accents.

Alors chaque morceau de musique aura une couleur différente; ils auront une unité parfaite et serviront tous dans les concerts.

Les morceaux mutilés de notre musique dramatique sont tels parce que, le poète n'ayant rien destiné particulièrement au chant mesuré, le musicien saisit deux ou trois vers qui lui conviennent; mais bientôt il est arrêté et forcé de recourir au récit, parce que le sens des paroles l'exige. Que l'on ne croie pas que cette manière soit l'unique ni même la meilleure; elle est, il est vrai, exempte de lenteur; mais combien de fois ne voudrait-on pas entendre la suite d'un air interrompu, si le chant en est heureux?

Je ne parle pas de la peine qu'aura le poète en faisant les paroles sur la musique; il en aura sans doute; mais à ne considérer que l'art poétique en lui-même, que perdrons-nous dans le style? Quelques airs ou duos, qui seront peut-être écrits avec moins d'élégance ; mais quant aux trios, quatuors, chœurs, etc., que sont le plus souvent les paroles de tels morceaux? Des mots enflés qui ne valent pas la peine qu'ils donnent au musicien. Laissez-lui donc former son tableau d'après la situation ; des paroles si communes viendront aisément se ranger sous sa musique.

Un tel travail, ne dût-il pas réussir, doit être essayé ; mais il réussira, et au delà de ce qu'on imagine. Je n'en ferai pas l'essai, et je ne le conseille à aucun compositeur de musique vocale ; s'ils sont d'aussi bonne foi que moi, ils diront qu'une symphonie leur coûte souvent plus de peine que la scène la plus difficile ; j'indique aux compositeurs de musique instrumentale le moyen de nous égaler et de nous surpasser peut-être dans l'art dramatique[1].

Aucun ouvrage ne m'a coûté moins de peine que la musique d'*Andromaque* : trente jours ont suffi pour faire et écrire la partition. Il est vrai que, contre mon habitude, je composais le soir, et j'écrivais le lendemain matin. L'auteur des paroles, *Pitra*, ne me quitta pas un instant[2]. Toujours entraîné par la beauté et la rapidité de l'action, cet ouvrage fut fait d'un seul jet ; il pèche peut-être par trop de chaleur, même en musique, et je conseille à ceux qui le feront exécuter de n'en pas presser les mouvements.

C'est, je crois, la première fois qu'on a eu l'idée

---

[1]. La première édition de cet écrit fut publiée en 1789. Ce que je viens de dire sur la manière de composer la musique, en prenant pour base principale la partie instrumentale, n'a-t-il pas été pris trop à la lettre par plusieurs compositeurs ? Il est vrai qu'ils font leur musique sur les paroles déjà faites ; mais si cette musique est une espèce de symphonie de Haydn ; si la partie du chant est moins obligée que celle de l'alto, est-ce là ce que j'avais indiqué ? Non : un chant pris à volonté dans toute une partition peut et doit être un chant aimable ; mais il faut, comme je l'ai dit, qu'il soit fait avant les paroles. (G.)

[2]. Qu'on ne croie pas que Pitra ait eu la moindre prétention en faisant ce poème ; il ne touchait aux vers du divin Racine qu'avec respect, et parce que la musique exigeait des coupures. L'envie qu'il avait de me voir essayer mes forces sur un sujet tragique lui fit entreprendre cet ouvrage, qu'il m'apporta comme un canevas à être exécuté par un poète. Mais n'en connaissant aucun qui dût se charger d'une si terrible tâche, il fut forcé par moi d'en courir les risques. (G.)

d'adopter les mêmes instruments pour accompagner partout le récitatif d'un rôle qu'on veut distinguer. Lorsque Andromaque récite, elle est presque toujours accompagnée de trois flûtes traversières qui forment harmonie.

Plus j'eus de facilité à traiter ce genre; plus je me persuadai qu'il n'y avait qu'une manière de le faire. J'en fus convaincu lorsque, après avoir travaillé sur un très bon poème, intitulé *Électre*, que je n'ai pas encore offert à l'Opéra [1], quoique l'ouvrage soit achevé, je sentis que l'harmonie seule pouvait donner des couleurs différentes aux mêmes accents tragiques.

Ce travail ne peut contenter que le musicien qui n'a pas reçu de la nature des chants assez variés pour se prêter à tous les tons de la déclamation.

La tragédie d'*Andromaque* eut, à deux reprises, environ vingt-cinq représentations, qui furent interrompues par l'incendie de la salle du Palais-Royal [2].

---

1. Non représenté.
2. Cette salle avait été construite par Moreau au Palais-Royal, en partie sur l'emplacement d'une autre incendiée le 6 avril 1763. Cette salle s'étendait de l'aile droite du Palais-Royal à la maison qui porte aujourd'hui le numéro 200 dans la rue Saint-Honoré.

C'était la première salle monumentale qui eût été construite spécialement et définitivement pour l'opéra. Le théâtre était vaste et bien machiné. La salle, d'une courbe élégante et décorée avec goût, avait quatre rangs de loges. Pour la première fois on avait réservé au public un foyer avec balcon sur la rue Saint-Honoré. Cette innovation témoignait, de la part de l'architecte, d'une prévenance d'autant plus grande qu'à cette époque il n'y avait d'entr'acte qu'entre l'opéra et le ballet. Tous les décors changeaient à vue, et, ainsi que cela a eu lieu du reste jusqu'en 1829, le rideau ne baissait qu'à la fin d'un ouvrage.

Le vendredi 8 juin, à huit heures et demie du soir, au moment où la représentation allait finir, le feu prit à une toile du centre. Le maître de ballet, Dauberval, s'en aperçut et fit baisser le rideau, et le public se retira, trouvant que le divertissement final était un peu court, et sans se douter de ce qui se passait sur la scène. Les progrès de l'incendie ne purent être arrêtés. Les réservoirs étaient pleins, mais il n'y avait ni pompes ni pompiers. Vers neuf heures et demie la charpente s'écroula. Il ne restait plus rien de la salle de Moreau. Parmi les danseurs et les machinistes, quatorze personnes ne purent se sauver à temps et périrent au milieu des flammes. (CH. NUITTER, *Notice historique sur les anciennes salles de l'Opéra*.)

COLINETTE A LA COUR

Comédie en trois actes, en vers, par *de S****; représentée par l'Académie royale de musique, le 1ᵉʳ janvier 1782.

L'EMBARRAS DES RICHESSES[1]

Comédie en trois actes, en vers, par *de S****; le 26 novembre 1782.

LA CARAVANE

Comédie en trois actes, en vers, par *Morel de Chedeville*, le 30 octobre 1783.

L'Opéra de Paris est, en tout sens, le pays des illusions; la moindre innovation y est un crime pour ses habitués. Il fallut combattre longtemps pour que Rameau remplaçât Lulli[2]; et, de nos jours, il a fallu dans cent écrits avertir les Français que l'on chantait en mesure dans toutes les cours de l'Europe, et que la psalmodie dont ils étaient idolâtres était reléguée dans les couvents.

Quel courage ne faut-il pas pour combattre des illusions qui constituent le bonheur d'un grand nombre de spectateurs? Écoutez un bon vieillard qui, après vous avoir chanté pesamment quelque air de son jeune temps, vous dit : « Avouez que cet air est plein de grâce.

---

1. Grétry, qui déjà n'entre dans aucun détail au sujet de la pièce précédente, s'abstient de même à propos de celle-ci, dont le poème fut très peu goûté, mais dont la musique offrait, d'après un critique contemporain, « la manière élégante, claire et facile, l'expression spirituelle et gracieuse caractérisant toutes les œuvres de l'auteur », à qui elle valut d'ailleurs ce quatrain :

> De la nature enfant gâté,
> Des plus beaux dons elle t'a fait largesse,
> Grétry, tu sais répandre la richesse
> Dans le sein de la pauvreté.

2. Lulli, créateur du grand opéra en France, sous Louis XIV, né à Florence en 1633, mort à Paris en 1687.

Ah ! si vous aviez vu M{}^{lle}... dansant cet air charmant !... Quel charme dans tous ses pas ! Non, vous ne reverrez plus ce temps-là. » C'est en essuyant ses yeux qu'il se rappelle celui de sa jeunesse. Dans ce cas, la sensation qui nous fait revoir le passé devient en quelque sorte le plaisir même, quoiqu'il n'en soit que la réminiscence : les plus douces sensations ne sont jamais que des souvenirs. La première fois que l'on sent, c'est peu de chose ; mais, dans les beaux-arts surtout, le plaisir se multiplie autant que la même sensation se renouvelle, parce qu'elle entraîne avec elle les accessoires agréables qui chaque fois l'ont accompagnée. Pour prouver la nullité de l'expression en musique, n'a-t-on pas osé dire que l'air avec lequel nous avons été bercés, quel qu'il puisse être, nous fait éprouver des sensations délicieuses ? Mais l'air, en pareil cas, n'est point un agent exclusif ; car un meuble, un objet quelconque semblable à celui de notre nourrice doit aussi nous rappeler le temps précieux de notre innocence.

Lorsque je portai la comédie lyrique sur la scène de l'Opéra, je fus aussi regardé comme un novateur répréhensible. Cependant je voyais le public fatigué de la tragédie, qui ne quittait pas la scène. J'entendais les nombreux partisans de la danse murmurer en la voyant réduite à jouer un rôle accessoire et souvent inutile dans la tragédie. Je voyais l'administration, cherchant la variété, reprendre sans succès des fragments ou des pastorales anciennes ; je disais partout que deux genres toujours en opposition se prêtaient des charmes mutuels ; que les comédiens français donnaient alternativement la tragédie et la comédie, et que, si on les obligeait à renoncer à un des deux genres, ils ne sauraient se décider. Enfin ces trois ouvrages, et surtout la *Caravane*, donnés en très peu de temps, fixèrent l'opinion publique sur la nécessité d'établir la comédie lyrique à ce spectacle.

L'ÉPREUVE VILLAGEOISE[1]

Comédie en deux actes, en vers, par *Desforges*; représentée aux Italiens, le 24 juin 1784.

Ce petit ouvrage doit son existence à la chute complète d'un plus grand ouvrage intitulé *Théodore et Paulin*, en trois actes et à double intrigue. J'avais remarqué, à la première et dernière représentation de cette pièce, que l'ennui et le plaisir se peignaient alternativement sur la physionomie des spectateurs: l'ennui était toujours causé par les acteurs nobles, et les paysans ramenaient chaque fois la gaieté. Je partageai tellement les sentiments du public, que, malgré les sollicitations des comédiens, je refusai une seconde représentation, qui aurait produit le même effet. Je proposai à l'auteur des paroles un plan qui excluait les personnages nobles : il l'adopta, et fit de *Théodore et Paulin* une pièce en deux actes, sous le titre de *l'Épreuve villageoise*.

J'ai soigné d'autant plus ce petit ouvrage, que l'exiguïté du sujet m'en imposait la nécessité. Un poème qui comporte un puissant intérêt en a moins besoin, et l'on sent pourquoi; j'ose dire même qu'il faut s'abstenir de trop rechercher la composition musicale d'un drame compliqué, de crainte que cette double complication ne fatigue les spectateurs.

---

1. « Cette pièce, dit une publication contemporaine, ne renferme que quatre personnages : Denise, sa mère, André, et Laframe, son rival. Laframe tranche de l'important, et André est jaloux. La maligne Denise, de concert avec sa mère, veut punir la fatuité de l'un en encourageant la jalousie de l'autre. Elle fait donc semblant d'épouser Laframe, quoiqu'elle ait accepté la main d'André. Mais une fois la vengeance prise et la leçon donnée, elle épouse André et éconduit Laframe. La musique a été applaudie avec transport. La pièce contient d'heureux détails et nombre de traits d'esprit. Si le fond en est fort léger, c'est qu'elle n'était en principe qu'un épisode d'une grande pièce très sérieuse, *Théodore et Paulin*, qui avait échoué au théâtre. Comme l'épisode a obtenu un grand succès, on peut dire que les auteurs ont su recueillir d'assez bons débris de leur naufrage. » — Desforges, collaborateur de Grétry pour cet ouvrage, est l'auteur d'une folie à grand succès, *le Sourd ou l'Auberge pleine*, restée au répertoire comme comédie et comme opéra-comique.

Des couplets du deuxième acte furent incontinent chantés dans les rues et dansés partout, même sur le théâtre de l'Opéra. J'avoue que ce genre de succès, que bien des compositeurs semblent dédaigner, me fit un sensible plaisir. C'étaient les premiers jolis couplets dont je faisais la musique, et je n'avais pas grande opinion de moi pour ce genre de composition. Cette pièce n'a pas quitté la scène depuis le jour où elle y a reparu.

RICHARD CŒUR DE LION[1]

Comédie en trois actes, par *Sedaine*; représentée par les comédiens italiens, le 25 octobre 1785.

Jamais sujet ne fut plus propre à la musique, a-t-on dit, que celui de *Richard Cœur de lion*. Je suis de cet avis quant à la situation principale de la pièce, je veux dire celle où Blondel chante la romance

Une fièvre brûlante...

mais il faut convenir que le sujet en général n'appelle pas davantage la musique qu'aucun autre; je dis plus : la pièce devait n'être que déclamée; car alors, la romance devant être essentiellement chantée, rien ne devait l'être que ce seul morceau, qui eût produit encore plus d'effet. Je me rappelle que j'ai été tenté de

---

1. Richard Ier d'Angleterre, dit Cœur de lion, revenant de la croisade, et traversant les États de l'empereur Henri VI, avec qui il a eu quelque démêlé en Terre sainte, est arrêté et enfermé dans un château fort. Blondel le troubadour, qui a accompagné Richard à la croisade, et Marguerite de Flandre, aimée du vaillant roi, sont tous deux à sa recherche, et se rencontrent tout près du château où il est enfermé. Blondel, qui feint d'être aveugle pour inspirer moins de défiance, chante au pied des tours le premier couplet d'une romance que le roi a jadis composée pour Marguerite « sa belle ». Richard, qui reconnaît la voix du chanteur, réplique par le second couplet. Certain que son maître est là, Blondel intrigue pour le délivrer. Le hasard fait que l'hôtellerie du pays est tenue par un Anglais proscrit, dont la fille est aimée du gouverneur de la forteresse. Le gouverneur, attiré chez l'Anglais, est saisi par quelques-uns des chevaliers qui accompagnent la princesse, pendant que les autres, conduits par Blondel, donnent l'assaut à la prison et délivrent le royal captif, qui regagne l'Angleterre avec la belle Marguerite.

ne faire précéder la romance au second acte par aucun morceau de musique, uniquement pour cette raison ; mais, faisant réflexion qu'on avait chanté dans chaque situation du premier acte, j'abandonnai cette première idée, ne doutant point d'ailleurs que les spectateurs, se faisant illusion, n'écoutassent cette romance comme si elle eût été le seul morceau en musique dans l'ouvrage. Ces mêmes réflexions m'engagèrent à la faire dans le vieux style, pour qu'elle tranchât sur tout le reste. Y ai-je réussi? Il faut le croire, puisque cent fois l'on m'a demandé si j'avais trouvé cet air dans le fabliau qui a procuré le sujet.

Sédaine, en me communiquant son manuscrit, me disait : « J'ai déjà confié ce poème à un musicien ; il ne l'a point accepté, parce qu'il croit ne pouvoir pas faire assez bien une romance qui s'y trouve. Lisez, décidez-vous, et point de complaisance de votre part. »

Si j'acceptai sans hésiter ce bel œuvre dramatique, j'avoue que la romance m'inquiétait de même que mon confrère ; je la fis de plusieurs manières, sans trouver ce que je cherchais, c'est-à-dire le vieux style capable de plaire aux modernes. La recherche que je fis pour choisir, parmi toutes mes idées, le chant qui existe, se prolongea depuis onze heures du soir jusqu'au lendemain à quatre heures du matin [1]. Nous confiâmes le rôle de Richard à Philippe, qui n'en avait pas encore créé, et qui, depuis ce succès, a mérité de plus en plus les applaudissements du public. A plusieurs répétitions, la beauté de la situation, la sensibilité de l'acteur, jointes au désir de bien remplir son rôle, exaltaient son imagination, au point que ses larmes l'étouffaient lorsqu'il voulait répondre à Blondel.

Le jour de la première représentation, cet acteur, plein d'ardeur et de zèle, fut attaqué subitement d'une extinction de voix ; il n'était plus temps de changer le spectacle : la salle était pleine ; il me fit appeler dans

---

[1]. Je me rappelle qu'ayant sonné pendant la nuit pour demander du feu. « Vous devez avoir froid, me dit mon domestique ; vous êtes toujours là à ne rien faire. » (G.)

sa loge. « Voyons, chantez-moi votre romance. » Il articula quelques sons avec peine. « C'est bien là, lui dis-je, la voix d'un prisonnier; vous produirez l'effet que je désire; chantez, et soyez sans inquiétude. »

Clairval remplit le rôle de Blondel d'une manière inimitable. La noblesse d'un chevalier, la finesse d'un clairvoyant qui conduit une grande intrigue, il sut employer tour à tour toutes ces nuances délicates, avec un goût exquis. Jamais un rôle ne périclite dans les mains de cet acteur; il sait se retenir dans les endroits douteux ou trop neufs pour le public; mais à mesure qu'on s'y accoutume, l'acteur déploie toute l'énergie dont son rôle est susceptible. Le comédien machine est le même chaque jour; il ne redoute que l'enrouement; mais Clairval n'a pas le malheur d'être le même à chaque représentation; la perfection de son jeu dépend de la situation de son âme, et il sait encore nous plaire lorsqu'il n'est pas content de lui.

La musique de *Richard*, sans avoir à la rigueur le coloris ancien d'*Aucassin et Nicolette*, en conserve des réminiscences. L'ouverture indique, je crois, assez bien que l'action n'est pas moderne. Les personnages nobles prennent à leur tour un ton moins suranné, parce que les mœurs des villes n'arrivent que plus tard dans les campagnes. Le musicien, par ce moyen, peut employer divers tons, qui concourent à la variété générale.

L'air

O Richard! ô mon roi!

est dans le style moderne, parce qu'il est aisé de croire que le poète Blondel anticipait sur son siècle par le goût et les connaissances.

Le trio

Quoi! de la part du gouverneur?

reprend une forme de contrepoint convenable à air

Williams. Blondel, toujours attentif à saisir le ton de chacun, se vieillit dans les traits de musique où il dit :

La paix, la paix, mes bons amis.

Ces traits, qui ne sont rien en eux-mêmes, et que Duni avait employés si souvent, attirent l'applaudissement, parce qu'ils sont vrais ; je répéterai donc que rien ne doit être exclu de la musique, et que tout dépend de mettre un trait de chant dans sa véritable place.

On n'a peut-être pas remarqué combien de fois l'air de la romance est entendu dans le courant de la pièce, soit en entier ou en partie. Il l'est dans les endroits suivants :

PREMIER ACTE

1° Lorsque Blondel veut fixer sur lui l'attention de Marguerite ;
2° Lorsqu'elle le prie de jouer souvent cet air, il le recommence ;

DEUXIÈME ACTE

3° La ritournelle de la scène avec Richard ;
4° Un couplet ;
5° Un autre couplet, avec refrain ;
6° Il joue l'air avec fracas pour se faire arrêter ;

TROISIÈME ACTE

7° Lorsqu'il chante dans la coulisse pour être introduit devant Marguerite ;
8° Dans le morceau d'ensemble

Oui, chevaliers...

9° Dans le dernier chœur.

Il était aisé de fatiguer les spectateurs, en répétant

si souvent le même air; mais il faut remarquer que la première fois il est joué sans accompagnement; la seconde fois, avec variation; la troisième, avec accompagnement; les quatrième et cinquième, avec les paroles; la sixième, joué seulement avec variation à doubles cordes, pour indiquer qu'il veut faire beaucoup de bruit; la septième, il chante, sans accompagnement, la moitié du refrain seulement; la huitième, dans le morceau d'ensemble

Oui, chevaliers...,

il chante son air sur une mesure différente; la neuvième fois, enfin, dans le dernier chœur, où cet air est chanté en trio.

Sans doute il fallait présenter cet air sous autant de formes différentes, pour oser le répéter si souvent: cependant je n'ai pas entendu dire qu'il fût trop répété, parce que le public a senti que cet air était le pivot sur lequel tournait toute la pièce.

L'air

Si l'univers entier m'oublie...

qui précède la romance, a montré une chose neuve. Les trompettes et timbales voilées ont semblé rappeler avec douleur la gloire du héros; cet effet a paru bien senti. Le chœur qui termine le second acte,

Sais-tu? connais-tu?...

est dans le ton du vieux contrepoint; les soldats de ce temps revenant de la Terre sainte, les idées qu'on se fait de ce temps religieux, m'ont suggéré ce genre de musique.

Richard parut d'abord en trois actes, mais le troisième n'était pas celui qu'on joue actuellement: l'on engageait le gouverneur à rendre Richard; il cédait par raison, et, quoiqu'il dît à Laurette que son amour pour elle n'y avait point de part, les spectateurs le croyaient et blâmaient le gouverneur, qui manquait à son devoir. Sedaine, en abrégeant le troisième acte, en fit un quatrième. Le gouverneur, ayant refusé de rendre Richard, était retenu prisonnier chez Williams; Blondel se trouvait dans le même souterrain, sous prétexte que le père de Laurette avait découvert qu'il servait le gouverneur et sa fille dans leurs amours.

Blondel se faisait donner un écrit assez équivoque du gouverneur pour qu'on lui remît Richard; quoique le gouverneur n'eût pensé qu'à sa propre délivrance, Richard paraissait dans la prison, au grand étonnement du gouverneur.

Cette manière déplut encore plus que la première; cependant les représentations se continuaient toujours avec la même affluence, grâce au second acte.

Les habitants de Paris avaient une telle envie de voir terminer cet ouvrage d'une manière agréable, que chaque société m'envoyait un dénouement pour *Richard*. Enfin Sedaine adopta le siège, qui concilie tout, qui laisse intacte la conduite du gouverneur, et qui présente un beau spectacle, seule ressource qui restait après avoir intéressé aussi vivement dans le second acte. Il est inutile de parler du succès de cette pièce; il paraît que cent représentations, toujours extrêmement nombreuses, suffiront à peine à l'empressement du public.

PANURGE

DANS L'ILE DES LANTERNES

Poëme en trois actes, en vers, par *Morel de Chedeville*; représenté à l'Opéra le 25 janvier 1785.

Panurge est le premier ouvrage entièrement comique qui ait paru avec succès sur le théâtre de l'Opéra, et j'ose croire qu'il y servira de modèle. Le sujet en est simple, la pompe y est inhérente, et les divertissements sont nécessaires. La tempête du premier acte, qui amène le héros de la pièce sur le théâtre, est une idée neuve :

>   Oui, vous serez heureux,
>   Si par un orage
>   Un étranger jeté sur ce rivage...

Après l'accomplissement de cette prédiction du grand prêtre, la joie du peuple, les fanfares, en contraste avec le bruit du tonnerre, sont d'un bon effet. Ce comique, tiré de la chose même, me semble digne de Molière :

Panurge et *Arlequin* sont des caractères dont l'effet est certain sur l'esprit du peuple et de tous ceux qui se permettent de rire. En effet, le moral d'un être qui ne réfléchit ni sur le passé ni sur l'avenir :

>   Ne te souvient-il plus que tu fus marié ?
>   — O ciel! en voyageant je l'avais oublié;

un être que le présent seul occupe, qui, toujours prévenu de son petit mérite, jouit même des plaisanteries qu'on lui adresse; ce caractère est immanquable au théâtre, et peut-être chaque homme dans la société devrait désirer le moral de Panurge, si l'amour-propre n'était révolté par l'idée d'être dupe pour être heureux.

Si le disciple de Socrate eût composé sa république de sujets du caractère de Panurge, le bonheur général n'eût pas été douteux avec un chef tel que Platon.

Les morceaux de chant de cet opéra peuvent presque tous se détacher pour être exécutés dans les concerts; cet avantage n'est pas à négliger, quand on le peut sans nuire à l'intérêt dramatique. (Voyez l'article *Andromaque*.) Laïs, qui nous parut doué de toutes les qualités nécessaires au rôle de Panurge, y a établi sa réputation. S'il a perdu par ce succès l'espoir d'être cité comme le premier acteur tragique de l'Opéra, il ne doit point en être fâché; c'est le public qui lui a assigné sa véritable place; trop heureux l'acteur qu'il prend sous son aile[1]. Quand ce même public se rappelle

---

1. Un contemporain (BABAULT, *Annales dramatiques*, 1810) s'exprime ainsi sur ce chanteur, qui fut une des plus grandes célébrités lyriques de

les talents de Lekain et de Préville [1], on ne voit guère de quel côté ses regrets font pencher la balance.

LE MARIAGE D'ANTONIO

Comédie en un acte, représentée aux Italiens le 29 juillet 1786.

Je commencerai cet article en rapportant la lettre que j'écrivis aux auteurs du *Journal de Paris*, le samedi 29 juillet 1787.

« Messieurs,

« Prétendre garder l'anonyme en donnant au public une pièce de théâtre, m'a toujours paru une inconséquence, d'autant qu'on doit être sûr que le secret ne sera point gardé. Peut-être même serait-il difficile de prouver que c'est par une véritable modestie qu'en pareil cas on cherche à se cacher.

« J'ai donc l'honneur de vous annoncer que la petite pièce en un acte intitulée *le Mariage d'Antonio*, qu'on

l'époque. « On n'a jamais peut-être entendu à l'Opéra une voix plus belle, plus fraîche, plus sonore que celle de Laïs. A cet inestimable avantage il joint tout ce que l'art et le goût peuvent créer de plus exquis : une méthode sage, un chant pur, expressif, brillant et moelleux. Enfin il rassemble en lui seul toutes les qualités des plus grands virtuoses. Il tient le juste milieu entre la manière italienne, qui étouffe le chant sous ses roulades, et la manière française, qui semble trop interdire les ornements. Mais lorsqu'il lui plaît d'adopter momentanément l'un ou l'autre des deux genres, il s'y montre encore supérieur à ceux mêmes qui s'en croient possesseurs exclusifs. Comme acteur, il n'est pas exempt de critique ; mais s'il n'a pas toujours la noblesse qui convient à certains de ses rôles, on doit moins attribuer ce défaut à son talent qu'à son physique. D'ailleurs, il est fort bien placé dans le genre comique, où il fait toujours preuve de gaieté franche, de vive intelligence et de sympathique candeur. »

1. Préville, né en 1721, mort en 1800, cet auteur comique que Grétry cite ici, par opposition de genres, en même temps que le grand tragique Lekain, fit pendant trente ans les plus beaux jours de la Comédie française. Picard, le célèbre auteur comique, a dit de lui : « Quand je rencontre des amateurs de la bonne et vieille comédie qui n'ont pas vu Préville, je ne puis m'empêcher de les plaindre. J'ai vu des acteurs naturels mais froids, d'autres pleins de chaleur mais outrés. Préville joignait au naturel la chaleur, la grâce, l'esprit et la verve. Il faudrait, pour se faire une idée de son talent, réunir par la pensée tout ce qu'on a vu de meilleur dans les divers genres et dire encore : « Préville fut supérieur à « chacun de ces talents réunis. »

donne aujourd'hui aux Italiens, a été mise en musique par une de mes filles, âgée de treize ans. Mais comme je ne veux point altérer la candeur de son âge, en excitant en elle une présomption mensongère, je dois dire qu'ayant elle-même composé tous les chants avec leur basse et un léger accompagnement de harpe, j'ai écrit la partition, qu'elle n'était pas en état de faire. Les morceaux d'ensemble ont été rectifiés par moi, cette composition exigeant une connaissance du théâtre que je serais bien fâché qu'elle eût acquise.

« Si ses chants sont quelquefois déclamés avec vérité, cela provient sans doute de la manière dont je l'instruis, et qu'il n'est pas inutile, peut-être, de faire connaître.

« Lorsqu'elle m'apporte un morceau que je juge n'être pas saisi musicalement dans le sens des paroles, je ne lui dis pas : « Votre chant est mauvais; » mais : « Voici, lui dis-je, ce que vous avez exprimé. » Alors je chante son air sur des paroles que j'y crois analogues, et je donne une vérité d'expression à ce qui n'était que vague ou à contresens.

« Cette méthode d'éducation m'a paru la meilleure; car pourquoi rejeter comme mauvais ce qui en certains cas aurait pu être bon? En se perfectionnant dans l'art des modulations avec un excellent maître, en apprenant avec moi l'art d'écrire le contrepoint, je ne juge pas inutile de l'accoutumer à se servir de l'expression juste. Cette habitude doit être prise de bonne heure; car le langage musical, énigmatique pour bien des gens, est en effet aussi vrai, aussi varié que la déclamation : je lui enseigne des vérités dont je suis persuadé.

« L'étude d'un compositeur est celle de la déclamation, comme le dessin d'après nature est celle d'un peintre. Il faut consulter l'âge, l'état, les mœurs, la situation du personnage qu'on veut faire chanter. Quand on a saisi ces rapports et cet ensemble, c'est à la nature à faire le reste, c'est-à-dire que c'est à elle à former un chant agréable, né de la déclamation. Si, au contraire, vous ne faites qu'un chant vague, vous ne contentez que l'oreille ; si vous déclamez seulement, vous ne contentez que le bon sens ; mais chanter et déclamer sont les secrets du génie et de la raison.

« Je dis à ma fille ce que je voudrais qu'elle fît un jour, et ce que je voudrais faire moi-même.

« C'est à titre d'encouragement que je lui ai permis cet essai ; mais le public seul peut permettre de continuer. C'est à lui d'encourager un sexe qui, né pour démêler peut-être mieux que nous les nuances du sentiment et les finesses de la comédie, pourrait trouver à la fois la gloire et l'aisance honnête, dont les chemins lui sont partout fermés. La peinture se glorifie des talents supérieurs de Mme Lebrun et de Mme Guiard ; pourquoi la musique n'aurait-elle pas un jour des maîtres du même sexe, dans l'art de nous charmer par des compositions musicales ? »

J'ajouterai à cette lettre que pour former un élève il est essentiel de lui faire comprendre avec précision l'exacte ponctuation de la musique.

On pourrait sans doute assigner quelle doit être à la rigueur la note de la gamme qui doit se rapporter à tel signe de la ponctuation du discours ; marquer une différence entre le point d'exclamation et d'interrogation ; une entre les deux points ou le point et virgule ; mais ce serait mettre des entraves au sentiment, dont il s'écarterait sans cesse. Le meilleur lecteur ou déclamateur est celui qui fait le mieux sentir ce qu'il dit ; il en est de même du musicien ; une sorte de liberté doit de toute nécessité exister dans les arts ; l'ignorant en abuse, mais l'homme de génie en profite.

Voici encore un moyen peu usité qui m'a réussi. Nous prenons de la bonne musique instrumentale, et en jouant ou en solfiant la partie chantante nous cherchons tous les signes connus de la ponctuation ; cependant, comme je l'ai dit, l'exclamation et l'interrogation se prennent aisément l'une pour l'autre, de même que le point-et-virgule et le deux-points ; la différence n'existe guère que dans le signe, et peu dans l'accent de la voix.

Cet exercice accoutume l'élève à être précis et à rejeter les phrases équivoques relativement aux paroles. La musique vocale qui ennuie est presque toujours phrasée et ponctuée à contresens, et c'est le plus grand tourment que puisse éprouver une oreille sensible.

J'ai donné plusieurs maîtres de musique à ma fille, et j'en changerai encore. Je sais qu'elle n'en tirera aucun parti, si elle n'est destinée qu'à être un compositeur du commun. Je sais qu'elle s'embrouillera dans les différents systèmes que ses maîtres lui présenteront; que m'importe? J'aime mieux qu'elle s'égare et reste ensevelie dans cette surabondance que si elle devenait la copie d'un seul homme. Mais si la nature l'a destinée à être quelque chose par elle-même, elle aura de quoi choisir, et saura mettre à profit jusqu'aux contradictions qui existent entre tel et tel système.

L'élève doit tout voir, et tout connaître, tout comparer; c'est de ce chaos qu'il se forme un genre et un style. C'est ainsi que, tenant tout de ses maîtres, la nature doit tout rectifier en lui pour le rendre original.

Les maîtres d'harmonie n'enseignent à ma fille que des phrases harmoniques; moi seul je lui dis où et comment elles doivent être employées.

Je lui répète souvent les principes répandus dans ces essais; je l'encourage en lui disant qu'il est une mélodie vers laquelle elle est appelée; que la jeunesse a mille sensations à nous révéler par la mélodie, tandis que l'artiste, quoique expérimenté, mais fatigué ou glacé par l'âge, n'a presque plus rien à nous dire dans ce charmant langage.

« Il est, lui dis-je, deux sortes de mélodie : la première est celle que donne la sensibilité, qui ne subsiste qu'avec elle et comme elle; je veux dire que la sensibilité puérile du vieillard n'aura plus aucun des charmes de celle du bel âge.

« Cependant cette fleur si belle a besoin d'une tige

pour la soutenir; cette tige est l'harmonie, qu'on n'acquiert que par l'étude de la combinaison des sons.

« La seconde est une sorte de mélodie scolastique, que l'on apprend à faire par l'étude du contrepoint et de l'harmonie. Celle-ci, toujours correcte, est ce qu'on appelle la musique bien faite, qui n'a qu'un certain nombre de partisans; mais la première plaît à tout le monde, quoiqu'elle rejette souvent les entraves d'une règle trop sévère. »

On pourrait aussi regarder l'harmonie sous deux rapports. Il est, en effet, une harmonie qui charme notre âme; mais n'est-ce pas parce qu'elle est produite par la mélodie qu'elle renferme? L'autre n'est qu'une suite de sons placés méthodiquement, dont l'artiste se sert cependant quelquefois pour ombrer son tableau, en ménageant des repos à la sensibilité des auditeurs, qu'il faut se garder d'épuiser.

J'ai dit quelque part qu'un accord se trouve par un procédé de l'art; mais que nous ne connaissions pas de procédé pour créer un trait de chant. L'homme qui possède le talent de faire des chants heureux pourrait cependant former, dans cet art enchanteur, un élève déjà favorisé de la nature.

Examinons un instant cette partie, la plus délicate de l'art musical, et qu'on n'a jusqu'à présent enseignée que respectivement à l'harmonie; car on apprend bien à l'élève à faire chanter entre elles les parties qui constituent le contrepoint ou la fugue, mais ici il n'est point question d'harmonie : il s'agit d'accoutumer l'élève à choisir dans quelques notes de la gamme celles qui auront le plus de charmes dans leurs combinaisons pour former un chant à voix seule. Ce chant heureux sera sans doute susceptible d'une basse, ou de plus ou moins d'harmonie de remplissage; mais c'est d'abord à ce chant seul qu'il faut tout sacrifier.

N'avons-nous pas remarqué que les airs les plus courus sont ceux qui embrassent le moins d'espace, le moins de notes, le plus court diapason? Voyez presque tous les airs que le temps a respectés; ils sont dans ce cas. Il faudrait donc prescrire à l'élève, en le laissant maître du mouvement, de faire des chants avec quatre, cinq ou six notes.

Avec un maître sensible à la mélodie, je ne doute pas qu'un élève bien choisi ne s'accoutume à faire de ces chants heureux dont on ne peut se rendre raison, mais qui cependant nous ravissent. Qu'on ne croie pas cette occupation sèche et minutieuse ; il est si flatteur de faire beaucoup avec peu de chose ! Racine, en rassemblant quelques mots communs pour tout le monde, jouissait sans doute en faisant un vers immortel. Au reste, un trait de chant heureux est presque toujours un élan de l'âme qu'il faut savoir saisir, en se donnant néanmoins la peine de le chercher. Le compositeur qui sait son métier peut faire dans une matinée douze ou quinze mesures d'harmonie à l'abri de toute critique ; mais je ne conseille à personne de promettre en huit jours un air assez heureux pour qu'il soit saisi par tout le monde et chanté dans les rues.

Un habile instituteur, je veux dire celui qui suit la nature et n'a point de routine, doit étudier chaque élève qu'il veut former. S'il est vif, s'il a la mémoire aisée, il retiendra mieux les choses que les mots qui les représentent. Gardez-vous, dans ce cas, de faire de vains efforts pour classer méthodiquement dans son cerveau les règles que vous prescrivez. Gardez-vous de le comprimer dans une sphère trop bornée, en voulant lui inculquer une seule chose. Les impulsions doivent être légères, toujours différentes et proportionnées à la faiblesse de l'organe qui les reçoit. Présentez-lui des idées toujours à sa portée ; faites disparaître les mots techniques. Quand vous lui aurez montré souvent les éléments de la partie de l'art que vous traitez, c'est lui-même qui leur donnera l'ordre qu'ils doivent avoir ; il y parviendra tôt ou tard, et ne l'oubliera jamais. La première idée appellera la seconde, celle-ci la troisième, etc.

Un jour je vis une jeune demoiselle qui pleurait ; sa mère me dit avec chagrin que le maître de musique de sa fille ne pouvait, depuis trois mois, lui apprendre la valeur des notes. « Cela est cependant bien aisé, dis-je à la demoiselle. Avez-vous de l'argent dans votre bourse ? — Oui, monsieur. — Donnez-le-moi. Comment appelez-vous cela ? — C'est un sou. — Bon. » Je le mis sur la table. « Donnez-moi à présent un sou en deux pièces de monnaie. » Elle me regarde et dit : « Ce sont deux demi-sous que vous demandez ? — Oui. — Les voilà. » Je les mis sous la pièce d'un sou. « Qui a le plus de valeur, lui dis-je, de ce sou, ou de ces deux demi-sous ? — Ah ! quelle plaisanterie ! me dit-elle ; mais c'est la même chose. — Il est vrai, lui dis-je. Donnez-moi à présent un sou que je veux donner à quatre petits enfants bien pauvres. — Un sou pour quatre petits enfants ! Quatre liards vaudraient mieux ; ils en auraient chacun un. — Vous avez raison. Je les pose sous les autres pièces de monnaie. Il y a bien encore huit petits enfants dans une autre maison, mais je ne veux leur donner qu'un sou à partager entre eux, et cela me paraît difficile. — Oui, très difficile, me dit-elle ; car cela ne se peut pas... » Et voilà sa tête qui travaille. « Eh bien, donnons un liard pour deux enfants. — Oui, lui dis-je ; mais chacun voudra le garder dans sa poche : ils se querelleront. — Cela est vrai ; pourquoi n'a-t-on pas fait des demi-liards aussi ? — Il y en a dans mon pays, lui dis-je. — Eh bien, faites-en venir. — Oui, et en attendant mettons sur la table des petits morceaux de papier pour les remplacer. »

La bonne mère souriait pendant la leçon. « Allons, mademoiselle, dis-je à sa fille, vous savez la valeur des notes aussi bien que votre maître ; j'ai changé leurs noms, parce qu'ils étaient trop difficiles à retenir ; prenez du papier, et écrivez ce que je vais vous dicter.

« La ronde s'appelle un sou, la blanche un demi-sou, et il faut deux demi-sous pour faire un sou. La noire s'appelle un liard ; il en faut deux pour faire un demi-sou et quatre pour faire un sou. La croche s'appelle un demi-liard ; il faut deux demi-liards pour faire un liard, et huit demi-liards pour quatre liards. »

Ce détail est puéril, mais il faut qu'il le soit pour l'enfant de quatre à cinq ans.

Avant d'assujettir les sons à des valeurs quelconques, on exerce les élèves sur l'intonation seulement, c'est-à-dire qu'on leur fait chanter des notes avant de battre la mesure. Je demande s'il ne serait pas très utile de leur apprendre ce qu'ils ne savent pas par une chose qu'ils savent déjà, c'est-à-dire de leur faire solfier les petits airs qu'ils savent par cœur? Je connais une jeune demoiselle qui, étant obligée de partir pour la campagne, après avoir pris quelques mois de leçons, et ne sachant guère plus que sa gamme, s'avisa, sans que personne le lui eût inspiré, de solfier les contredanses qu'elle dansait les dimanches et fêtes. De retour à Paris, son maître, très étonné, fut loin de croire qu'elle eût perdu son temps. Remarquons que les premiers solfèges qu'on donne aux enfants ne sont que des notes prises presque au hasard : on leur donne, même exprès, des chants insignifiants, de peur que leur oreille ne les guide plutôt que leur intelligence; mais ce moyen les ennuie, et au contraire, en leur faisant noter et solfier d'eux-mêmes l'air qu'ils savent par cœur et qui leur rappelle le plaisir de la danse, c'est un moyen bien plus sûr de les instruire en les amusant[1].

DES TALENTS PRÉCOCES

Il n'est pas difficile de prouver que les talents précoces ne sont utiles ni à l'art ni à l'individu qui les possède, mais au contraire qu'ils sont nuisibles à l'un et à l'autre. Dans les sciences, comme dans les arts d'imagination, c'est en perfectionnant ce que les autres ont fait, c'est en ajoutant de nouvelles combinaisons à celles qui ont échappé aux premiers inventeurs d'une

---

[1］ Nous croyons devoir placer immédiatement après cet article sur l'œuvre de sa première fille, les pages touchantes que Grétry consacre à ses trois enfants dans la partie de son livre où il analyse les sentiments et les diverses situations de la vie.

chose, que l'on approche de plus en plus de la perfection. Qu'espérer de semblable d'une jeune tête qui n'a pas acquis sa maturité ? qu'espérer d'un enfant qui n'a ressenti aucune passion ; qui n'a rien à nous dire, s'il ne nous répète sa leçon d'hier ; qui ne peut tout au plus donner qu'une faible esquisse des sensations d'autrui ? Tout prodige qu'il est, il ne peut avoir qu'un talent médiocre. S'il est admiré, direz-vous, c'est par rapport à son jeune âge. Mais le sait-il ? se rend-il justice, en se voyant applaudir plus que les hommes qui lui sont cent fois supérieurs ? N'est-il pas naturel alors qu'il cesse de les prendre pour modèles et qu'il se croie au-dessus d'eux ? Qui ne sait que le propre de la médiocrité en général est de s'en faire accroire ; qu'on ne commence à douter que lorsqu'on n'a plus de doute sur l'impossibilité d'atteindre à la perfection ; qu'elle n'est que comparative à l'infériorité qu'on aperçoit dans les autres, ou à celle qu'on a franchie soi-même par des progrès successifs ?

Les applaudissements des sociétés étouffent dans un enfant l'émulation qui hâte les progrès. J'ai toujours remarqué que les bons maîtres sont fâchés lorsqu'on adresse à leurs élèves des éloges disproportionnés à leur savoir et à leur âge. Le maître applaudit sans doute son élève lorsqu'il fait bien ; mais ses éloges sont partiels, et toujours il semble dire : « Demain je vous montrerai des procédés que vous ignorez encore. » Les sociétés, au contraire, ne peuvent applaudir que généralement et sans restriction ; c'est ainsi que l'élève est trompé, et que des encouragements mérités tournent à son préjudice. Dans les arts, comme en toute chose, on acquiert, on reste en stagnation, ou l'on décroît. Si l'élève, quoique justement applaudi, reste ce qu'il est, il ne sera qu'un être nul dans le moyen âge ; et il est à craindre que les organes du génie, ayant été fatigués avant d'avoir pris leur croissance, ne restent perclus dans l'âge mûr. Toujours l'arbre qu'on a forcé de porter des fruits au printemps se repose en été, et ne nous laisse voir en automne que quelques restes épars.

La rose n'est belle que dans la saison des roses; si on nous la montre en hiver, elle n'est qu'une réminiscence douloureuse de la belle saison qui a fui, et cette illusion, démentie par toute la nature, ajoute à l'horreur des frimas. Les talents précoces doivent aussi nous affliger, au lieu d'exciter notre admiration; c'est de même en violant la nature qu'on est parvenu à cette apparente maturité. Si l'individu a eu la force de résister à cette violence, qu'avez-vous fait? La moitié d'un homme qui restera tel toute sa vie. Avant d'avoir acquis l'expérience, avant d'avoir ressenti les effets des passions, le germe du plus beau talent ne doit nous flatter que par l'espoir qu'il se développera heureusement; il ne peut se montrer autrement à l'œil du philosophe, qui ne trouve point de réalité où il n'y a que des apparences.

Dans cette incertitude, prenons donc le parti le plus sûr; laissons jouir la jeunesse des plaisirs qui lui sont propres. Jouir des prémices des sens est le bonheur le plus parfait de ce monde; chacun doit en regretter la courte durée. La jeunesse n'a pas de jouissance particulière, et ne se passionne pour rien. Tout voir, tout connaître, tout admirer, jouir de tout, est son partage, et c'est ce qui constitue le vrai bonheur. Dès qu'un penchant devient exclusif, il se change en passion qui absorbe tout pour se nourrir; son poids entraîne toutes félicités; c'est un organe moral; dans ce cas l'on prend presque pour synonymes : « Je n'ai plus de goût à rien, » et « Je n'aime plus qu'une chose. »

Age charmant, où tout est jouissance, parce que tout est prémices, où le présent seul occupe, où l'on ne pense à l'avenir que lorsqu'il promet des plaisirs ! Que nous sommes cruels lorsque, par des études forcées, nous enlevons à la jeunesse les premières faveurs de la nature, et que l'avenir ne leur rendra jamais ! Soyons persuadés que les choses qu'on apprend avec plaisir sont les seules agréables toute la vie ; que les talents naturels sont les seuls aimables et les seuls qui s'acquièrent aisément. Craignons surtout que l'amour-propre, compagnon fidèle des choses extraordinaires, ne soit mille fois plus funeste à nos enfants que des talents acquis avec trop d'importance ne leur seront utiles; craignons qu'en admirant en eux des niaiseries, nous ne préparions le germe d'un amour-propre qui fait le malheur général de l'espèce humaine. La meilleure éducation m'a toujours paru n'être que ceci : « inspirer l'amour de la vérité dans l'enfance; réprimer l'amour-propre dans l'adolescence. »

Je voyais avec peine, ces jours derniers, un grenadier de six ans que l'on promenait sur le boulevard; il battait fort bien de son petit tambour, et était environné d'une foule qui l'applaudissait[1] : « Pauvre petit, me suis-je dit, tu payeras cher ton triomphe. » Aujourd'hui que les talents sont devenus communs, l'enfant qui se fait remarquer par sa douceur, sa modestie, attire plutôt les cœurs à lui que le petit prodige, déjà rempli d'orgueil, qui croit que chacun doit le remarquer dès qu'il paraît dans un salon. Est-il rien de si ridicule que les grimaces qu'il fait avant de montrer ses petits talents, dont il meurt d'envie de faire parade? Ignore-t-il que la crainte trop marquée de ne pas remporter le prix annonce un amour-propre qui lui est plus funeste, auprès des gens sensés, que ses talents ne lui seraient favorables? J'ai connu une femme qui aimait la musique; son piano, bien d'accord, était dans un cabinet voisin du salon; il était ouvert, deux bougies allumées dessus, mais elle ne priait personne d'y passer. Les demoiselles ne manquaient pas de s'y rendre; si on voulait les suivre, elle s'y opposait, et disait ensuite à quelqu'un : « Allez demander à Mlle N. si elle veut bien qu'on l'écoute. » Si la jeune personne disait : « Mon Dieu, non... j'ai trop peur... cela m'est impossible..., » aussitôt la conversation recommençait, et on ne l'écoutait pas si même elle s'avisait de jouer; mais pareil refus n'arrivait guère une seconde fois.

. . . .

---

1. 15 mars 1791.

Qui plus que moi, qui plus qu'un père malheureux, a le droit de regretter les peines qu'il a vu prendre à trois enfants charmants qui ont été la proie d'une mort aussi prématurée qu'inattendue? Que ne suis-je encore au temps où ils n'avaient pour occupation que les jeux folâtres de l'enfance! Je le jure, oui, je le jure sur mon honneur, aucun maître, aucun livre ne viendrait exciter leur émulation ni les provoquer à une application monstrueuse qui dessèche un individu trop faible, tue l'instinct et prépare tous les poisons de l'amour-propre, le plus redoutable ennemi que nous ayons à combattre.

J'ai dit en parlant du *Mariage d'Antonio*, composé presque entièrement par une de mes filles, combien j'attendais de son talent presque surnaturel pour la musique. Défiez-vous, ô trop malheureuses mères, des talents qui se développent dans vos enfants avec trop d'aisance et d'éclat; car les progrès de ma fille ont été la mort. Que mon exemple vous serve de leçon. J'avais trois enfants, j'avais trois filles que j'adorais; je n'en ai plus, je suis seul; ce malheur ne se conçoit qu'en l'éprouvant.

Je vais vous dire ce que j'ai fait, et ce dont je me repens; je vous dirai ce que j'aurais dû faire; trop heureux ceux qui peuvent encore en profiter.

La vie laborieuse et frugale des pères et mères prépare la bonne ou mauvaise constitution de leurs enfants; les désordres de notre jeunesse nous privent d'avance d'une postérité florissante. Un père dégénéré ne peut donner l'existence qu'à des êtres trop faibles; il a beau s'y attacher, les aimer, invoquer le Ciel en leur faveur, ils resteront infirmes ou périront sous ses yeux. Voit-on souvent les noms célèbres, acquis par les sciences du cabinet surtout, les voit-on souvent passer des pères à leurs enfants? Non. La ligne est presque toujours collatérale; le père a violé la nature pour atteindre vers la perfection où l'entraînait son génie; ses veilles, ses fatigues, ont desséché les sources de la vie; il a tué d'avance sa postérité, ou, s'il lui en reste, son fils n'est souvent qu'un idiot; le beau nom qu'il porte contraste si cruellement avec sa personne, qu'elle n'en est que plus ridicule.

Depuis le malheur que j'ai éprouvé par la perte de mes filles, mortes toutes les trois vers l'âge de quinze ans, je me suis mille fois rappelé un fait qui, trente ans d'avance, semblait me faire connaître mon fatal horoscope; prédiction cruelle, à la vérité, mais consolante, en ce qu'elle nous montre la nature immuable dans ses décrets. La résignation n'est que le dernier terme de nos regrets; mais on l'accélère par des réflexions sages sur l'immuabilité des choses et sur l'impossibilité d'éviter les effets d'une cause déjà existante. Tout est miracle dans la nature, mais hors de ses lois il n'est plus de miracles.

Me promenant dans un couvent à Rome, j'aperçus dans un pavillon du jardin un vieux religieux occupé devant une table à séparer des graines; il en avait un tas devant lui, il les observait tour à tour avec un microscope, puis il mettait les unes à droite, les autres à gauche. Sa figure vénérable, l'attention scrupuleuse qu'il mettait à son ouvrage, me firent approcher de lui. « Vous êtes étranger, me dit-il; aimez-vous les fleurs? — Beaucoup, mais seulement par instinct. — C'est assez; à votre âge, il est d'autres occupations plus nécessaires. La culture des fleurs convient à l'homme qui a rempli sa tâche; elle lui rappelle sa naissance, sa jeunesse, flatte ses sens presque émoussés d'un doux parfum qui le réjouit. Ah! j'aime bien mes fleurs! — Je ne vois pas, lui dis-je, mon père, pourquoi vous séparez ces graines après les avoir observées; elles me semblent absolument les mêmes. — Voyez, me dit-il, à travers ce microscope... » Il me fit apercevoir sur certaines graines un point noir, et c'étaient celles qu'il mettait à sa gauche; les autres, il les posait à droite. « Vous croyez, lui dis-je, que ce point presque imperceptible...? — Je vous en donnerai la conviction si vous le voulez. » Il fut prendre un vase rempli de terre; il fit six trous, trois à droite, trois à gauche, dans lesquels il posa les graines bonnes et mauvaises. « Souvenez-vous bien, me dit-il, que les bonnes sont à droite, et quand vous viendrez vous promener dans notre jardin, observez les tiges à mesure qu'elles pousseront; vous trouverez le vase à cet endroit. » Et il me le désigna. J'y fus effectivement de temps à autre; je crus d'abord que le bon père s'était trompé, car toutes poussaient également bien. Je crus ensuite qu'on avait retourné le vase, car les trois plantes à gauche se développaient mieux que les autres; mais quelle fut ensuite ma tristessse, oui, une tristesse véritable, lorsque je vis mes trois pauvres petites plantes gauches se faner dans leur printemps; chaque jour faisait pencher une feuille, et je les vis enfin mortes et desséchées, tandis que les autres, suivant une gradation plus lente, prospéraient chaque jour. Je cessai d'aller visiter le vase, je ne les vis point en fleur; un sentiment douloureux m'éloignait de cette allée quand je voulais y porter mes pas. « Elles vivront bien sans moi, » me disais-je, et je soupirais chaque fois sur mes trois pauvres petites fleurs mortes. Hélas! je soupire encore et c'est pour toute ma vie.

Jenni, Lucile, Antoinette, étaient les noms de mes charmantes filles. L'aînée avait la figure d'une Vierge; sa douceur, sa candeur, la distinguaient de ses deux cadettes. Je disais souvent à mes amis : « Voilà mon bâton de vieillesse; voilà celle qui, semblable à une autre Antigone, conduira son père au soleil pour ranimer sa vieille existence. « Elle prévenait tout le monde par des petits soins; mais ces attentions de sa part indiquaient qu'elle avait besoin qu'on les lui rendît pour soulager sa faiblesse. Il eût fallu la laisser végéter dans une douce indépendance, dans une douce paresse : tout indiquait qu'elle en avait besoin pour se former. Elle montrait de l'antipathie pour toutes sortes d'applications; je me rappelle que pour apprendre l'alphabet ses beaux traits s'altéraient visiblement; mais, disait-on, quels sont les enfants qu'il ne faut pas entraîner doucement au travail! Tous resteraient dans une profonde ignorance si on ne les engageait d'en sortir. Vains mensonges que tous ces propos de gouvernantes! L'enfance est le temps de l'activité, mais de l'activité du corps et non de l'esprit. Jouer, sauter, folâtrer est tout ce qui lui convient. Si l'enfant n'agit point, il est malade ; portez-le au grand air de la campagne, asseyez-le à l'ombre : et s'il a besoin du soleil, il ira le chercher, il fera tant qu'il s'y traînera; et si au bout d'un mois il ne ramasse pas des fleurs ou des cailloux pour s'amuser, sa vie est en danger. Lorsqu'il aura acquis des forces suffisantes, lorsque la nature ne combattra plus en lui, ne repoussera plus une application nuisible à son développement, alors, s'il voit danser, il vous demandera à l'apprendre; s'il entend chanter, il vous demandera un maître de musique, etc. En un mot, montrez-lui le bien que vous voulez qu'il fasse; cachez-lui le mal que vous voulez qu'il ignore : voilà toute la science. O fatale expérience! regrets superflus! on ne fit rien de ce qu'il eût fallu faire. On disait à ma fille que généralement toutes les belles personnes étaient ignorantes, et que, sans doute, elle ne voulait pas être du nombre. On lui donna des maîtres qui forcèrent ses penchants, qui la tuèrent, peut-être, pour mieux faire leur devoir.

« Pourquoi ne fûtes-vous pas son unique maître, dira-t-on, vous qui parlez si bien? » Vous avez raison; car ce que j'ai montré à mes enfants, ils l'ont appris sans peine. Mais peut-on, quand on est né sans fortune, négliger ce qui donne la subsistance?

Jean-Jacques ne copie point de musique pour vivre, lorsqu'il élève son *Émile*, qu'il a soin de supposer riche; il n'a que cette occupation. En paraissant dans la sphère des arts, on m'accorda quelques talents, on m'encouragea, on m'enflamma du désir d'acquérir de la réputation. Hélas! du pain et mes enfants eussent été préférables, je le sais, je le sens; mais vous qui pouvez profiter de mes erreurs, si je n'avais des torts à me reprocher, vous annoncerais-je mes regrets? A quinze ans, ma fille aînée ne savait qu'imparfaitement tout ce qu'on lui avait inculqué avec peine : lire, écrire, la géographie, le clavecin, le solfège, la langue italienne; mais elle chantait avec les accents d'un ange, et le goût du chant était la seule chose qu'on ne lui eût pas enseignée. Elle m'écoutait souvent lorsque je composais : les accents du compositeur sont vrais, énergiques, lorsque sa composition est bonne; il est obligé de répéter vingt fois le trait le plus mélodieux de son morceau pour le mettre dans un jour favorable : ce sont les meilleures leçons de chant que puisse recevoir celui qui l'écoute [1]. Ce que je dis n'est-il pas une preuve certaine qu'un enfant délicat ne doit pas être contraint, et qu'il profite plus lorsqu'il subit de lui-même ce qui lui est agréable?

A seize ans, la nature n'eut pas en elle assez de force pour se développer. L'énergie qu'elle avait usée par ses études était alors nécessaire pour opérer la révolution dont le terme s'approchait. A seize ans, elle s'éteignit doucement, croyant que sa faiblesse annonçait sa prompte guérison. Le jour de sa mort, elle me dit d'écrire à Mlle Panckoucke qu'elle ne pouvait aller aujourd'hui à son bal; mais qu'elle ne manquerait pas de se rendre au premier qu'elle donnerait. Je lui présentai une montre d'or qu'on venait de m'apporter; je n'eusse pas agi de même avec sa sœur cadette, dont je parlerai bientôt; elle m'eût dit: « Tu m'annonces ma dernière heure; » mais la douce simplicité de Jenni ne me faisait rien craindre. Elle me dit qu'elle aurait bien du plaisir à la porter, pour penser toujours à moi. Elle s'endormit pour jamais, assise sur mes genoux, aussi belle que pendant sa vie; je la serrai encore contre mon cœur désespéré pendant un quart d'heure; mais les cris de ses sœurs, qui devaient bientôt la suivre, me détachèrent de ce précieux fardeau. O fureurs du sort! nature impitoyable, qui ne par-

---

1. L'ambassadeur de Suède dont j'ai parlé précédemment, et qui aimait tant à m'entendre et à me voir composer, chantait naturellement faux; mais il chantait toujours avec tant de grâce et d'expression, qu'on avait toujours du plaisir à l'entendre. (G.)

donnes pas même ce que louent les hommes insensés! J'ai arrosé de mon sang chaque ouvrage que j'ai produit; je voulais faire exister des parents pauvres, une mère qui m'était chère : nature inexorable! tu m'accordais, il est vrai, ce que je sollicitais avec tant de peines; mais c'était pour te venger sur mes enfants : bientôt je n'entendrai plus le doux nom de père.

Cependant la seconde et la troisième conservaient une santé solide. Lucile, la seconde, auteur de la musique du *Mariage d'Antonio*, avait autant d'énergie, d'activité, que l'aînée en avait eu peu. C'était la tuer que l'empêcher d'agir; sa tête était toujours préoccupée et ses traits en mouvement. Si on lui reprochait quelque faute qu'elle n'eût pas commise, la rébellion paraissait sur son visage; mais lorsqu'elle était en faute, on lui présentait la vérité dans des termes simples et laconiques; sa réponse était toujours la soumission accompagnée de larmes. Son caractère extrême (en tout semblable au mien) s'indignait contre l'injustice, qu'elle avait en horreur; et toujours la vérité, qu'elle avait au fond du cœur, tempérait son caractère irascible. J'étais son refuge ordinaire dans toutes les situations de sa vie. En venant à moi, je lisais jusqu'au fond de son âme; je n'avais que deux choses à lui dire: « Tu as de l'humeur, parce que tu as raison; tu pleures, parce que tu te repens. » Elle était encore la même lorsqu'elle composait; elle pinçait sa harpe avec colère, elle s'impatientait de ne rien trouver. Je lui criais de loin: « Tant mieux! c'est une preuve que tu ne veux rien faire de médiocre. » Lorsqu'elle avait trouvé ce qu'elle cherchait (et que l'on cherche quelquefois si longtemps), elle accourait vers moi: « Tiens, disait-elle, je l'ai fait, ce morceau diabolique! — Tout est diabolique dans les arts, disais-je, quand on sent la vérité et qu'on veut la rendre; l'air le plus léger est aussi difficile que le plus grand morceau. » Elle tremblait pendant que j'examinais ce qu'elle venait de faire. Je me gardais bien de lui dire tout de suite qu'il y avait des défauts essentiels: il ne faut pas éteindre le feu sacré; mais le lendemain : « J'ai rêvé, disais-je, à ce morceau d'hier; il faudrait peut-être changer ou y ajouter cela... qu'en penses-tu? Essayons au piano les deux manières... — Oui, répondait-elle, tu as raison : que tu es heureux, toi, tu trouves tout de suite ce qui convient! — Il est vrai, disais-je; mais il y a trente ans que je cherche. » Observez le petit air de bravoure du *Mariage d'Antonio;* Pergolèze ne le désavouerait pas; il n'y a dans cet air que le luxe nécessaire et qui peut convenir à la jeune villageoise qui le chante. Voici de quelle manière originale il fut fait. Depuis plusieurs jours, ma fille ne faisait rien; sa mère lui dit: « Si tu ne veux pas travailler à cette petite pièce, tu devrais renvoyer le poème à l'auteur. » Elle accourt aussitôt auprès de moi: « Maman me gronde; elle croit qu'on est toujours en train de composer. — Elle a tort, lui dis-je; mais pour savoir si tu es en train, il faudrait du moins t'essayer. — Mais je rêve à cet air depuis plusieurs jours. — En ce cas, tu le feras bien, et tout de suite. » Elle me quitte, et en moins d'une heure elle fit cet air, tel qu'il est gravé. Un de mes amis, qui était dans un coin de sa chambre, me dit l'avoir observée pendant cette séance : « Elle pleurait, me dit-il, chantait, pinçait sa harpe avec une énergie incroyable; elle ne me vit point, ou ne prit pas garde à moi, car moi-même je pleurais de joie et d'étonnement, en voyant ce petit être transporté d'un si beau zèle et d'un si noble enthousiasme pour les arts [1]. »

Conçoit-on une manière d'être, un caractère plus estimable que celui-là? Peut-on avoir plus de candeur, de simplicité et d'énergie tout à la fois? On n'avait besoin d'employer à son égard ni douceur ni sévérité; il ne fallait qu'être juste. Le goût de la parure, si naturel à son sexe, n'était pas dominant chez elle; si d'un coup de baguette une fée l'avait parée, elle

---

[1]. Je passe sous silence une autre petite pièce, intitulée *Louis et Toinette*, que ma fille fit ensuite, et dont certaines circonstances empêchèrent le succès, spécialement les chagrins qu'elle essuya pendant son mariage. (G.)

l'aurait trouvé bon; mais j'ai cru voir que le temps qu'il faut perdre à soigner sa toilette la lui rendait indifférente; tout son bonheur était dans la lecture, en vers surtout, et dans la musique, qu'elle aimait passionnément.

Mes amis, voyant combien elle était instruite pour son âge, nous sollicitaient de ne pas attendre longtemps pour la marier. L'aînée ne serait pas morte, disaient-ils, si on avait su la contraindre à sortir de cette espèce de candeur stupide où elle était plongée. Je crus la rendre heureuse en lui donnant pour époux un jeune homme dont l'éducation et les talents répondaient à mes désirs; quoiqu'il ne fût qu'un amateur distingué, je vis en lui un artiste musicien dont j'allais diriger tous les sentiments par l'estime qu'il me témoignait et par le prix qu'il semblait attacher à m'appartenir. Je fus trompé; ce n'était ni ma fille ni moi qu'il recherchait : il avait été élevé en esclave, il ne prenait les chaînes de l'hymen que pour échapper à la domination de son père. Il était naturel, selon lui, de traiter sa femme comme il avait lui-même été traité; il déchira le cœur dans lequel il allait régner, et deux ans de chagrins la conduisirent au tombeau. Qu'on imagine, après deux pertes aussi sensibles, combien l'existence de notre troisième fille nous devenait chère! N'ayant plus que ce seul objet d'amour, nous frémissions, ma femme et moi, à la plus légère incommodité qui lui survenait. Souvent elle souriait de nos minutieuses sollicitudes, et faisait exprès quelque espièglerie, un faux pas, pour nous engager à mettre des bornes à notre tendresse excessive. Elle nous dissimulait une partie de la douleur extrême qu'elle avait ressentie par la perte de sa sœur. « Hélas! disait-elle, après une union si mal assortie vous ne deviez attendre que des chagrins mortels, qui se seraient renouvelés chaque jour, et qui tôt ou tard auraient fait succomber ma pauvre Lucile; consolez-vous, s'il est possible, en songeant qu'elle a mis fin par sa mort aux longues douleurs que son mariage lui préparait. »

Je sentais la justesse de ce triste raisonnement, et mon cœur lui répondait tout bas : « Pourvu que tu vives, toi ! pourvu que tu nous restes, ta mère et moi nous aurons encore quelques beaux jours. » C'est ainsi que je m'efforçais de supporter la perte de mon enfant chérie, de celle qui, dans l'art musical, eût montré que son sexe peut être doué du génie original qu'on lui refuse encore. Cependant je priai notre chère Antoinette de ne s'occuper d'aucune science qui pût la fatiguer ; je conjurai ma femme de la laisser libre de toutes ses volontés : elles étaient si pures et si raisonnables ! Avec les jeunes filles de son âge, et jamais avec les gens plus âgés qu'elle, un doux persiflage, du meilleur ton, régnait dans ses propos ; jamais on n'eut plus de tact, de décence, de gaieté sans folie, plus d'aplomb et de goût, que n'en eut cette charmante créature. Belle comme l'Aurore, devenue fille unique d'un père au-dessus de la médiocrité de fortune, elle ne manquait pas de galants qui cherchaient à lui plaire ; mais l'exemple terrible de sa sœur ne lui faisait pas désirer le mariage. Lorsque nos amis lui en parlaient, elle leur montrait le portrait de Lucile, et, sans rien ajouter à cette réponse, elle les forçait à changer de conversation[1].

Après quelques mois, et dès l'entrée du printemps, Antoinette nous témoigna l'envie de retourner une seconde fois à Lyon, où nous avions été l'année précédente[2]. Nous approuvâmes ce projet ; nous avions tous

---

[1]. L'amitié que mes filles avaient l'une pour l'autre était extrême. Dans sa maladie, la seconde disait souvent : « Ah ! ma pauvre Jenni ! » La troisième, au lit de mort, répétait : « Ah ! ma pauvre Lucile ! » Il semble que ces trois enfants mortes n'aient pu vivre séparées et aient désiré la mort qui les rapprochait. (G.)

[2]. C'est en revenant à Paris, après ce voyage, qu'un accident terrible, et dont les journaux rendirent compte, faillit précipiter ma fille et moi au fond des eaux.

Toutes les voitures en poste étaient arrêtées à chaque village : les gens suspects qui fuyaient de toutes les grandes villes rendaient le peuple inquiet et surveillant ; on nous conseilla de prendre la diligence pour y être plus tranquilles. Nous couchâmes, la veille de notre départ, à l'auberge de Saint-Jacques, sur le quai de la Saône ; vers une heure après minuit, on nous appela pour partir ; la Saône était si grosse que l'on doutait si la diligence pourrait faire, par eau, le trajet qu'elle fait ordi-

besoin de distraction. Je dis même à ma femme que nous ferions bien de voyager jusqu'après l'âge fatal où nous avions perdu nos deux aînées. Nous retournâmes donc à Lyon, et je fis pendant cet été la musique de *Guillaume Tell*. Je travaillais, dès le matin, dans la chambre de ma fille; elle me dit un jour : « Ta musique a toujours l'odeur du poëme ; celle-ci sentira le serpolet. »

Vers l'automne, nous remarquâmes, ma femme et moi, que notre enfant perdait sa gaieté naturelle et n'avait plus d'appétit. Sans oser nous communiquer notre frayeur, nous l'observions sans cesse. Je pris enfin ma femme en particulier: « Tu vois ta fille ? » lui dis-je. A ce seul mot, un froid glacial se saisit d'elle : ses larmes n'attendaient que les miennes ; nous en répandîmes un torrent en nous tenant embrassés, sans pouvoir nous expliquer davantage l'horreur de notre destinée. Dès le lendemain, nous préparâmes notre départ. Ma fille me dit : « Nous allons donc à Paris ? — Oui, lui dis-je, tu ne t'amuses plus ici. — Oui, reprit-elle, retournons à Paris, j'y rejoindrai bien des personnes que j'aime. » Ces mots me firent frémir ; je crus, et je crois encore, qu'elle parlait de ses sœurs. Dès cette époque, jusqu'au dernier instant de sa vie, cette chère enfant ne fut occupée qu'à nous éloigner de l'idée de sa perte ; et il était visible qu'elle ne cherchait pas elle-même à se rassurer, car elle ne commença qu'alors à nous entretenir de son avenir, de son mariage, de ses

---

nairement. En arrivant au bord de la rivière, ma fille, mal éveillée, crut marcher sur du sable jaune et se jeta dans les flots. Cependant, comme ses habits et un manchon fort ample la soutenaient encore, je la vis flottante et prête à disparaître sous un bateau ; je pris mon élan, et je sautai dans la rivière le plus loin que je pus ; je me trouval debout sur un fond solide, et dans l'eau jusqu'à l'estomac ; je saisis ma fille en m'allongeant, et je criai à sa mère : « Je la tiens ! » Dès que j'eus gagné terre avec mon précieux fardeau, le patron de la diligence me frappa sur l'épaule, en disant : « Voilà un brave homme ! — C'est un père, lui dis-je ; mais, patron, que je sache au moins si j'ai couru quelque danger. — Savez-vous nager? — Non, du tout. — Eh bien, le hasard vous a fait sauter sur les pierres du parapet qui borde la chaussée, et à quelques pouces de là vous étiez dans trente pieds d'eau ; il n'y avait point de ressource, surtout à l'heure qu'il est, ni pour vous ni pour cette charmante demoiselle. » (G.)

enfants qui nous chériraient, disait-elle, autant qu'elle-
même ; et je remarquai bien qu'elle ne parlait ainsi que
lorsqu'elle apercevait notre tristesse, que nous n'avions
pas toujours la force de dissimuler. Arrivés très promp-
tement à Paris, elle affecta (toujours pour nous tran-
quilliser) d'avoir envie d'une parure élégante pour aller
au bal.

« Mais, me dit-elle, j'aimerais à m'habiller de mon
goût.

— Soit ! » lui dis-je, et je lui donnai l'argent qu'elle
désirait. Le jour où, semblable à un ange, je la vis
partir pour aller danser, un de mes amis, Rouget de
Lille[1], qui était chez moi, me dit que j'étais bien heureux d'être le père de cette belle enfant.

« Oui, lui dis-je à l'oreille, elle est belle, encore
plus aimable : elle va au bal, et dans quelques semaines
elle sera dans la tombe.

— Quelle idée affreuse ! me dit-il.

— J'ai vu ses deux sœurs, lui dis-je, et mon malheur
n'est que trop certain. » Tous les secours de l'art ne
purent la sauver ; pendant quelques jours de fièvre, un
délire aussi aimable qu'il était effrayant l'occupait nuit
et jour : elle était au bal, aux promenades, au spectacle avec ses sœurs, et elle leur rendait compte de
ses sensations, toujours décentes et du meilleur ton.
Elle eut quelques instants de sérénité avant de mourir ;
elle prit ma main, celle de sa mère, et, avec un doux
sourire : « Je vois bien, dit-elle, qu'il faut prendre mon
parti : je ne crains point la mort ; mais vous deux,
qu'allez-vous devenir ? » Elle était assise sur son lit, en
nous parlant ainsi pour la dernière fois ; elle se cou-
cha, ferma ses beaux yeux, et fut rejoindre ses sœurs.

Je ne chercherai point à retracer ici l'horreur de ma
situation ni celle de ma femme. Heureux mille fois le
malheureux qui pleure ; mais pendant longtemps je
ne pus répandre de larmes ! Un morne désespoir, une
rage concentrée les absorbait dans mes yeux. Par pitié

---

[1]. Auteur de la *Marseillaise*.

pour moi, ma femme eut la force de supporter la vie, et me força de l'imiter. Rien n'égale le courage d'une femme qui aime son mari dans ses enfants : l'amour qu'elle avait pour eux n'est point enfoui ; c'est comme une tontine d'amour, toujours au profit de ceux qui survivent. Après avoir payé un large tribut à la nature, après un deuil aussi profond que sincère, la mère de mes enfants se rappela que, fille d'un peintre, la peinture avait été son premier talent[1]. Les portraits de nos trois filles furent son occupation continuelle; et lorsque, à une certaine époque de la Révolution, mes pensions furent supprimées, elle peignit pour le public, qui, de plus en plus, applaudit à ses efforts. Maintenant, pères, mères trop fortunés, écoutez-moi, et sachez-moi gré des efforts que je fais pour vous; car depuis que je trace ce chapitre, mes larmes obscurcissent souvent ma vue. Il y a trois ans que j'ai cessé d'être père ; mon âme trop affectée n'est pas encore arrivée au terme assez éloigné où l'on n'éprouve plus qu'un douloureux et tendre souvenir des peines passées. Vingt fois j'ai jeté la plume en écrivant ceci ; mais, soit faiblesse paternelle, soit le désir irrésistible de vous faire répandre, ô mes amis! une larme sur la tombe chérie de mes trois charmantes fleurs prédestinées à la mort (commes celles du bon moine italien); soit que, par un motif plus utile, la crainte qu'on ne partage mon sort me presse de me montrer comme un exemple malheureux, j'ai esquissé ce tableau douloureux que j'aurais dû n'entreprendre que dans quelques années. Pères trop fortunés, goûtez bien, croyez-moi, le bonheur de vous voir revivre dans vos enfants, et puissiez-vous ne connaître jamais le regret de les avoir perdus ! Sans eux, la vie n'est qu'un néant; plus de consolations, plus de vrai plaisir, puisqu'il n'y a plus de point d'appui qui fasse désirer un doux avenir. Nous le savons tous : c'est l'espérance qui soutient et qui fait le charme du bonheur présent, et tout espoir est

---

1. La femme de Grétry était fille de Grandon, premier maître de Greuze.

détruit quand on ne s'entend plus adresser le doux nom de père. Surveillez donc vos enfants plus que je n'ai fait : ne croyez pas que les talents distingués fassent leur bonheur; au contraire, ils leur donnent l'amour-propre qui le détruit. La nature veut que chaque âge ait ses plaisirs : ceux de l'enfance sont une douce oisiveté occupée par les jeux folâtres de l'innocence; ceux de l'adolescence sont l'instruction volontaire des connaissances qu'on désire acquérir; ceux de l'âge mûr et de la vieillesse sont ceux que je ne goûterai jamais, puisque j'ai perdu mes enfants.

LE COMTE D'ALBERT [1]

Drame en deux actes, et la suite en un acte, par *Sedaine*, de l'Académie française; représentés à Fontainebleau le 13 novembre 1786, et à Paris le 8 février 1787.

Le sujet du *Comte d'Albert* m'a paru original. Sedaine est un de ces hommes heureusement nés, pour qui la nature n'aurait point de charmes s'ils ne la saisissaient

---

[1]. Cette pièce est une de celles où l'instinct des situations dramatiques que Sedaine possédait au plus haut point a conduit cet auteur à prendre le plus grand nombre de libertés possible envers les traditions jusque-là rigoureusement observées. Aussi en face du succès qu'obtint cette tentative, les critiques du temps firent-ils à l'écrivain un procès dans toutes les règles pour avoir réussi à captiver le public en dehors des lois ordinaires du théâtre, c'est-à-dire en ne tenant aucun compte des trois fameuses unités de lieu, de temps et d'intérêt. On peut remarquer d'ailleurs dans le titre cette singulière désignation : « Comédie en deux actes et *la suite en un acte*, » ce qui équivaut à la réunion dans un même cadre de deux actions en quelque sorte indépendantes l'une de l'autre. Voici, du reste, en quels termes les *Annales dramatiques* du temps analysent le *Comte d'Albert* :

« Ce drame est une de ces innovations dignes tout au plus des premiers jours de la scène. Aux deux premiers actes, la scène se passe à Paris; au troisième, ou, si on l'aime mieux, à la seconde pièce, elle se passe à Bruxelles. C'est faire beaucoup de chemin en bien peu de temps; mais pour mieux faire sentir le ridicule de ces excursions, racontons les événements.

« Albert, obligé de quitter la France après une affaire d'honneur, a été condamné pour avoir désobéi aux édits royaux. Il revient secrètement à Paris voir sa femme et ses enfants; mais comme il va entrer chez lui, un commissionnaire chargé d'une hotte heurte involontairement et renverse un officier qui, tirant son épée, va frapper le malheureux. Le

dans tous ses rapports les plus vrais : il n'adopte une situation que parce qu'il est sûr qu'elle produira tel effet. Pendant les répétitions, je respecte ses moindres volontés ; s'il tourne une chaise, c'est parce qu'il prévoit que l'actrice vue de profil fera l'effet qu'il désire; mais il a peut-être encore plus senti que raisonné ses situations.

Aussi l'a-t-on vu fondre en larmes à la représentation de la scène de Blondel avec Richard, preuve incontestable que le sentiment le guide dans ses compositions, et que la scène mise en action le saisit lui-même autant que nous. De combien de sentiments, de combien de contrastes n'est-on pas affecté à la scène du deuxième acte d'*Albert!* C'est par reconnaissance qu'un malheureux portefaix devient le dieu tutélaire d'une famille respectable. Un grand seigneur se revêt des guenilles de cet homme. « Prenez mon habit, prenez ces plats, ces assiettes; prenez ce panier, mettez ma perruque... » Tous ces mots les plus communs sont ennoblis par la situation. Avec quel art il rend l'issue de la prison difficile ! « Vous monterez trois marches, vous en descendrez six; au fond d'une allée obscure

comte met aussi l'épée à la main et sauve le pauvre diable. Mais le comte est arrêté pour cette généreuse intervention en faveur de ce commissionnaire, qui, par un de ces hasards que nous ne pouvons expliquer, se trouve être le commissionnaire de la prison où Albert est enfermé.

« Au deuxième acte donc Antoine reconnaît son libérateur, qui doit mourir le lendemain ; il épie le moment favorable, et vient lui proposer de le faire évader. Le comte accepte, ce qui n'est pas très délicat, puisqu'il expose ainsi son libérateur aux plus grands dangers. Antoine le couvre de ses habits, et bientôt le comte est en liberté. Pour se sauver cependant lui-même, le généreux commissionnaire prie la comtesse de lui lier les mains derrière le dos et de le menacer d'un poignard qu'elle avait apporté pour mourir avec lui, si elle n'avait pas le bonheur de le sauver. Tout réussit au mieux, ce qui n'est pas difficile au théâtre.

« Cette intrigue est assez singulière. Nous pensons que, *sans les détails*, elle n'eût jamais fait fortune. Mais nous voici au troisième acte. Nous sommes à Bruxelles. L'inquiétude des vassaux en apprenant la condamnation d'Albert, leur joie en apprenant qu'il va revenir, forment l'action jusqu'à l'arrivée du comte et de la comtesse. Une petite fille, d'un caractère original et qu'on n'avait pas encore vue, a la fantaisie d'épouser Antoine, si vieux et si contrefait qu'il puisse être. Le moyen de résister au désir de cette petite! Antoine se laisse séduire, et le comte les marie. Cet acte renferme des détails charmants de naturel et d'ingénuité. Mais la pièce n'en blesse pas moins les unités de lieu, d'action et d'intérêt. La musique est de M. Grétry, c'est assez en faire l'éloge. »

vous trouverez un escalier qui tourne... » Ne semble-t-il pas avoir mis l'escalier qui tourne pour nous faire craindre qu'un vertige ne trouble le comte d'Albert! « Prenez tel son de voix, baissez votre tête; croyez être moi, vous êtes sauvé. » Ces mots, dignes de Shakespeare, ne sont jamais entendus, parce que les spectateurs ne se contiennent point. Remarquez encore dans cette scène la comtesse assise par terre, foulant aux pieds un riche habit, maniant de ses doigts délicats les guêtres du portefaix pour revêtir l'époux qu'elle adore. Antoine se déshabille presque nu devant cette dame vertueuse! Mais qu'on est loin de songer à l'indécence!

Cependant, à travers mille sentiments d'intérêt dont le spectateur est agité, qui le croirait? on voit dans les mêmes personnes des bouches convulsivement ouvertes par le rire, pendant qu'un torrent de larmes semble expier ce crime involontaire. Remarquons d'ailleurs comme toujours les effets les plus puissants sont produits par de petites causes; il n'est pas surprenant qu'une grande cause produise un grand effet, mais le contraire étonne. Dans *Richard*, Blondel délivre son roi; Blondel se présente comme un pauvre aveugle, jouant du violon.

Dans sa pièce du *Déserteur*, quand celui-ci est arrêté, c'est une noce de village qui produit la catastrophe la plus tragique : on lui fait croire, à la vérité, que c'est la noce de Louise, sa fiancée; mais il ne l'aurait pas cru, s'il n'avait vu cette noce et entendu les violons. C'est un pont-neuf que l'on joue.

Depuis que je connais le *Déserteur*, cet air de guinguette me fait frémir, et malgré moi je verrais à regret une noce de village se servir de cet air pour aller à l'église.

Je connais une femme qui n'a plus voulu qu'on frappât à sa porte depuis l'impression que lui ont faite les coups de marteau dans le *Philosophe sans le savoir*, et qui pour cet effet y a fait mettre une sonnette.

Antoine, du *Comte d'Albert*, est renversé et fait tomber un jeune officier dans la boue ; la suite de cet accident, si commun à Paris et qui fait souvent rire les témoins, est l'origine de la terrible situation du second acte. Il y avait, je le sais, mille autres manières de rendre Antoine reconnaissant envers le comte ; mais celle que Sedaine a choisie était celle qu'il fallait pour produire ce qu'il a produit.

Je crois cependant que cet ouvrage ne restera pas tel qu'il est ; on a vu avec quelle constance Sedaine et moi nous avons cherché à perfectionner le dénouement de *Richard* : c'est après avoir mis l'un et l'autre plus de trente ouvrages au théâtre que nous nous sommes obstinés à nous servir de notre expérience pour mettre la dernière main à cette production. Le *Comte d'Albert* me tourmente, quoiqu'il soit bien vu du public ; la situation du second acte mérite un cadre qui l'enveloppe d'une manière plus complète.

La musique du *Comte d'Albert* a été composée très rapidement. Dès que le poëme fut entendu, l'on me pressa de le mettre en musique pour pouvoir le donner à Fontainebleau, et il ne restait qu'un mois. L'ouverture est estimée des musiciens : elle fait peu d'effet sur le parterre, accoutumé depuis quelque temps à n'entendre que des contredanses en forme d'ouverture, toujours accompagnées de la petite flûte. Le morceau d'ensemble

>Arrêtez, ciel ! qu'allez-vous faire !
>Pourquoi tuer ce malheureux !

a perdu l'intention que je lui avais donnée. Je dois dire que la comtesse paraissait au premier acte, suivie d'un de ses gens qui portait un sac de velours : elle allait par conséquent à l'église ; et, pour indiquer d'avance que la comtesse verrait arrêter son mari, la basse contrainte, qui accompagne tout le morceau annonçait la fin des offices divins par le son des cloches.

Cette idée, je le sais, aurait échappé à presque tous les spectateurs ; mais dans les arts d'imagination, l'on ne peut parler à l'imagination seule. Lorsqu'on se dit en écoutant de la bonne musique : « Je ne sais pourquoi ce morceau me fait un effet extraordinaire, » c'est effectivement parce qu'il y a quelques rapports cachés qu'on ne démêle pas tout de suite.

Cependant le sac de velours fit rire à la première représentation ; on ne le porta plus, et le morceau de musique est resté. La finale qui suit aurait pu être traitée de ma part avec un grand emploi d'harmonie et de modulations, si le temps m'eût permis d'attendre et de chercher ; mais les traits répétés alternativement par le hautbois et par le basson, ces plaintes réciproques sont, je crois, heureuses et d'une grande sensibilité. Le hautbois parle pour les enfants, le basson pour la mère évanouie.

Je ne me suis jamais dissimulé que chanter en déclamant, et ne point quitter la même gamme, soit assez pour faire bien. Les modulations tiennent à la déclamation autant que le chant ; ne pas changer de mode ou de ton à propos est une faute, comme d'en changer sans nécessité. Les musiciens, en général, aiment trop les modulations ; ils les approuvent souvent sans examiner si le sens des paroles y a conduit le compositeur. Lorsque j'entends un contresens de modulation, je ne puis m'empêcher de chercher à l'instant de quelle manière ce contresens pourrait cesser de l'être.

C'est ainsi que Vernet voit un nuage ou un caillou ; ces objets sont les mêmes pour tout le monde, et peu d'hommes savent leur assigner leur place : c'est pourquoi le même fait raconté par différentes personnes devient charmant ou ennuyeux.

Tant que le monde durera, le travail obstiné fera des savants, et l'organisation seule fait les artistes de nature.

Le duo des enfants, au second acte :

Quoi ! mon papa ! quoi ! déjà vous quitter !

est en contraste avec la couleur générale de cet acte. Un ton clair, un mouvement de six-huit, conviennent à l'enfance, qui ne se pénètre jamais vivement de la situation la plus tragique qu'en proportion de ses forces et de son peu de prévoyance sur l'avenir.

Le petit trio de Sylvain,

> Venez vivre avec nous...

est dans le genre de ce duo, quoiqu'ils ne se ressemblent point par la mélodie. Le choix du ton et du mouvement est presque toujours indiqué par le caractère de la scène et des paroles ; mais prétendre donner là-dessus une théorie serait mettre de cruelles entraves au génie.

Le rythme de nos vers français est peu sensible ; c'est du sentiment des paroles que le musicien doit tirer son mouvement ; car, à moins que le poète n'y ait fait la plus grande attention, les longues et les brèves d'un vers ne correspondent point à celles des vers suivants : et quand même la poésie établirait un rythme permanent, ce serait un inconvénient d'être forcé de le suivre ; car, à la longue, je crois que le mouvement continu doit engendrer une monotonie insupportable. J'ai dit ailleurs que le chant syllabique continué sur un même mouvement avait un empire puissant sur l'âme des spectateurs ; mais il n'en est pas moins vrai que si un opéra entier était fait dans ce système, il serait aussi ennuyeux que monotone, quoique les rythmes fussent aussi variés qu'ils peuvent l'être.

Je plains les musiciens de l'Italie, qui sont obligés de remettre jusqu'à quatre ou cinq fois en musique le même poème d'Apostolo Zeno ou de Metastasio. Dès que le sentiment a indiqué juste le ton, le mouvement et le caractère d'un air, comment se varier ? Si l'on peut trouver deux fois la vérité pour dire une même chose, l'une doit être préférable à l'autre.

Le duo suivant,

> Oui, mon devoir est de mourir,

reprend le style de l'acte, dont on était sorti un

moment. Les traits de chant les plus sensibles de ce morceau sont sur les vers :

>Cher objet de ma tendresse,
> Quoi! tu voudrais mourir!
>De ma famille si chère,
>Quoi! n'es-tu donc plus la mère?
>Qui, sans toi, l'élèvera?
>C'est par toi qu'elle vivra.

Le sens est toujours suspendu, et marque bien l'interrogation. Dans l'allégro qui termine le même duo, l'on peut, je crois, remarquer le chant que porte le vers

>Eh! que m'importe la vie!

Le dédain, la sensibilité, le désespoir, la déclamation et le chant y sont réunis. Le dernier vers,

>Tu vivras pour nos enfants,

est estropié par la valeur des notes. A moins qu'on ne dise que le déchirement de l'âme autorise quelquefois à déchirer les paroles, il n'y a point d'excuse.

Les Italiens qui composent sur les paroles françaises sans connaître la langue, commettent cette faute à chaque instant.

J'ai dit que les Italiens aiment trop la musique pour lui donner d'autres entraves que celles de ses propres règles; c'est-à-dire qu'ils font de la charmante musique, souvent aux dépens de la prosodie. L'expérience m'a convaincu que le chant détériore la langue à mesure qu'il devient italien. Les tournures du plus beau chant se présentent d'abord à l'imagination en composant sur des paroles françaises; on aperçoit ensuite des incorrections dans le langage, nécessitées par la tournure de ce chant : on les rectifie; alors le chant n'est plus le même; il est, si l'on veut, plus rapproché du chant français. Je dirai donc que le point où l'on doit s'arrêter ne peut être fixé que par la précision de la prosodie. Nous n'aurons donc jamais de musique, dirons-nous avec J.-J. Rousseau ? Nous en avons une, mais elle ne peut être absolument celle d'un peuple qui ne parle pas notre langue. Au reste, ne soyons pas plus sévères que les musiciens italiens, même lorsqu'ils chantent leur langue, et notre musique emploiera tout le luxe de la mélodie italienne et de l'harmonie des Allemands.

C'est dès le commencement d'une carrière brillante qu'il faudrait engager les compositeurs italiens à séjourner en France. En nous apportant une mélodie suave, ils auraient le temps d'apprendre à s'en servir d'après les règles de l'art dramatique, qui, de leur aveu, n'est connu qu'à Paris. Sacchini m'a dit n'avoir fait qu'à Londres des recherches sur l'harmonie. Il ne faut pas croire cependant que l'on puisse toujours étudier et employer une harmonie nombreuse; il est un âge où notre cerveau ne nous rend plus que le reste des idées anciennement conçues. On aperçoit bien la bonne intention de certains musiciens qui, pour imiter les Allemands, veulent donner à leurs compositions le nerf qu'ils n'ont pas; croient-ils nous en imposer par quelques unissons chromatiques, ou par quelques transitions subites qu'ils ont saisies comme à la volée? Non; ils ressemblent à ce joli enfant qui croit nous faire peur parce qu'il se grossit la voix en nous faisant des grimaces. Si j'étais assez heureux pour concourir selon mes désirs aux progrès de mon art; si je pouvais disposer de dix mille livres par année pour cet objet, j'enverrais dès à présent dix jeunes gens bien choisis dans les conservatoires de Naples, cinq chanteurs et cinq compositeurs : les premiers n'y resteraient que deux ans, les seconds quatre. Ils apporteraient et entretiendraient à Paris cette simplicité, cette fraîcheur de chant qu'un sentiment mélancolique n'inspire que dans les pays chauds; mais bientôt, ayant respiré l'air natal, ils donneraient des bornes à leur imagination exaltée.

Je reviens au *Comte d'Albert*.

La prière

> O mon Dieu, je vous implore,

offre une hardiesse que j'ai hésité d'employer; mais mon cœur l'approuvait, et le public l'a confirmée. Lorsque la comtesse, après avoir répété

> O mon Dieu, je vous implore,

tombe à genoux, l'orchestre joue seul une prière sourde, en contrepoint d'église. Qu'on ne dise point que c'est mêler le sacré avec le profane. Est-il rien de plus sacré dans ce monde que le véritable amour conjugal?

Avec combien plus d'avantage encore ne se servirait-on pas des chants d'église, s'ils étaient tels qu'ils devraient être?

C'est par les sens que nous aimons toute chose : la musique doit contribuer à faire aimer la religion et les cérémonies religieuses; mais, excepté quelques hymnes, les chants pieux ont besoin d'une réforme presque générale. La mélodie en est si peu sensible, que les organistes qui les accompagnent sont presque toujours obligés de transporter le chant à la basse, parce qu'ils ne pourraient faire qu'une mauvaise basse sur certains chants. On n'a pas même observé de se servir des tons majeurs pour les chants d'allégresse. Le *Te Deum* est composé presque entièrement en mineur; le *Requiem*, au contraire, est dans un ton majeur. Il semble que saint Grégoire et d'autres compositeurs du chant d'église ignoraient l'empire du mode.

Que veulent dire encore ces traînées de notes sur une syllabe? Elles ne servent qu'à impatienter ceux qui écoutent et les chantres qui les exécutent. Si l'office est double ou triple, *duplex vel triplex*, c'est alors qu'on entend alternativement, sur les cinq voyelles, des fusées qui n'ont point de fin. Cependant si les chants doivent être syllabiques, comme je le pense, c'est surtout dans les fêtes solennelles qu'ils doivent être nobles, simples, et non ornés de ces colifichets. Ce n'est pas l'harmoniste savant qu'il faudrait charger de remplir cette tâche, plus importante qu'on ne croit pour faire révérer la religion; c'est aux musiciens qui auraient le plus de chants dans la tête qu'on devrait la confier. Peu de notes, un chant simple et analogue à la chose, susceptible d'une belle basse et d'une bonne harmonie, est ce qu'il faudrait. Alors chacun, selon son organe, pourrait ajouter une partie de remplissage. L'impression de ces chants, toujours simples, variés et mesurés pour que l'ensemble fût plus aisé à saisir, resterait dans l'âme des fidèles, et ils courraient louer Dieu dans les temples, sans risque d'être fatigués par une ennuyeuse psalmodie.

Nous avons des airs anciens qui pourraient servir de modèles aux chants religieux, tel, par exemple, le *Requiem æternam*, qui a fait sans doute impression sur tous ceux qui l'ont entendu.

Quel homme, après avoir assisté aux funérailles de sa femme, de sa fille, de son ami, ne garderait de tels chants dans son âme? Cherchons les sensations délicieuses, mais honnêtes et pures; nous ne sommes heureux que par elles : et jamais l'homme sensible, qui aime l'attendrissement, ne fut redoutable pour ses semblables.

En terminant ici le catalogue de mes pièces, je passe sous silence les *Méprises par ressemblance*, le *Prisonnier anglais*, le *Rival confident*, *Amphitryon*, *Barbe bleue* et *Aspasie*, parce que plusieurs de ces pièces n'ont pas été gravées.

Je m'aperçois d'ailleurs que les réflexions sur la musique, qui se présentaient aisément à ma pensée au commencement de cet écrit, deviennent plus rares.

C'est donc ici que je dois finir : car, comme je l'ai dit dans l'avant-propos, je n'ai rapporté les époques de ma vie, je n'ai donné la liste de mes ouvrages, que pour être conduit naturellement à ces réflexions. Je sais qu'elles sont loin d'être épuisées; au reste, c'est dans ce cadre que je pourrai les continuer, si les ouvrages que je viens de citer et ceux dont je m'occuperai probablement à l'avenir m'en fournissent les moyens.

Jetons à présent un coup d'œil sur les succès qu'obtient le musicien dans la carrière du théâtre : ils sont tous différents, quoique nombreux. Chaque succès tient à quelques circonstances qui lui sont particulières, et tel ouvrage qui réussit plus que tel autre ne doit pas pour cela satisfaire autant le compositeur. D'où peuvent venir ces différences que le public en général n'aperçoit guère ? Parce que tel fait une excellente musique sur un mauvais drame, et paraît rester enseveli sous ses ruines ; cependant, quoique l'ouvrage soit retiré du théâtre, la partition est gravée, les connaisseurs apprécient l'œuvre du musicien et répandent sourdement sa réputation. Tel fait, au contraire, une musique médiocre, où tout est imité, contourné, posé sur une harmonie superficielle. Peu de vérité dramatique, point de connaissance du cœur humain ; la gaieté y sera tristement rendue, l'esprit y sera grimacier ; cependant, si cette musique est soutenue par un bon poëme, le succès couronnera l'œuvre. Mais ensuite on exécute cette musique dans les concerts : là elle paraît seule ; le poète, l'actrice en réputation, la décoration, tout a disparu ; alors le géant devient nain, et il gémit après ses succès, en se voyant méconnu des gens de l'art, qui d'avance ont rayé son nom du catalogue des bons compositeurs, où il se croyait inscrit.

C'est après avoir lu les *Traités d'harmonie* de Tartini, de Zarlin, de Rameau, de d'Alembert, que je me suis dit : « Voilà bien assez parler théorie. » Avant que la pratique ait épuisé toutes ces règles et ces immenses calculs, il y a de quoi occuper les artistes pendant plusieurs siècles. Puisse seulement cet amas d'érudition nous donner un trait de chant qui réveille une sensation douce et consolante pour les âmes sensibles !

Il est démontré cependant que les sciences mathématiques sont la source des combinaisons harmoniques, et qu'elles donnent une valeur certaine aux sons de la gamme, en les assujettissant à des calculs sûrs pour la règle, s'ils le sont peu pour le plaisir. J'ai lu aussi J.-J. Rousseau : il a dit beaucoup, sans doute ; et s'il eût fait autant d'opéras que d'œuvres de littérature, ses réflexions, plus générales, plus multipliées et appuyées de nombreux exemples, m'eussent dispensé d'écrire sur mon art.

Combien de temps les hommes n'ont-ils pas erré en musique, comme dans toutes les sciences, avant d'arriver au vrai beau, tantôt en se livrant à une simplicité puérile, tantôt à une complication fastueuse et désordonnée? D'abord les chants les plus simples, formés de quatre ou cinq notes, ont suffi pour exprimer la joie ou la douleur des hommes simples et abandonnés à la nature [1]. L'art naissant de la mélodie s'est enrichi ; les chants se sont multipliés à mesure que les idées physiques ou morales se sont développées. Écoutez chanter l'homme de la nature, son chant sera le miroir de son âme. Si plusieurs hommes chantent tour à tour le même air, ils vous révèlent leur caractère ; il y a des exceptions, mais elles ne sont pas pour l'homme dont je parle.

Quand les histoires anciennes nous parlent des prodiges opérés par la musique, je ne les révoque pas même en doute ; elle devait avoir un empire absolu sur des cœurs non corrompus. L'homme de la nature est un ; le caractère de l'homme de nos jours est un peu de tout. La musique des anciens appliquait et conservait scrupuleusement une mélodie, et surtout un rythme pour chaque chose. Le peuple était sûr que l'on célébrait la fête de Vénus ou de Junon lorsqu'il entendait les chants qui les désignaient. Chaque air faisait une impression distincte ; chaque famille

[1]. L'enfant de la nature chante ses maux et ses plaisirs : les complaintes, les romances, nous viennent en général des cœurs passionnés ; il n'y a que les âmes stupides qui trouvent ridicule qu'on chante ses malheurs. (G.)

chantait ses lois dans le sein de la retraite, et certes on ne chantait pas de même *Honore les auteurs de tes jours*, ou *Verse ton sang pour la patrie*.

La mélodie dut donner naissance à l'harmonie. On s'aperçut qu'après avoir monté sept notes, la première renaissait dans la huitième. Les savants virent des rapports entre tel et tel son ; l'harmonie, une fois soumise au calcul, dut augmenter les progrès de la mélodie, qui ne marchait qu'à l'aide des nouvelles sensations qui l'inspiraient.

Vinci[1] fut le premier inspiré, à ce que disent les anciens professeurs de Rome, et, comme créateur, il mérita la statue qu'on lui érigea dans le Panthéon.

Si le génie de Vinci sentit le premier que les sons pouvaient peindre les agitations d'un cœur qui compare ses mouvements divers à ceux d'un vaisseau tourmenté par la tempête, l'air

Torna innocente...

prouve qu'il n'avait pas senti que la mélodie a autant de pouvoir et plus encore que l'harmonie, c'est-à-dire qu'elle peut descendre dans le fond du cœur pour y puiser et exprimer tous les sentiments moraux, en suivant les nuances infinies de la déclamation. Oui, même après le chef-d'œuvre dont je viens de parler, on ignorait encore en Italie que la déclamation fût la source de la bonne musique.

Pergolèze naquit, et la vérité fut connue. L'harmonie a depuis fait des progrès étonnants dans ses labyrinthes infinis ; les exécutants, en se perfectionnant, ont permis aux compositeurs de déployer la richesse des accompagnements ; mais Pergolèze n'a rien perdu ; la vérité de déclamation qui constitue ses chants est indestructible comme la nature. C'est sans doute un malheur irréparable pour l'art, que ce divin artiste ait

---

1. Vinci, né à Naples en 1690, devint célèbre vers 1724 par un opéra de *Farnace*, où il donna l'exemple d'un récitatif nouveau.

fini sa carrière à la fleur de l'âge. Ce ne fut pas sans un plaisir extrême que, pendant mon séjour à Rome, j'appris de plusieurs musiciens âgés que ma taille, ma physionomie, leur rappelaient Pergolèze; ils m'apprirent que la même maladie menaçait aussi ses jours chaque fois qu'il se livrait au travail. Vernet, qui avait connu et aimé Pergolèze, me confirma la même chose à Paris.

Duni, dont j'ai toujours aimé la musique, parce qu'elle me paraît simple, naïve et vraie, m'a dit qu'il sortit jeune encore d'un conservatoire de Naples, pour aller à Rome composer un opéra au théâtre de Tordinona. Pergolèze était, cette année, chargé du premier opéra, et Duni du second. Pergolèze avait obtenu des succès, par conséquent il avait des ennemis; son opéra ne réussit point : on osa lui jeter une orange sur la tête pendant qu'il était au clavecin pour conduire son ouvrage; le chagrin renouvela son crachement de sang; il se retira du côté de Naples, chez le duc de Mondragana, dont il était aimé; il languit et s'éteignit doucement en composant le *Stabat*, d'autres disent un *Miserere*.

En arrivant à Rome, Duni s'était présenté à lui, en lui disant : « Mon maître, je ne sais quel sort m'attend, mais je suis sûr que mon ouvrage entier ne vaut pas un seul air de votre opéra si mal accueilli. » Celui de Duni eut du succès; celui de Pergolèze fut repris et chanté avec délices l'année suivante sur tous les théâtres d'Italie; mais l'ange créateur était descendu dans le tombeau.

Avant le règne de Pergolèze, Lulli, déjà établi à Paris, avait quelques pressentiments de la musique déclamée : son récitatif le prouve; mais il ne sut que noter la déclamation, et non chanter en déclamant.

Rameau lui succéda; il était moins sensible, mais plus savant et plus riche d'harmonie; il connaissait la musique des Vinci, Pergolèze, Leo, Terradellas, Buranello; mais il avait commencé fort tard à travailler pour le théâtre; il fut contraint de suivre sa manière, qu'il ne regardait pas comme la meilleure.

« Si j'avais trente ans de moins, disait-il à l'abbé Arnaud, j'irais en Italie, Pergolèze serait mon modèle; j'assujettirais mon harmonie à cette vérité de déclamation qui doit être le seul guide des musiciens; mais à soixante ans l'on sent qu'il faut rester ce que l'on est. L'expérience dit assez ce qu'il faudrait faire, mais le génie refuse d'obéir. »

Cet aveu ne peut être que celui d'un grand homme; en effet, Rameau fut un des plus grands harmonistes de notre siècle. Il fit des chœurs magnifiques, où l'harmonie non seulement est savante, mais très expressive. Son monologue

Tristes apprêts, pâles flambeaux...

dans *Castor et Pollux,* est vrai, surtout à l'endroit

Non, non, je ne verrai plus...

Cet endroit est digne de Pergolèze. Ses airs de danse sont variés, fort adaptés à la chose, et surtout fort dansants. Les tournures de son chant ont vieilli; mais tel sera le sort de toute mélodie vague. Son harmonie servira de modèle, parce que le cachet du maître y est empreint, et que toute expression, à part la bonne harmonie, a un mérite réel.

L'Italie ne conserva pas longtemps la mélodie simple et vraie de Pergolèze; de jour en jour elle abandonna les vraisemblances dramatiques pour faire briller ses chanteurs.

Pendant ce temps, la France étalait la pompe la plus brillante dans les opéras de Quinault, et s'amusait à chanter délicieusement les récitatifs de Lulli et de Rameau, avec toute la prétention (à la mesure près) des airs pathétiques.

L'Allemagne, de son côté, se fortifiait de plus en plus des ressources de l'harmonie. C'est alors que les bouffons italiens arrivèrent en France. Les gens de goût n'eurent qu'un cri pour approuver cette musique expressive et pittoresque. Le reste de la nation résista ; mais elle fut obligée de céder à l'empire de la raison et de l'ennui. La France, toujours accoutumée à perfectionner ce qui lui vient de ses voisins, tenant le milieu entre l'Italie et l'Allemagne, adopta la mélodie italienne, qu'elle unit à l'harmonie allemande ; c'est ce que Philidor exécuta dans plusieurs chefs-d'œuvre.

En arrivant à Paris je donnai successivement le *Huron*, *Lucile*, le *Tableau parlant*, *Sylvain*, l'*Amitié à l'épreuve*, les *Deux Avares*, *Zémire et Azor*, l'*Ami de la maison Céphale et Procris*, la *Rosière de Salenci*. C'est à cette époque de ma carrière que le chevalier Gluck nous apporta la massue d'Hercule, dont il terrassa sans retour la vieille idole française, déjà faible des coups que lui avaient portés les bouffons italiens, ensuite Duni, Philidor et Monsigni.

Nous devons beaucoup, sans doute, au chevalier Gluck pour les chefs-d'œuvre dont il a enrichi notre théâtre ; c'était à son génie vraiment dramatique qu'il fallait confier l'administration d'un spectacle qu'il avait fait renaître par ses immortelles productions, et dont il aurait maintenu l'ordre et la vigueur par ses lumières, et par cette transcendance que donne la supériorité des talents. C'est surtout en encourageant les gens de lettres, en se faisant remettre les différents poèmes qu'ils composent, qu'il serait aisé à un directeur tel que Gluck d'occuper chaque musicien dans le genre qui lui est propre. Un jeune compositeur, un exécutant, perdent souvent plusieurs années, et quelquefois leur vie entière, à chercher ce qui leur convient, tandis qu'en un instant ils pourraient être fixés.

Je sais que la subordination est difficile à établir parmi des sujets qui nous subjuguent par le charme des plaisirs ; mais le peu de mérite de ceux qui les commandent est souvent la véritable source de leur découragement.

Si la nature eût doué Lulli du génie créateur de

Gluck, de quel éclat n'eût-il pas fait briller l'Opéra de Paris dès sa naissance, étant comblé des faveurs directes de Louis XIV? Mais ce roi, ami des arts utiles et consolateurs, ne pouvait mieux choisir, puisque Lulli était le premier musicien de son temps. C'est à lui qu'il fut permis de créer une Académie royale de musique, dont il fut l'unique directeur.

Sans doute que dès lors les courtisans voulurent s'emparer de l'autorité sur les spectacles; autorité funeste, car elle tourna bien souvent à l'oubli de l'art, pour ne servir que les plus basses intrigues; mais que pouvaient-ils contre un artiste qui avait l'honneur, ainsi que Molière, d'approcher de son maître pour le consulter sur ses plaisirs?

On dit, je le sais, qu'il règne parmi les artistes trop de jalousie pour qu'on doive confier à l'un d'eux un pouvoir trop étendu. Vains préjugés, vains mensonges, dont on se sert pour éloigner l'homme de talent de sa véritable place. Le musicien médiocre, une fois parvenu par ses importunes sollicitations et ses bassesses, tremblera, sans doute, à l'aspect des vrais talents, qu'il éloignera par les dégoûts; mais faites choix d'un artiste dont la juste réputation vous réponde d'un noble désintéressement; dont la célébrité, ce fantôme charmant, repousserait l'envie et la cupidité si elles osaient le tenter; faites choix de l'homme, enfin, qui a le droit de dire à l'homme célèbre, son égal : « Votre génie a su vous ouvrir en Italie une route nouvelle pour arriver au vrai; pourquoi vous perdre dans le chemin brillant que vous avez tracé à vos émules, en courant après le genre auquel vous ne pouvez atteindre? Laissez là ces chœurs terribles, ces airs de danse dont la nature vous a caché les ressorts; ne privez pas l'Europe des scènes touchantes que vous produisez sans efforts. » Il dira à cet autre : « Votre mélodie est noble et pure; vous ne produirez plus ces chants suaves et pathétiques si vous cherchez à peindre avec trop de vérité et d'énergie. » — « Vous, toujours correct et fier, mais n'ayant qu'un style inflexible, qui ne peut se prêter

aux nuances infinies des passions, vous ne devez peindre qu'en grand, et sur des paroles d'un sens vague. »
Enfin Gluck m'eût dit à moi-même: « La nature vous donna le chant propre à la situation; mais c'est aux dépens d'une harmonie plus sévère et plus compliquée que ce talent vous fut donné. »

LIVRE TROISIÈME

ANALYSE
DES
PASSIONS ET DES CARACTÈRES
(EXTRAITS)

LIVRE TROISIÈME

ANALYSE

DES

PASSIONS ET DES CARACTÈRES.

(EXTRAITS)

LES GRANDS TALENTS SONT-ILS TOUJOURS ACCOMPAGNÉS DE BONNES MŒURS?

Que l'on cite un homme de génie, un homme d'un esprit solide qui, par ses mœurs, ait scandalisé les gens de bien en état de l'apprécier, je croirai que cela est possible. Cependant la vérité n'est pas toujours pour le vulgaire ce qu'elle est pour l'homme de génie : en révélant des vérités sublimes qui contrarient l'esprit de son siècle, on peut croire qu'il s'égare; mais souvent, après l'avoir cru un méchant, un impie, un athée, on lui érige des statues après sa mort. Il est sans doute des hommes d'esprit dont les mœurs flétrissent les talents; et ce serait là l'écueil du sujet que nous cherchons à développer, si chacun n'était persuadé qu'il est de bons et de mauvais esprits comme de bons et de méchants génies. En général, l'esprit n'est pas une chose naturelle; au contraire, l'esprit est éloigné de la nature; il semble même que plus il s'en éloigne, plus nous admirons ses brillants écarts. Mais cette admiration n'est que momentanée, et ne laisse point de trace en nous. C'est alors l'esprit qui séduit l'esprit, tandis que le cœur se tait; ce ne sont que des allusions fines, apanage des talents superficiels, qui amusent l'imagination et ne persuadent point l'homme qui a l'esprit juste. Ne doit-on pas croire que l'individu qui n'aime que les illusions, les subtilités, les tours de force de l'esprit; qui se plaît dans le tourbillon des idées; qui, au milieu du labyrinthe de son imagination, semble courir après la raison, qu'il n'atteint presque jamais; ne doit-on pas croire que de tels hommes présenteront à l'extérieur et dans leurs mœurs l'image du chaos dans lequel ils sont enveloppés ? Ne doit-on pas croire que leur amour-propre, flatté de l'originalité de leur esprit, de cet esprit subtil qui croirait ne pas exister s'il présentait les choses sous des rapports simples, ne s'habitue à dédaigner la vérité, qu'il croit trop commune, que parce qu'il ne peut en sentir les charmes? D'après ces distinctions, il est évident qu'on peut avoir de l'esprit et n'avoir pas le sens commun; de l'esprit sans mœurs et avec un mauvais cœur[1].

Si les dons de l'esprit, tels que nous venons de les indiquer, si l'esprit seul, sans l'assentiment du cœur, consiste dans des subtilités, dans le rapprochement d'idées éloignées et n'ayant que peu ou point de rapports entre elles; si cet esprit, dis-je, se rencontre dans un homme riche, dur, indépendant, mal élevé, n'ayant jamais remporté de victoires sur ses passions, n'ayant point ressenti les maux qui nous font compatir à ceux d'autrui, le cœur d'un tel homme se laissera régir par sa tête : c'est un homme d'esprit auquel il ne faut se fier en rien. Il sera rusé, menteur, subtil, méchant et fripon; il sacrifiera vingt familles pour un bon mot.

Les sots sont ici-bas pour nos menus plaisirs,

est un vers qu'il croit avoir fait; c'est son axiome

---

[1]. L'on trouve aussi de mauvaises têtes avec un bon cœur; mais ceci n'est pas de notre sujet. (G.)

sentimental. Fuyez un tel homme, ne vous laissez pas séduire par ses discours illusoires ; cette langue dorée est un serpent tortueux dont les écailles brillantes enveloppent un venin mortel. Son cœur est nul ; cet homme n'a point d'âme ; plût à Dieu qu'il eût l'instinct de la brute, il le servirait mieux que son esprit.

IL FAUT SAVOIR SE FAIRE PARDONNER SES TALENTS

N'en doutons point, il faut se faire pardonner des talents qui coûtent tant de peines à acquérir. Cependant il n'est point, je crois, de moyen d'y parvenir absolument. La Fontaine, le plus simplement spirituel de tous les hommes, est peint, dans les *Caractères* de La Bruyère, comme un homme grossier et stupide. Faut-il se faire craindre? On vous caresse en parlant à vous-même, et l'on vous déchire davantage en votre absence. Faut-il se faire aimer par des bienfaits? Ils humilient presque autant que le talent, et l'ingratitude s'en mêlera bientôt. Que faire donc? Ce que font les malades incurables : vivre avec son ennemi en agissant le mieux que l'on peut. Je disais un jour à un musicien très subalterne, qui me parlait avec une majesté incroyable : « Que vous ai-je fait? — Rien, me dit-il. — En ce cas, lui dis-je, traitez-moi comme un autre. » Oui, nos talents humilient ceux qui en ont moins que nous, et il faut savoir se les faire pardonner pendant sa vie, car lorsqu'on est mort tout est pardonné. On exalte, au contraire, le talent qui survit à l'homme, pour ravaler celui des hommes qui vivent après lui.

DE LA MODE

Le gouvernement fait les mœurs ; le ton, les manières plus ou moins simples, plus ou moins apprêtées ou bizarres, plus ou moins décentes, ne sont que le reflet des mœurs. L'homme imite volontiers tout ce qui lui impose, tout ce qui est au-dessus de lui ; et comme, tant au physique qu'au moral, la force, le courage, la beauté, le talent, l'esprit, la fortune, rendent les hommes inégaux entre eux ; comme l'apanage des uns n'est jamais, au même point, l'apanage des autres, les hommes sont tous imitateurs, parce qu'ils sont inégaux. Un instinct limité répugne à l'homme ; il cherche sans cesse à perfectionner son être et ses œuvres : autant la brute, par sa nature, reste concentrée, autant l'homme cherche à sortir de lui-même ; c'est là son instinct, qui seul prouverait qu'il est fait pour la société, sur laquelle les objets de comparaison lui manqueraient pour pouvoir s'élever à la perfection qu'il recherche. La mode, cet étendard des mœurs, agit sur l'homme avant qu'il s'en doute. Avec l'habit de l'ordre, un moine en prenait l'esprit ; de même une jeune femme modeste se croit obligée d'être coquette et légère parce qu'en arrivant de sa province dans la capitale, on la revêt des pompons qui désignent la coquetterie et la légèreté. Dans les grandes villes, où l'on n'a pas le temps de se connaître, l'on se juge par l'extérieur, en attendant qu'on se connaisse mieux. Prenez-y garde, femme honnête et décente ; si vous prenez l'habit et le ton d'une évaporée, on vous traitera comme telle, et vous ne tarderez peut-être pas à l'être réellement.

Le peuple doit aimer à imiter les gens du bel air ; il est séduit par les accessoires, les dehors attrayants du vice, avant d'en connaître le principe. Les arts d'imitation suivent le torrent ; pour être vrais, ils peignent la manière d'être, la tournure de chaque chose ; ils l'outrent souvent pour en faire la censure. C'est ainsi qu'imitant aveuglément tout ce qui est de mode, un préjugé remplace un préjugé ; un ridicule ne se détruit qu'à la naissance d'un autre ; c'est à travers le temps qu'on aperçoit la force de l'influence générale et réciproque ; alors il n'est personne qui ne dise : « Est-il croyable que l'on ait fait telle chose il y a dix ans ! » Plus que jamais, il semble que le but des hommes est de suivre les principes d'une saine philosophie, en tout ce qui peut perfectionner la société. Un gouvernement despotique détruit toute liberté naturelle; l'homme vivant dans la contrainte se replie sur lui-même jusqu'à ce qu'il ait secoué le joug; il s'amuse de niaiseries dont aurait rougi la femme d'un Spartiate ou d'un Romain; il se complaît dans ses mœurs efféminées, toutes factices, qu'il nomme du bon ton; et l'homme le plus raisonnable, le plus sévère, est plus ou moins entraîné, malgré lui, par la force de l'exemple. Il est même raisonnable de ne pas fronder la mode régnante; il faut savoir être un peu fou pour ne pas paraître l'être tout à fait. L'on voit souvent la mode passer d'un excès à l'autre : cette transition, comme on le croit, ne tombe pas des nues; elle est préparée de loin par les réfractaires, qui toujours font précisément le contraire des autres[1].

Dans les villes de province, l'habit à part, on sait toujours ce que vaut l'homme : l'habit et la bourse font tout à Paris pour les gens du bel air. Tel étranger, tel grand flandrin, Hollandais ou Anglais, qui dans son pays n'était jamais sorti de la foule, n'a besoin, en arrivant, que du valet de place qui l'attend à la porte de l'hôtel garni, pour lui faire jouer un rôle[2]. Il lui fait connaître cent émissaires officieux et fripons qui lui louent à l'instant un carrosse, le font habiller dans le dernier goût, le mènent dans les coulisses. Dès le lendemain on a prévenu tous ses désirs; il passe successivement à la table, aux spectacles, aux promenades et dans les maisons de jeux. Dans son cercle empesté on ne parle que de lui, de sa magnificence; il n'a qu'à laisser faire, on lui donne à son choix les titres de marquis, baron ou comte. Il ne connaît rien de délicieux comme Paris; dans un mois il se voit métamorphosé au point de ne plus se reconnaître lui-même; il a bien de la

---

1. En toutes circonstances, voici leur manie : « Tu as de petites boucles, j'en aurai de grandes; tu en portes de grandes, je n'en aurai plus, etc. » (G.)
2. Ce qu'on lit ici de l'ancien régime n'est qu'un coin du tableau de ses abus. (G.)

peine à reprendre son style ordinaire pour écrire à ses parents. Le retour dans son pays est un peu difficile après cet enchantement; mais enfin lorsque la finance est épuisée, lorsque l'ordre d'un père le prescrit, il faut bien s'y résoudre. Combien il en coûte alors d'aller reprendre son poste dans un bureau, les travaux d'une manufacture avec les habits convenables! L'on croit se dégrader en redevenant homme simple et honnête.

On se rappelle, sans doute, l'histoire de ce jeune Hollandais qui, après avoir tout dépensé à Paris, après avoir perdu sur parole quelques milliers de louis, fut obligé de s'enfuir pour se rendre dans ses foyers. Son créancier, un de ces hommes du bon ton, sans probité, sans talents, sans fortune, et, fort heureusement aujourd'hui, sans naissance, se rend à Amsterdam; après s'être informé dans la ville, il va sur le port; on lui dit :

« Voilà peut-être le négociant que vous cherchez, mais il n'est point baron. » Il l'aborde.

« Votre fils ou votre parent, M. le baron un tel, n'est-il pas venu à Paris l'hiver dernier?

— Oui, mon fils y a été.

— Il me doit deux mille louis. »

Aussitôt le négociant appelle Henri. Son fils arrive, coiffé d'un bonnet de laine.

« Connais-tu monsieur? T'a-t-il prêté de l'argent à Paris? » Le jeune homme, tout honteux de son costume devant M. le comte, répond timidement :

« Oui, mon père, je dois à monsieur deux mille louis.

— Pourquoi ne l'as-tu pas dit plus tôt?... Pourquoi t'appelais-tu baron à Paris?

— Je vous jure, mon père, que ce n'est pas moi qui me suis donné ce titre; mon valet, puis tout le monde m'y ont forcé.

— Va, retourne à ton ouvrage. Suivez-moi, Monsieur. »

Il le mène chez lui et dans une espèce de cave.

« Voulez-vous de l'or, de l'argent ou du papier?
— L'or ne m'incommodera point, » dit M. le comte.

D'un coup de marteau, le négociant ouvre une tonne d'or, et, sans mot dire, lui paye sa créance, bien ou mal acquise, reprend sa pipe et retourne au port, en lui disant : « Adieu, M... » Que de réflexions n'aurait pas dû faire monsieur le comte, en comparant la dure et sévère probité du Hollandais à la sienne!

Vers la fin de sa carrière, Vernet remarqua qu'on aimait la force du coloris; il fit alors quelques tableaux très forts en couleur; mais il se garda bien de renoncer à ses principes. Il sacrifia à l'idole du jour, en peignant les sites d'un pays tempéré avec les couleurs propres à la nature des régions brûlantes. « Vous serez, me disait-il, forcé d'adopter quelque chose de la musique forte et bruyante, qui, malheureusement, devient à la mode [1]. — Oui, lui dis-je, mais après avoir exagéré, si peu que ce soit, ne faudra-t-il pas toujours en revenir à la juste modération? » Je fis *Raoul Barbe-Bleue*, *Pierre le Grand*, *Guillaume Tell*, où je cherchai à renforcer le coloris musical, c'est-à-dire l'harmonie et le travail de l'orchestre; mais je fis comme Vernet, je ne changeai pas de système : les intentions premières, c'est-à-dire le dessin, le chant, furent pour le théâtre; et l'orchestre, quoique plus nerveux, n'en fut que le coloris. Je ne puis être de l'avis des musiciens qui, trop souvent, font le contraire. Ne doutons pas que Gluck ne les ait entraînés à ce parti; mais il fallait être philosophe comme lui, posséder l'art de faire

---

[1] « Au milieu des succès dont Grétry voyait couronner ses travaux, dit Fétis, un nouveau genre de musique créé par Méhul et par Chérubini s'était introduit sur la scène de l'Opéra-Comique. Cette musique, plus forte d'harmonie, plus riche d'instrumentation et beaucoup plus énergique que celle de Grétry, devint tout à coup à la mode au commencement de la Révolution et fit oublier pendant plusieurs années le *Tableau parlant*, l'*Amant jaloux* et la *Fausse Magie*... La musique de Grétry était même abandonnée, quand le célèbre chanteur Elleviou entreprit de la remettre à la mode et de la substituer aux grandes conceptions harmoniques alors en vogue, qui n'étaient pas de nature à faire briller ses facultés personnelles. Le talent dont il fit preuve dans *Richard*, dans le *Tableau parlant* et dans *Zémire et Azor* fut tel, qu'on ne voulut plus voir que ces ouvrages, qui étaient neufs pour une partie du public... »

un grand tout bien ordonné, pour avoir osé renverser le principe, en rendant principal ce qui, par essence, ne doit être qu'accessoire. Ce qui prouve cependant, et sans réplique, que pour travailler dans les vrais principes l'orchestre doit être subordonné au chant, et non pas le chant à l'orchestre, c'est que le genre de Gluck a déjà été saisi et imité par plusieurs compositeurs, et qu'il peut l'être encore. Je crois qu'on n'imitera pas de même, et avec succès, un chant pur et vrai, ni même le beau chant idéal de Sacchini. Ainsi la manière de juger si un genre qui plaît est tout entier dans les vrais principes de l'art, c'est de remarquer si, à chaque instant, les jeunes artistes ne font pas des efforts pour le perfectionner encore, et si dans leurs imitations ils n'obtiennent pas des résultats supérieurs.

L'Italie a donné naissance à la mélodie ; l'Allemagne a perfectionné l'harmonie ; la France a vu naître l'art dramatico-musical ; et, soyons justes, c'est aux poètes français, plus qu'aux musiciens, qu'appartient cette gloire. Les bons poèmes, bons à tous égards et sans longueurs, n'ont guère été faits qu'en France ; et plus un poème est bon, moins il est permis de le dégrader par des contresens musicaux. Comment le peuple français, naturellement peu musicien et idolâtre de sa langue, peut-il permettre des absurdités en musique? dira-t-on. Je réponds à cela que le Français est juste : il permet tout quand le poème est mauvais ; mais il ne permet rien d'absurde au musicien si le poème est intéressant et bien fait.

Il est une autre manie qui s'accrédite maintenant, et qui est d'autant plus dangereuse qu'elle en impose au commun des auditeurs : c'est celle de faire beaucoup de bruit, dont je veux parler. Il semble que depuis la prise de la Bastille on ne doive plus faire de musique en France qu'à coups de canon! Erreur détestable qui dispense de goût, de grâce, d'invention, de vérité, de mélodie et même d'harmonie, car elle ne fut jamais dans le bruit. Si nous n'y prenons garde, nous dessécherons l'oreille et le goût du public; nos meilleurs chanteurs deviendront ventriloques au bout de deux ans, et nous n'aurons plus que des compositeurs bruyants. N'en doutons point, ce genre monstrueux serait la perte de l'art musical, de même que la pantomime fut celle de l'art dramatique chez les Grecs et les Romains. Je me sers ici d'une comparaison triviale; mais si dans un repas on commençait par servir les mets les plus piquants, pourrait-on ensuite en offrir d'autres moins apprêtés? Nous avons tous remarqué le danger de monter trop haut sa lyre au commencement d'un ouvrage; après avoir abusé des grands effets, on commence un morceau de mélodie qui devrait être aimable, avoir toute son étendue et ce qu'on appelle l'*aplomb magistral;* mais à peine a-t-on fait quelques mesures qu'on est saisi de la crainte des longueurs; on retourne vite à la timbale pour se tirer de presse et se sauver dans le bruit qu'on a prodigué d'avance. Il est, je le répète, bien dangereux de se livrer à ce débordement continuel de musique, qui épuise tous les effets dont on a besoin dans la suite d'un drame. Je n'ai jamais parlé de cet abus avec mes confrères Méhul, Lemoine, Chérubini, Lesueur... qu'ils ne m'aient témoigné leurs craintes sur les suites funestes de cet abus. Ils conviennent tous que l'harmonie est aujourd'hui compliquée au dernier point; que les chanteurs et les instruments ont franchi leur diapason naturel; que plus de rapidité dans l'exécution rendrait notre musique inappréciable pour l'oreille, et qu'enfin un pas de plus nous jetterait dans le chaos. Tout nous commande donc de rétrograder vers la simplicité; soyons sûrs qu'elle aura pour nous tout le charme de la nouveauté.

La musique française de nos jours a tout à coup pris d'ailleurs un élan terrible : l'on voit cependant qu'à travers les foudres d'harmonie que quelques jeunes artistes déjà célèbres ont fait éclater dans leurs compositions, on voit, par exemple, que l'air des *Marseillais*, composé par un amateur qui n'a que du goût et qui ignore les accords[1], l'air Ça ira, la Carmagnole, qui nous vient du port de Marseille, ont fait les frais musicaux de notre Révolution. Pourquoi? Parce que ces airs sont du chant, et que sans chant point de musique qu'on retienne.

Excepté les situations où la plus grande force est nécessaire, guérissons-nous de la fièvre continue qui, dans les arts comme dans l'économie animale, annonce toujours quelque dérangement occulte. Donnons à la mode régnante tous les détails d'agrément; que nos bons chanteurs en inventent ou aillent en chercher chez les Italiens; mais que ce ne soit jamais aux dépens de la prosodie ni du sens des paroles. C'est surtout à la terminaison des phrases musicales qu'on s'aperçoit que la musique a vieilli. Ne faisons point de difficulté de substituer à la cadence qui n'est plus en usage celle qui maintenant est à la mode; le nombre des terminaisons est borné, parce que, de force ou de gré, il faut finir la phrase par la note tonique qui représente le point final. On devrait nous donner la collection de toutes les cadences parfaites connues dans notre musique et celle des autres peuples; le compositeur pourrait consulter ce tableau, pour y choisir celles qui seraient de mode et qui conviendraient au genre de son morceau. On devrait aussi nous donner le tableau des effets d'harmonie et des sorties de ton, gradué depuis les transitions naturelles jusqu'aux excès harmoniques. On pourrait dire alors du compositeur qui aurait modulé trop rudement : « Il devait prendre tel numéro, de préférence à celui qu'il a choisi. »

Je ne dissimulerai pas que souvent, en écoutant les compositions plus fournies, plus pleines d'harmonie que les miennes, j'ai regretté de n'en pas avoir fait un plus

---

[1]. On a attribué l'air des *Marseillais* à moi et à tous ceux qui ont fait quelque accompagnement. L'auteur de cet air est le même que celui des paroles : c'est le citoyen Rouget de Lille. Il m'envoya son hymne *Allons, enfants de la patrie*, de Strasbourg, où il était alors, six mois avant qu'il fût connu à Paris. J'en fis, d'après l'invitation de l'auteur, plusieurs copies que je distribuai. (G.)

grand emploi dans mes premiers ouvrages. J'ai souvent négligé la partie de la quinte, qui est si nécessaire pour remplir le vide qui se trouve entre les violons et la basse, que je ne doute pas qu'un jour on n'invente des demi-violoncelles plus forts que les quintes. Les musiciens exécutant la partie de la quinte se croient dispensés de jouer lorsqu'ils font la même partie que la basse, et ils se trompent; la quinte, pour remplir le vide dont je viens de parler, est toujours d'une nécessité absolue. Au reste, il me serait aisé d'augmenter le travail de la quinte et du basson; cependant, et je ne sais pourquoi, je n'en suis pas tenté. Si après moi mes ouvrages restent aux répertoires des théâtres lyriques, quelque compositeur s'en chargera peut-être[1]; mais je l'invite à se bien pénétrer du sentiment de ma musique : qu'il sache bien ce qui y est, pour qu'il sente le danger de l'obscurcir par des remplissages, par des accessoires que je regarde souvent comme l'éteignoir de l'imagination.

DE L'INSTINCT DE QUELQUES ANIMAUX ET DE LEUR PRÉTENDU RESPECT POUR L'HOMME

Certains auteurs prétendent que les animaux ont pour l'homme une sorte de respect, que sa taille noble et fière, que la majesté de sa figure, leur imposent. Cependant je ne conseille à aucun homme d'aller en faire l'essai dans les déserts ou dans les forêts peuplées d'animaux sauvages. Ne comptons pas plus sur

---

1. Ce que Grétry prévoyait est arrivé. Pour garder au répertoire ses œuvres principales on a dû en *renforcer* l'orchestration. « Je voudrais, dit-il dans un chapitre intitulé *Projet d'un nouveau théâtre*, que la salle fût petite et contenant tout au plus mille personnes, qu'il n'y eût qu'une sorte de places partout; point de loges ni petites ni grandes, car ces réduits ne servent qu'à favoriser la médisance... *Je voudrais que l'orchestre fût voilé, et qu'on n'aperçût pas les lumières des pupitres du côté des spectateurs. L'effet en serait magique*, et l'on sait que, dans tous les cas, *jamais l'orchestre n'est censé y être...* » On voit à qui revient l'idée première de l'orchestre caché, qu'une école récente a mise en pratique avec grand succès.

le respect des animaux que nous avons subjugués; le respect, pour être véritable, ne doit être mêlé d'aucune crainte. L'homme même ne respecte pas un autre homme, quelque puissant qu'il soit, s'il le craint; ce n'est qu'à la vertu, au talent naturel et éminent qu'on accorde une déférence respectueuse et volontaire. Mais si l'homme vertueux, si l'homme à grand talent, exigent des distinctions, on ne doit plus rien... L'homme n'inspire pas même le respect à ses animaux domestiques : il les nourrit, il les frappe, les caresse; leur instinct doit céder à une volonté stable. Je demandai jadis à un berger qui conduisait son troupeau dans les champs si les animaux revenaient le soir à l'étable avec autant de plaisir qu'ils semblaient en avoir d'en sortir : « Je crois, me dit-il, que s'ils avaient abondamment au champ et la pâture et la boisson, si on allait les y traire quand ils n'ont point de petits, ils ne reviendraient que l'hiver. »

D'après les histoires connues de l'éléphant, il semble plutôt le juge des actions de son maître que son esclave. Il obéit à tout ce qui est juste; mais sa vengeance est toute prête si le maître passe les limites du pouvoir que l'animal lui accorde. Ils semblent avoir fait un contrat qui dit : « Tu me nourriras, je te servirai sans caprice; mais si le caprice vient de toi; si tu comptes te venger sur moi du chagrin que te donnent mille passions que je n'ai point; si injustement tu prends le bâton, voilà ma trompe qui est plus redoutable. »

On a dit avec raison que le chat n'aime de nous que le bien que nous lui faisons; pour se gratter, il se frotte indifféremment contre nous ou contre un meuble; c'est parce qu'il est toujours défiant que des peuples anciens l'ont pris pour symbole de la liberté. Le chien est le véritable ami de notre espèce; c'est le modèle qu'il faut suivre en se cherchant un ami parmi les hommes. Rien de plus aimable à examiner que cet animal lorsque sa volonté est partagée entre son maître et sa proie; il court d'un objet à l'autre, il demande, il supplie qu'on lui accorde quelques instants de plus;

mais si le maître persiste à l'appeler, il va se fourrer entre ses jambes et ne se permet plus que quelques regards douloureux vers l'objet qu'il abandonne. Un traité des qualités du chien, bien écrit et offrant avec méthode la plupart des faits curieux qu'on en rapporte, aurait sûrement du succès. Le dévouement de cet animal envers nous lui mérite cette reconnaissance de notre part. Au reste, qui aime bien est bien aimé.

Un de mes beaux-frères vient de rompre, la veille de ses noces, un mariage très convenable, parce que sa future voulait qu'il se défît de son chien. « Tout convient à la jeune fille, me dit-il, excepté mon Rocosto ; c'est mon ami de dix ans ; mon chien mourrait s'il ne me voyait plus ; j'ai fait mes adieux à la demoiselle, et je ne m'en repens pas. »

Il est certain que les animaux aiment la musique, non la musique compliquée, car je crois qu'ils la craignent, mais le corps sonore, ses aliquotes et leurs dérivés les plus proches, mis en chant harmonieux. Les animaux, ou leur instinct, sont eux-mêmes, comme la musique pure, un résultat physique et mathématique. Si les oiseaux se rangent dans les airs, c'est dans la forme triangulaire, la pointe en avant, pour fendre la colonne d'air avec facilité. Le bataillon le mieux formé est celui qui est dirigé par l'instinct d'un troupeau qui craint la dent meurtrière de son ennemi. Les couleurs plaisent ou déplaisent aux animaux, selon leur naturel : le rouge égaye la brebis et excite la colère du taureau, parce que l'un aime à sortir de sa mélancolie, l'autre a besoin de calmer son naturel indompté, que le rouge excite encore. Les oiseaux, dont plusieurs ont le chant distinct, retiennent les airs qu'on leur répète souvent ; cependant il faut qu'ils soient peu ou point modulés. J'entendais ma mère seriner l'air intitulé *Marche des mousquetaires:* « Votre serin, lui dis-je, ne chantera pas cet air tout entier ; il s'arrêtera à telle mesure ; » et cela fut vrai. C'était à l'endroit où l'air touche la note relative du ton.

Ce que je dis prouve évidemment qu'en musique le

corps sonore seul est dans la nature. Les oiseaux font les notes adjacentes, comme on vient de le voir; mais il ne faut pas, dans les airs qu'on leur apprend, s'écarter des modulations simples. Je ne sais pourquoi on n'imaginerait pas de petits airs en canon, composés des notes du corps sonore, qu'on apprendrait à plusieurs serins; il serait très curieux et très amusant de les entendre chanter en partie.

Les chiens sont sensibles à la mélodie et surtout aux rythmes bien marqués. Le caractère prononcé de cet animal a des rapports avec les rythmes musicaux, et de l'antipathie pour les sons soutenus sans détermination de mouvement. Vous entendez souvent les chiens hurler avec des dissonances soutenues, et jamais si la mélodie est simple, et surtout si le rythme est propre à la chasse ou à la guerre. Je vis un jour un chien qui haïssait la musique de tout genre; il attaquait dans les rues les joueurs d'orgues de Barbarie, et du plus loin qu'il les entendait il entrait en colère. Le hasard me fit connaître le maître du chien; je sus de lui qu'un voisin, jouant beaucoup du violon, l'avait battu plusieurs fois pour l'éloigner de sa chienne. Voilà comme souvent ce qui serait plaisir devient peine, par le rapprochement de deux sensations qui se confondent. Frappez un gros coup sur un tambour; donnez en même temps un coup de pied ou un soufflet à quelqu'un, toute sa vie le tambour lui rappellera l'affront qu'il a reçu. A combien de réflexions ceci ne mène-t-il pas relativement à l'instruction et aux mœurs en général? La musique bien appliquée nous ferait aimer ou détester tout ce qui est bon ou pernicieux à la société.

Les araignées sont connues pour aimer singulièrement la musique; je crois même que tous les animaux ou insectes qui établissent délicatement une parfaite symétrie dans leurs ouvrages d'instinct, doivent être sensibles à la musique, dont la pureté a ses bases dans les données les plus pures de la nature. A Auteuil, dans une vieille petite maison que j'ai habitée longtemps pendant l'été, quelqu'un qui s'amusait à me voir travailler écrasa une araignée qui était sur mon piano; il en fut fâché lorsque je lui appris que depuis longtemps je la voyais descendre par son fil dès que je me mettais au travail, et qu'il n'y avait pas de doute qu'elle ne fût attirée par l'amour de la musique.

UNITÉ

Mot sublime qui renferme tout en lui-même. Rien de parfait dans ce monde si l'unité ne se trouve dans l'objet désigné. Le monde est une unité; tout ce qui est, est par l'unité; depuis la naissance jusqu'à la mort de chaque être animé, et depuis la création jusqu'à la destruction de chaque être inanimé, il y a unité. Pour établir une seule unité entre le ciel et la terre, les illuminés et les philosophes systématiques se sont partagé la besogne. Les uns ont formé l'échelle qui descend depuis Dieu jusqu'à l'homme; les autres, depuis l'homme jusqu'à la brute, et depuis la brute jusqu'aux créatures inanimées. Mais que d'hypothèses ils ont été obligés d'établir pour former ce grand tout.

L'homme imitateur, l'homme artiste, a senti que ce n'était que par l'unité qu'il pouvait donner un prix à ses productions. Qui dit unité dit tout. Trouver l'unité dans les arts d'imitation, quelque sujet que l'on traite, c'est trouver le mieux possible. Si quelques détails oiseux, si même une beauté étrangère occupe une place dans un discours, dans un morceau de musique, dans un édifice d'architecture, dans un tableau, cette beauté devient une tache; à l'instant la production cesse d'être simple et perd son unité.

L'unité est si nécessaire que, même en rendant un morceau de musique presque monotone à force d'être simple, vous êtes encore sûr de produire plus d'effet qu'avec un morceau mal compliqué. Par exemple, les morceaux du chant qui ne sont accompagnés que d'un seul trait d'orchestre qui se répète sans cesse dans différents tons, produisent sur nous des effets que nous ne savons à quoi attribuer. Sont-ce des effets sans cause? Non, cela est impossible; c'est le charme de l'unité qui nous séduit. Cependant, rien de moins difficile à faire que les morceaux de ce genre : c'est une ressource connue des compositeurs, quand ils ne peuvent trouver sur certaines paroles un chant assez expressif; forcés alors de se contenter d'un chant presque insignifiant, ils ont recours à un seul trait d'accompagnement qu'ils promènent dans plusieurs gammes, jusqu'à la fin du morceau. Ces sortes de compositions sont quelquefois nécessaires, sont admirables quand tous les sentiments des acteurs de la scène ne forment qu'une volonté; mais si les sentiments sont différents, l'on ne sait plus auquel attribuer cet accompagnement unique. S'il captive bon gré mal gré, c'est que, semblable au magnétisme, ou plutôt au magnétiseur, cet accompagnement persécute, tourmente, irrite, et finit par avoir raison, parce qu'il faut céder à la force qui ne cède point. L'abus même de l'unité est donc un abus? dira-t-on. Non, ce n'est pas la conséquence qu'on doit tirer des morceaux faits comme je viens de le dire. Disons plutôt que le compositeur a jeté beaucoup d'unité dans l'accessoire de son œuvre, ne pouvant pas imaginer un chant heureux, varié dans son unité, et analogue aux paroles; qu'il a enfin abandonné l'objet principal pour briller par ses accessoires, et que c'est souvent un subterfuge adroit plutôt qu'une création du génie. Ah! combien il est difficile d'employer tous les moyens qui expriment nos idées et qui forment un bon ouvrage quelconque, en conservant cette unité divine que l'on sent mieux qu'on ne peut l'atteindre ou l'expliquer! Cette idée précieuse de l'unité doit occuper sans cesse les jeunes artistes; elle m'occupait tellement dans le temps de ma jeunesse, que j'avais pris pour emblème de l'unité une boule que je posais sur ma table ou sur mon clavecin quand je composais; et dès que mes idées se compliquaient et m'éloignaient de mon objet principal, ma boule était devant mes yeux ; je me disais : « Mon ouvrage ne sera pas rond comme cette boule. » Ce que je dis là est un enfantillage, si l'on veut ; mais néanmoins il est bon de frapper nos yeux d'un objet qui nous ramène au vrai, et dont l'aspect d'unité répercute en nous-mêmes l'idée simple que nos sens externes ont fait naître.

En musique, il n'est rien de plus simple, de plus beau, de plus noble, de plus parfait que le corps sonore ; son effet est immanquable lorsqu'il est bien employé. L'unité nous frappe toujours : *un* est senti par tout le monde, ignorant et savant[1] ; *deux* présente déjà l'alternative de l'un ou de l'autre ; *trois, quatre, cinq, six, sept,* offrent des milliers de combinaisons qui sont l'ouvrage de l'art[2]. *Un* est donc la nature ; l'art commence quand on dit *deux*, à moins qu'*un* joint à *deux* ou davantage ne se confondent dans une parfaite unité.

DE LA SENSIBILITÉ

La sensibilité nous est donnée avec la vie. C'est la chaleur qui développe la sensibilité, de même que la froideur la diminue ou l'anéantit ; l'excès de la chaleur ou de la froideur tue également l'individu. On prend pour synonymes chaleur et sensibilité, de même que froideur et insensibilité[3].

Depuis l'homme le moins sensible jusqu'à celui qui l'est le plus, il y a une gradation progressive de sensibilité qui rend tous les hommes propres à différentes

---

1. J'ai remarqué constamment que ma pendule ne m'éveille la nuit que lorsqu'elle sonne un coup. J'entends souvent la demi-heure, et rarement plusieurs coups de suite, c'est-à-dire que le premier coup m'éveille assez pour que je l'entende distinctement ; mais le second m'assoupit, et au troisième coup j'ai perdu la présence d'esprit. Les sens endormis n'ont pas la force d'ajouter un à un, un à deux, un à trois, etc. (G.)

2. Un calculateur m'a assuré que les sept notes de la gamme donnent 4,040 combinaisons ; les douze sons de la gamme chromatique en donnent 479,001,600. L'homme de génie peut-il désirer une plus ample latitude, sans compter les rythmes différents qui varient à l'infini toutes ces combinaisons ? (G.)

3. Entre tous les animaux, il semble que le poisson, étant le plus privé de chaleur, doit être le moins sensible. (G.)

choses. En récapitulant, d'après leurs réputations reconnues, toutes les productions humaines, et jugeant de leur bonté par le degré de sensibilité de leurs auteurs, on aurait à coup sûr le résultat du produit de la sensibilité humaine et de ses divers degrés ; mais, il faut en convenir, pour faire ce rapprochement immense, il faudrait la vie entière d'un grand homme. Disons donc seulement que les arts d'imagination sont ceux qui exigent de la part de l'artiste le plus grand foyer de sensibilité.

Tous les hommes sont sensibles à la symétrie et à l'harmonie qui se manifestent dans toute la nature ; la majeure partie sait exécuter avec patience, dans la pratique des arts libéraux ou mécaniques, du commerce ou de la navigation, etc., ce que peu d'hommes savent inventer ; mais arracher à la nature le germe qu'elle renferme est le procédé du génie qui émane d'une vive sensibilité. La sensibilité puérile n'est que faiblesse et ne produit rien de bon ; celle qui provient de l'équilibre entre les forces de l'individu est la sensibilité par excellence. La femme en général participe trop à la sensibilité puérile pour faire de grandes choses ; mais la femme forte et à grand caractère, qui gouverne ses nerfs et n'est pas gouvernée par eux, est très propre aux arts d'imagination et doit surpasser l'homme lui-même dans les arts d'agrément. L'homme le plus sauvage, le plus barbare, a aussi sa part de sensibilité ; si quelquefois ses passions indépendantes le rendent féroce, il se rappelle son semblable lorsqu'il est dans les souffrances ; qu'on nous montre un homme qui n'ait jamais connu la douleur, celui-là seul peut être insensible. La plus grande insensibilité doit provenir de notre plus grand éloignement de la nature. Plus l'homme devient sensible aux plaisirs factices, plus il s'éloigne de la vraie sensibilité. Le puissant imbécile, auquel des flatteurs ont persuadé qu'il est hors du cercle social, doit être le plus insensible et le plus malheureux des êtres : insensible, parce qu'il a la bonhomie de croire qu'il n'a point d'égal entre les hommes ;

malheureux, parce que la nature dément en lui et à chaque instant ce que ses flatteurs veulent lui persuader. Lorsqu'il est atteint par la douleur et qu'il leur dit : « Je souffre, » ils voudraient lui persuader le contraire, et qu'un homme tel que lui doit être au-dessus des misères humaines.

On pourrait dire que dans l'homme il y a autant de sortes de sensibilités qu'il y a de caractères émanés de plus ou moins de sensibilité ; et l'on sait que le caractère change plusieurs fois dans le cours de la vie. Avec l'âge, il se forme selon nos goûts et nos passions ; dans un âge plus avancé, d'autres passions le modifient encore. Chez les uns il est la suite d'une maladie ; chez les autres, d'un bon succès ou d'un revers. En vivant continuellement avec les mêmes hommes, on ne s'aperçoit guère de cette mutation progressive ; cependant il ne faut que rétrograder, reporter sa mémoire à un lustre ou deux, pour voir combien l'homme d'aujourd'hui est différent de ce qu'il était. C'est surtout lorsqu'on retrouve ceux qu'on avait perdus de vue depuis longtemps qu'on est étonné des changements qu'ils ont éprouvés. Un retour involontaire sur soi-même est alors inévitable ; notre physionomie devient parlante, et je crois que c'est plus pour nous qu'elle s'explique que pour ceux dont l'aspect nous étonne. Si, après s'être séparées dès l'enfance, deux personnes se retrouvent dans le bel âge, le sourire du bonheur éclate sur leurs visages ; combien nous sommes embellies, semblent-elles se dire en s'embrassant ! Mais si, après s'être séparées encore, ces mêmes personnes se retrouvent trente ans après, l'impression du désastre de l'une agit également sur l'autre, en songeant que le temps s'est écoulé de même pour toutes deux. Dans l'église de Saint-Pierre à Rome est un tombeau que je considérais souvent lors de mon séjour en cette ville. L'on voit la même femme couchée à droite et à gauche de ce tombeau ; mais elle est représentée d'un côté à l'âge de quinze ans, et de l'autre à quatre-vingt-dix. En examinant simultanément les yeux, les traits de ces deux figures, l'on voit et l'on croit que les formes usées de la figure surannée ont appartenu à la jeune beauté qui lui est opposée. L'idée de l'artiste est belle, simple et très analogue à son objet; il dit tout en deux mots : la vie et la mort.

On peut regarder la musique comme un thermomètre qui fait apprécier le degré de sensibilité de chaque peuple, selon le climat qu'il habite. Le chant national de chaque peuple, et plus encore sa manière de chanter, de porter les sons, de les soutenir, de les heurter, de les détacher; les inflexions quelconques plus ou moins douces, passionnées, voluptueuses, gaies, tristes, barbares ou sauvages, sont d'accord dans chaque pays avec sa température. La nature du gouvernement, les mœurs, doivent aussi influer sur l'accent de la langue et du chant, qui en est l'imitation; mais ces causes secondes ne peuvent détruire l'influence du climat. Il y a d'ailleurs, et je le dirai plus loin, il y a deux sortes de chant dans chaque pays : celui des gens instruits et celui du peuple, qui conserve toujours le goût du terroir, malgré les altérations que ne cessent d'y apporter les gens de bel air. Les Français, par exemple, imitent depuis vingt-cinq ans, dans leur chant, les accents de la musique italienne; mais le chant des porcherons n'a point changé. Allez aux guinguettes, écoutez ce qu'on y chante, et vous en serez persuadé. Pour prouver qu'il n'y a de naturel dans un pays que les productions qui émanent du climat, je dirai que la société des riches, des gens instruits, et surtout la belle jeunesse qui innove sans cesse, saisissent très aisément et très naturellement le chant national, et qu'ils sont presque tous à côté du vrai lorsqu'ils empruntent les chants des autres peuples.

Examinons combien de sortes de mélodies on peut trouver en Europe, quelle est la nature de ces mélodies, et quel est leur rapport avec le climat qui les inspire. On peut distinguer : 1° la mélodie des Italiens et celle des peuples plus méridionaux qu'eux et exposés aux ardeurs d'un soleil plus brûlant; 2° celle des Français; 3° celle des Allemands et des autres peuples plus enfoncés dans le nord. Remarquez qu'en ceci, comme presque en toute chose, la division est de trois : chaud, tempéré, froid. Il y a ensuite les degrés intermédiaires, qui ne décident point la question. La mélodie, le chant, et surtout la manière de chanter des Italiens est passionnée, voluptueuse; les sons toujours portés, soutenus, diminués et enflés, enflés et diminués; une espèce de gémissement, un soupir commence et finit chaque phrase musicale. Voilà quelles seront toujours les inflexions des climats brûlants. Les Italiens ont beau varier les paroles et la tournure de leur chant, ils semblent toujours dire : *Oh Dio! mi moio! mi sento morir! abbià pièta di me* [1]!

Je ne veux pas dire, sans doute, que Durante, Leo, le père Martini et d'autres n'aient pas été des harmonistes savants; je sais qu'en Italie même on n'a qu'à mettre la science à la mode, ne considérer, ne récompenser qu'elle, alors l'Italie aura des savants; mais ceci ne prouve rien, sinon qu'on lui a fait prendre une direction forcée; laissez agir librement les musiciens italiens, ils seront ce qu'ils sont et ce qu'ils doivent être selon leur climat, c'est-à-dire chantants, passionnés et fort peu savants, où il s'en trouvera un sur mille, et ce sera le contraire en Allemagne. Si l'on demande pourquoi les hommes habitant un climat plus chaud que l'Italie n'ont pas la même réputation en musique que les Italiens, nous dirons que nous soupçonnons deux causes qui peuvent occasionner cette différence : la première est que la chaleur trop excessive affaiblit l'individu et lui ôte l'énergie qui rend les passions expansives. On soupire donc, on gémit doucement sur une guitare; on se renferme en soi-même, parce qu'on ne peut et qu'on n'ose dire tout ce qu'on ressent. La seconde cause, qui paraît aussi pro-

---

[1]. O Dieu! je me meurs! je me sens mourir! hélas! ayez compassion de moi!

bante, est que l'Italie a hérité de tous les arts après la splendeur des anciens Romains : de même que jadis on y était guerrier par amour de la patrie, aujourd'hui on y est poète, musicien, architecte, peintre ou sculpteur, par amour-propre et par hérédité. Avant de passer à la mélodie des peuples du nord respectivement à l'Italie, rappelons cependant ce que nous avons dit dans le premier livre : disons que l'Italie seule a donné le type de la mélodie à l'Europe entière ; qu'elle a embrasé de ses accents voluptueux tous les peuples qui n'avaient pas encore trouvé le vrai langage des âmes passionnées. Mais voyons, en même temps, les modifications que chaque peuple s'est vu forcé de faire à cette mélodie mère pour être d'accord avec les passions dépendant de son climat.

La France jouit d'un climat tempéré : aussi la mélodie des Français s'exhale en gaieté, en petits airs, et ils ne chantent jamais qu'ils n'aient envie de danser. Les accents des départements méridionaux ont bien quelque chose de plus passionné que ceux de Paris ; mais aux accents de leurs passions plus vives ils joignent des flûtes aiguës et des tambourins, de peur de s'attrister. Soupirez un air italien avec un accompagnement de tambourin, vous sentirez si ce contraste est supportable. Nous avons des romances, direz-vous, avec lesquelles la petite flûte ni le tambourin n'ont rien à faire. Cela est vrai ; mais vous en avez une sur mille airs gais, et les Italiens ont le contraire. Les barcarolles vénitiennes ont le mouvement de la gaieté ; mais si vous les entendez chanter par les hommes, et surtout par les femmes du pays, vous conviendrez que les inflexions avec lesquelles ils les chantent les rendent ce qu'on appelle, en terme de musique, *amoroso*[1].

Je ne veux pas dire que les Français n'aient point de musique, et je suis fâché que Rousseau ait dit qu'ils n'en auront jamais. C'est, à mon avis, comme s'il avait

---

1. Je vis un jour un air de société, un air français, composé par un amateur ; et pour bien désigner qu'il voulait que son air fût chanté dans le goût italien, il avait écrit en tête *malouroso*. (G.)

dit que les Français ne seront jamais ni gais ni tristes, ni chauds ni froids, ni sensibles ni insensibles, ce qui assurément est impossible ; il faut absolument qu'ils soient l'un ou l'autre, ou au moins mixtes ; et s'ils sont tels, leur musique, mixte comme leurs passions, pourrait encore être très bonne.

Les Français sont doués modérément de toutes les passions : ils ont, n'en déplaise au reste de l'Europe, le juste milieu qu'on recherche en toute chose pour approcher le plus près possible de la perfection. Qui dit un climat tempéré dit participant du chaud et du froid. Le Français est gai, aimable, spirituel par nature, parce qu'il n'est absorbé par aucun excès de chaleur ni de froidure. Selon les circonstances, il peut disposer de ses forces et de ses facultés mobiles, puisqu'elles sont modérées. Se trouvant au centre d'une juste température ; ayant, pour ainsi dire, la chaleur à sa droite, la froidure à gauche, il n'a qu'un pas à faire pour être ce qu'il veut et aller où il veut. Son climat doux lui laisse assez de force pour cultiver les sciences les plus abstraites, comme les plus aimables ; il aime la gloire avec transport, parce qu'en portant toutes ses forces vers un seul objet, il est susceptible d'enthousiasme, de fureur, et devient plus fort que l'homme d'autres climats. Son théâtre tragique et comique, ses excellents comédiens, prouvent depuis longtemps que sa déclamation est parfaite dans tous les genres. Et vous voulez, Jean-Jacques, que le peuple qui déclame avec tant d'énergie, de charmes, de gaieté et de noblesse, ne puisse avoir sa musique ? je dis plus, une bonne musique ? Serait-il possible qu'un homme tel que vous eût ignoré que partout où l'on déclame juste on peut noter et chanter cette même déclamation ? Dire que la langue française n'est pas susceptible d'accent, n'est-ce pas dire que les Français n'ont point de passions ? Eh, qui mieux que vous, Jean-Jacques, a prouvé le contraire ? Car vous êtes Français ; c'est en France, c'est à Paris que vous avez appris à penser, à écrire, à être éloquent. Vous avez été, comme nous tous, électrisé par ces têtes ardentes qui, toujours idolâtres des arts, des sciences et de la belle nature, ne respectaient aucun abus : un Voltaire inondant la France de ses écrits, toujours amusants et instructifs et quelquefois sublimes; un Diderot, un abbé Arnaud, qui lançaient la foudre au milieu des festins, et qui, par la force de leur éloquence, communiquaient à chacun la noble envie d'écrire, de peindre ou de composer de la musique; un d'Alembert qui, tour à tour ardent et modéré, apprenait qu'il faut mettre des bornes à l'enthousiasme; un La Harpe qui dans trois phrases vous présentait le résumé d'un volume; un Marmontel qui (je ne parle point de sa profonde érudition) aurait répété en bons vers ce que l'on venait de dire en prose; un Sedaine qui voyait dans le conte qu'on débitait une action théâtrale, en saisissait tous les fils sans jamais s'écarter de la sublime unité. Non, il est impossible de résister à la flamme qui sortait de la réunion de ces hommes tous célèbres, chacun dans son genre; et quand le vin de Champagne arrosait ce feu sacré des arts et du génie, l'homme fait pour être quelque chose anticipait de plusieurs années les chefs-d'œuvre qu'il devait enfanter, et pour lesquels il était prédestiné.

Il nous reste à examiner la mélodie des Allemands. Elle n'a rien de la gaieté, de l'amabilité de celle des Français, quoiqu'ils soient leurs voisins; mais comme souvent au physique les extrêmes se touchent ou se rapprochent, elle semble plutôt avoir une partie des accents de la mélodie italienne. On oserait presque dire que les hommes des pays chauds soupirent leur mélodie, parce qu'ils sentent trop vivement, et que ceux du Nord soupirent après les sensations voluptueuses qu'ils désirent.

Il y a deux mélodies très distinctes dans chacun des climats dont nous venons de parler. Une appartient au peuple laborieux, l'autre est celle des hommes plus instruits et plus sensibles aux beautés des arts. A Rome, une espèce de psalmodie est la vraie musique du peuple : elle est triste, lourde, et n'a rien d'efféminé comme la mélodie italienne que nous connaissons. Un ami me disait, en nous promenant la nuit dans les rues de Rome : « Il ne faut qu'entendre chanter ces abbés pour sentir combien ce peuple est efféminé. — Oui, lui dis-je; mais que pensez-vous de cette psalmodie populaire qui se fait entendre de l'autre côté? Moi je tremble pour les abbés lorsque j'entends les chansons *dei facchini*[1]; j'y trouve une âpreté, un accent d'ancienne Rome, qui me fait croire qu'elle pourrait bien un jour sortir de sa cendre. »

Je l'ai dit ci-devant : on ne chante pas aux guinguettes de Paris comme aux spectacles ni dans les sociétés. On dit que le peuple allemand avait jadis un accent d'une dureté épouvantable; mais dans beaucoup de villes d'Allemagne on a établi des écoles publiques et gratuites de musique, qui ont dû le tempérer. Je ne serais point étonné que les hommes des climats qui sont au nord de l'Allemagne, tels que le Danemark, la Suède, la Russie, eussent un accent moins dur que celui des Allemands. Par la même raison que, comme nous l'avons dit, la chaleur plus forte que celle qu'on ressent en Italie atténue l'expression de la mélodie avec les forces physiques des habitants, l'excessive rigidité des climats plus froids que celui des Allemands doit aussi diminuer la dureté de l'expression musicale, en émoussant davantage la sensibilité individuelle. Concluons donc, et disons que tous les peuples sont plus ou moins préparés à la mélodie ou à l'harmonie par la chaleur, la température ou le froid de leurs climats, et que c'est ce degré de chaleur ou de froid qui donne le plus ou le moins de sensibilité; que la chaleur, telle qu'elle règne en Italie, donne à ses habitants le degré convenable de sensibilité propre à la plus belle mélodie, en leur refusant néanmoins la force et le besoin nécessaires pour combiner fortement l'harmonie; que la mélodie dégénère

---

[1]. A Rome, on appelle ainsi les portefaix.

ensuite, si l'on perce dans les régions où la chaleur devient excessive ; que la juste température de leur climat rend les Français propres à la mélodie autant qu'à l'harmonie, sans qu'ils puissent atteindre, ni pour l'une ni pour l'autre, le degré qui appartient aux Italiens et aux Allemands ; que le climat froid des Allemands les rend peu propres à la mélodie ou au chant, mais très disposés à la plus forte harmonie ; que si on avance davantage dans le nord de l'Allemagne, l'harmonie doit perdre de son énergie, sans peut-être y gagner beaucoup du côté de la mélodie. La mélodie est donc le partage de la sensibilité produite par l'influence d'un soleil ardent, et l'harmonie mâle et nerveuse est celui des hommes plus robustes, des hommes du Nord. En lisant ce chapitre, un homme de beaucoup d'esprit a dit : « L'harmonie est le vêtement du chant ; le chant italien est plein de chaleur, il va presque nu ; celui des autres nations se charge d'habits à mesure qu'il fait froid. » Au reste, si l'artiste des climats chauds se relâche trop en harmonie, celui né dans le Nord lui montre le correctif ; et si l'artiste du Nord s'abandonne à trop de dureté et d'énergie, celui de l'Italie l'invite sans cesse à la tendre mélodie. Excités et retenus l'un par l'autre, ils doivent sans débats considérer leur mérite respectif et profiter chacun de leurs divers avantages ; toute contestation est inutile où il n'y a point de rivalité.

DES CONTRASTES

C'est par les contrastes surtout que la sensibilité est émue ; une même chose qui ne nous a point affectés, si elle se représente avec les contrastes qui la font valoir, produit sur nous des effets multiples ; une idée ne se présente pas fortement à notre imagination si son contraste ne l'accompagne : de même l'ombre accompagne les corps éclairés. L'artiste saisit mieux qu'un autre homme les contrastes qui frappent les sens. On a souvent parlé du tableau du Poussin *la Danse des bergers d'Arcadie*, et du contraste sublime qu'il présente : un tombeau est à côté du lieu où l'on danse; sur ce tombeau est écrit :

ET MOI AUSSI JE FUS BERGER D'ARCADIE

Pendant notre Révolution, j'ai été frappé de plusieurs contrastes qui ne peuvent s'effacer de mon imagination, et qui sont, vu les circonstances des temps, plus frappants, mais plus horribles que le contraste du tableau du Poussin. Dans ce temps, dont l'horreur passera aux siècles à venir sous le nom de temps de la Terreur, je revenais vers le soir d'un jardin situé dans les Champs-Élysées; on m'y avait invité pour jouir de l'aspect du plus bel arbre de lilas en fleur qu'on pût voir. Vers le soir, dis-je, je revenais seul, et j'aurais joui du parfum de mille fleurs, d'un soleil couchant des plus majestueux, si les malheurs publics n'eussent affecté mon âme de la tristesse la plus sombre.

J'approchais de la place de la Révolution, ci-devant de Louis XV, lorsque mon oreille fut frappée par le son des instruments; j'avançai quelques pas : c'étaient des violons, une flûte, un tambourin, et je distinguai les cris de joie des danseurs. Je réfléchissais sur les contrastes des scènes de ce monde, lorsqu'un homme qui passait à côté de moi me fit remarquer la guillotine; je lève les yeux, et je vois de loin le fatal couteau se baisser et se relever douze ou quinze fois de suite. Des danses champêtres d'un côté, des ruisseaux de sang qui coulent de l'autre, le parfum des fleurs, la douce influence du printemps, les derniers rayons de ce soleil couchant qui ne se relèvera jamais pour ces malheureuses victimes... Ces images laissent des traces ineffaçables. Pour éviter de passer sur la place, je précipitai mes pas par la rue des Champs-Élysées; mais la fatale charrette où les membres de la beauté et de l'homme vertueux étaient mêlés et palpitants, m'y atteignit; et là j'entendis cet horrible persiflage : « Paix, silence, citoyens, ils dorment, » disait en riant le conducteur de cette voiture de carnage.

Rappelons un autre contraste, mais qui ne peut être bien senti que par l'artiste musicien. Un roi, nous le savons, est un homme comme un autre; mais l'habitude de le voir environné de la pompe et de la grandeur en fait un être qui nous impose, si la réflexion ne nous détournait de nos préjugés.

Le cortège militaire qui conduisit Louis XVI à l'échafaud passa sous mes fenêtres, et la marche en six-huit dont les tambours marquaient le rythme sautillant, en opposition au lugubre de l'événement, m'affecta par son contraste et me fit frémir.

Venons à une scène plus touchante. Nous étions, le matin, réunis en famille pour prendre le thé. Ma mère tenait sur ses genoux une de mes petites sœurs, encroûtée, autant que possible, de petite vérole; elle pressait sa mamelle pour en faire jaillir le lait sur les yeux de son enfant, fermés depuis longtemps à la lumière, quand tout à coup l'enfant part d'un éclat de rire immodéré; quelle en était la cause? Un de ses yeux s'était ouvert à moitié; elle revoyait le jour et sa mère nourrice.

La scène la plus frappante par ses contrastes qu'on ait jamais imaginée au théâtre est celle qu'on peut lire dans la tragédie de Shakespeare intitulée : *la Vie et la Mort de Richard III*, acte I*er*, scène VI. Richard, ce monstre que l'enfer a vomi, arrête dans une rue de Londres le convoi funèbre qui transporte le corps de Henri VI. La fille de ce prince est à la tête du convoi; c'est là que Richard lui déclare son amour. Lady Anne l'accable de mépris, elle lui crache à la figure. Richard persiste à l'assurer qu'il l'adore, qu'elle est un ange descendu des cieux, qu'il ne s'est fait le meurtrier de son père, de son mari, que pour parvenir au trône, où il veut l'élever... Le croira-t-on? Elle quitte le convoi, et donne assez de preuves d'assentiment pour faire entendre qu'elle est sensible à tant d'amour. Cette scène est un chef-d'œuvre d'horreur pour les contrastes; il faut la lire dans Shakespeare.

Tout ce qui se présente à l'artiste accompagné de contrastes ne s'efface plus de son imagination; c'est par les chocs inopinés que son âme reçoit qu'il se forme un magasin d'idées; et s'il ne représente pas en entier les tableaux qui sont restés dans son esprit, il en représente des parties et les reproduit toujours par analogie. N'en doutons pas, c'est alors que l'idéal de l'art se fait le mieux sentir.

Nous avons si souvent parlé dans cet ouvrage de la nécessité des contrastes, que nous regardons comme inutile de nous en occuper ici plus longtemps. En un mot, toujours du bruit cesse d'être du bruit; cependant le fort est nécessaire pour faire apprécier les teintes plus douces. Il est deux manières d'employer les deux extrêmes des sons, le fort et le doux : la première est matérielle, c'est de passer inopinément de l'un à l'autre; mais si par mille légers contrastes et avec des nuances imperceptibles nous parcourons l'espace qui sépare ces deux extrêmes, cette seconde manière, quoique moins frappante, emploie les procédés de l'art et satisfait davantage l'oreille de l'artiste.

Enfin, quoique Voltaire ait dit que dans les arts il vaut mieux frapper fort que frapper juste, nous nous permettrons de dire que c'est au compositeur éclairé à sentir, selon le caractère du personnage qu'il fait parler, quel moyen il doit adopter pour être vrai.

DOUCEUR DE CARACTÈRE, CANDEUR, PUDEUR

La douceur de caractère qui naît de la simplicité, de l'insouciance, n'est point vertu; c'est l'apanage des êtres nuls. Mais la bonté, l'indulgence, l'affabilité, la pitié, etc., toutes ces vertus se trouvent réunies dans la douceur de l'homme instruit et modéré par principes.

Quel secours peut prêter à autrui l'être impassible [1],

---

1. Les préceptes de l'art dramatique excluent du théâtre les personnages parfaits, parce qu'en effet on les suppose impossibles, et l'on ne peut s'intéresser à des êtres qui ne s'intéressent à rien. (G.)

possédant une qualité morale qui ne lui a coûté ni sacrifices, ni peines, ni combats ? C'est la tendre fleur qui croît et meurt après avoir donné indifféremment ses parfums les plus doux à l'homme, à l'insecte ou au zéphyr.

Mais l'homme qui a remporté une ample victoire sur ses penchants vicieux connaît tous les chemins qui peuvent conduire à cette douce modération qui fait le charme de la vie, qui rend l'homme moral l'ouvrage de lui-même ; qui lui ferait pardonner son orgueil naturel, si l'orgueil lui-même n'était faiblesse, si la raison enfin ne lui disait que la plus belle des vertus est d'être doux et modéré dans ses plus glorieux triomphes.

Voilà le guide qu'il faut suivre, il ne nous égarera point ; ses égarements passés ont payé notre tribut à la faiblesse humaine, et ses vertus, qui les remplacent, sont pour nous l'astre de lumière qui conduit au bonheur.

La pudeur et l'innocence sont compagnes inséparables. Selon l'Écriture, Adam, le premier homme, ne s'aperçut qu'il était nu qu'après avoir péché.

« Adam, où es-tu ?

— Je suis nu, Seigneur.

— Si tu n'avais pas péché, tu ne saurais pas que tu es nu. »

DE L'AMOUR MATERNEL

C'est, a-t-on dit, le chef-d'œuvre de la nature que le cœur d'une mère ; on ne fait pas son éloge en l'appelant bonne ; qui dit mère, dit bonne mère ; elle ne peut être autre ; son instinct la presse d'être telle, et il ne lui faut pas moins que plusieurs vices réunis pour la dénaturer.

L'existence d'une mère est dans ses enfants, et ne peut être ailleurs sans qu'elle viole la nature. L'on explique assez mal son amour lorsque l'on croit qu'elle met entre eux des préférences; si elle en met, c'est avec autant de réserve que de justice. D'ailleurs, chacun de ses enfants a pour elle, et pour elle seule, des qualités qu'un autre n'a pas. Elle sait les apprécier, et l'enfant le moins aimable à nos yeux l'est encore assez pour être aimé de sa mère, qui l'aimerait sans cela.

Mais elle use d'une adresse et d'une économie vraiment maternelles pour les aimer tous. Par exemple, celui-ci est beau comme un ange; il a tous les traits de sa mère; faire trop son éloge serait se flatter elle-même; alors elle tempère sa tendresse par la crainte de l'aimer uniquement et de lui donner la part des autres. Celui-là lui offre les traits de son père; il en a même quelques défauts, qu'elle voudrait corriger à leur source : avec quels ménagements ne s'y prendra-t-elle pas, dans la crainte que son époux n'imagine qu'elle veut à la fois faire la leçon à tous deux! Dans le premier cas, sa tendresse était modérée par sa modestie; dans celui-ci, la sévérité est retenue par l'amour conjugal. S'agit-il des facultés intellectuelles de ses enfants? Ses soins se dirigent toujours vers celui qui en est le moins doué, de même que la plus forte partie de sa tendresse appartient par droit de nature au plus jeune, qui en a plus de besoin, et surtout à celui qui a quelque incommodité ou quelque difformité.

Si vous vous trouvez au milieu d'une famille nombreuse, le matin surtout, c'est alors qu'une mère est tout à fait mère; vous vous affectionnerez de préférence pour celui, entre les enfants, qui vous paraîtra le plus aimable; questionnez ensuite la mère sur le choix qu'elle a dû faire avant tous, vous la verrez hésiter; puis prenant par la main quelque petite figure maussade : « Le voilà, dit-elle; il n'a pas l'agrément ni l'esprit des autres, mais il est... mais il est... » Les éloges ne finiront plus. Si vous la pressez de vous donner son avis sur chacun en particulier, c'est alors qu'elle est embarrassée : « Celui-ci est rempli d'esprit; cet autre, vous le voyez (vous dit-elle à l'oreille), est beau comme un ange, et il a plus d'esprit que son frère. Quant à ce troisième, oh! il les surpasse tous; je suis fâchée que vous ne l'ayez pas d'abord remarqué. »

Oui, cœur maternel, oui, vous avez raison, c'est ainsi qu'il faut juger. N'écoutez pas un préjugé vulgaire qui voudrait vous faire croire que vous gâtez vos enfants; c'est vous, au contraire, et vous y êtes forcée par la nature, qui est toujours juste, c'est vous qui développez en eux toutes les vertus sociales dont un jour ils auront besoin. Vous leur donnez tour à tour l'exemple d'une patience à toute épreuve, d'un amour extrême, d'une douce sensibilité qui pardonne à chaque instant des fautes qui renaissent sans cesse; vos injustices mêmes (si l'amour maternel peut être injuste) les forment à la patience de supporter l'injustice, vertu si nécessaire! Vous leur faites sentir qu'il est doux de pardonner à ceux qui nous aiment, et combien il est aisé de les désarmer. Suivez, suivez la nature; c'est en étudiant ce que vous pratiquez si bien, c'est en suivant vos traces, qu'on a composé des milliers de volumes de morale.

L'homme le plus patient ne pourrait remplacer la femme auprès de ses enfants; sa justice est trop prompte et trop sévère; sa finesse n'est pas assez exercée, il n'en a pas même assez pour démêler leurs petites ruses.

Qu'un père suive la scène que je vais raconter, et qu'il dise s'il aurait pu être juge assez compétent :

L'on place deux enfants à une petite table pour y manger la soupe; tous deux ont une grande faim; cependant un seul mange, tandis que l'autre le regarde tristement. « Mangez donc, mon fils, » dit la mère. Il porte sa cuiller au vase, la retire aussitôt, en criant ou plutôt en chantant :

J'ne veux pas manger.

Plusieurs fois la même chose est répétée, tandis que le seul petit glouton va toujours son train. Enfin la mère approche et demande à l'enfant qui ne mange pas s'il est malade : « Non. — La soupe n'est-elle pas bonne ? — Oui. — Mangez donc. » Enhardi par la présence de sa mère, il prend une cuillerée de soupe, il en remplit sa bouche, et tandis qu'elle est pleine il s'écrie de nouveau :

J'ne veux pas manger.

Qu'aperçoit la mère enfin ? L'aîné marche sur le pied de son petit frère chaque fois qu'il veut se servir de sa cuiller. Fallait-il moins que la patience, que l'œil pénétrant d'une mère, pour apercevoir ce manège et ne pas laisser un enfant souffrir de besoin en le croyant incommodé ?

Voulez-vous voir un des tableaux les plus pathétiques que puisse offrir l'amour maternel ? La scène s'est passée sous mes yeux, et elle est restée dans mon cœur. Dans un village de la basse Normandie, à Montmartin, j'étais chez le curé du lieu, l'abbé Lemonier. Pour suivre l'exemple de cet homme, aussi connu par sa bienfaisance que par ses œuvres de littérature, je m'étais en quelque sorte associé à lui lorsqu'il visitait les cabanes du pauvre, ce qu'il faisait assez régulièrement deux fois par semaine. Attiré par les cris d'un enfant et les soupirs étouffés d'une femme que je crus aisément être la mère, j'entre dans une chaumière : c'était un enfant joufflu, bien portant, qui s'était blessé légèrement au front, mais l'écorchure saignait. La mère me frappa bien plus que l'enfant. Qu'on se figure une jeune femme, ou plutôt un squelette, d'environ vingt-deux ans, pâle et livide comme la mort qui l'attendait ; la malheureuse voulait pleurer, ses traits se décomposaient ; mais ses yeux n'avaient plus de larmes, elles étaient taries avec toutes les substances de son corps.

« Ah ! Monsieur, dit-elle d'une voix enrouée, c'est ma fille, elle s'est blessée, voyez son sang !

— C'est peu de chose, lui dis-je ; songez plutôt à vous, et ne vous effrayez pas. » Voici sa réponse : « Moi, je suis résignée, je vais rejoindre mes sœurs qui sont mortes de la poitrine. » O amour d'une mère! ô femme admirable! Tu dédaignes de songer à ton existence, et tu sais que la mort va te frapper! La tombe qui t'attend ne refroidit pas ton amour; et tes derniers instants, ta tendre sollicitude, sont pour un enfant plein de vie, qui n'a pas même assez de raison pour te regretter! O amour vraiment maternel, amour sublime et désintéressé, qui trouverait des expressions pour te rendre, ou des couleurs pour te peindre?

DE L'AMOUR-PROPRE

L'amour-propre est dans la nature humaine le principal germe de toutes les passions bonnes et mauvaises; ce germe est inné dans l'homme; et, selon le caractère physique ou moral de l'individu, l'amour-propre éclate, se change en passions terribles, ou il se retire au fond du cœur pour y faire germer toutes les passions dissimulées. « Quelques découvertes que l'on ait faites dans le pays de l'amour-propre, il y reste encore bien des terres inconnues : l'amour-propre est plus habile que le plus habile homme du monde[1]. »

En général, si l'on retourne à la source physique qui produit en nous le caractère, on sera forcé de convenir que nos inclinations sont le résultat de notre organisation et des aliments nutritifs qui l'entretiennent. Dans l'homme à la fleur de l'âge, plein de force et d'une santé robuste, l'amour-propre devient fureur, parce que l'homme dont nous parlons est tourmenté par l'abondance, par la trop grande force de son sang; il lui est donc naturel de chercher à répandre au dehors ce qu'il a de trop, pour trouver l'équilibre qui le rendrait plus calme et plus heureux. Aussi la moindre contrariété est, pour ces sortes d'individus, un motif inopiné de combat sanglant. Au Renélach de Spa, je fus abordé par un Français, ensuite par un Liégeois,

---

1. *Maximes* de la Rochefoucauld.

tous deux de ma connaissance, tous deux jeunes, forts et pleins de vie; l'un me dit : « Vous avez un fort beau diamant à votre cou; il vaut cinquante louis. — Non, dit l'autre, il n'en vaut que vingt-cinq. — J'ai l'honneur de vous dire[1] qu'il en vaut cinquante. — Non, parbleu ! il n'en vaut que vingt-cinq. » La fureur les emportait déjà si loin, que leurs visages en étaient méconnaissables et leur sang allait couler, parce que chacun de ces messieurs avait besoin d'une saignée. Je pris tout à coup le ton et l'assurance que donne la faiblesse. « Voulez-vous, leur dis-je, vous égorger, me priver de deux amis, pour une bêtise pareille ? » Puis, en riant : « Je vous assommerais tous deux si j'en avais la force; embrassons-nous, je vous prie, et parlons d'autre chose. » Pour me complaire, ils s'embrassèrent, et leurs sourires hideux ressemblaient bien plus à la grimace du lion dominé par la crainte du dompteur qu'aux épanchements de l'amitié.

Le seul moyen d'éteindre en apparence l'amour-propre dans le cœur de l'homme est de le rendre maître absolu. L'injure que nous fait un homme notre égal excite notre colère; si nous lui étions supérieur, nous la dédaignerions peut-être. Un despote sourit assez souvent à l'injure qu'on lui adresse, parce qu'il n'a qu'un mot à dire pour être vengé. Est-ce vertu, est-ce clémence ? Non : il met plus d'amour-propre à dédaigner une injure qui prouve à ses yeux qu'il n'y a rien de commun entre lui et ceux qu'il s'est assujettis. Ce ne serait pas assez d'égorger cent mille hommes pour venger une pareille injure de souverain à souverain, tandis que le mépris, qu'on nomme clémence, suffit pour repousser l'injure de l'homme qu'on regarde comme inférieur. Cette distance morale est effrayante pour la philosophie qui voit les hommes égaux.

---

[1]. Remarquons qu'entre ces messieurs, dès que l'honneur s'en mêle, c'est qu'il n'y en a plus du tout. On est tenté de croire un mirliflore lorsque simplement il vous assure que telle chose est; s'il dit « ma parole d'honneur », on commence à douter; s'il ajoute « la plus sacrée »; on ne le croit plus du tout. (G.)

Que d'intermédiaires entre un despote et son dernier vassal! Mais cette dépendance mutuelle, cette chaîne morale n'est vraiment admirable que quand la loi forme l'anneau supérieur, et quand l'homme n'est jamais à la place de la loi[1].

Juger les hommes par leur amour-propre est le plus sûr moyen de les bien connaître. L'on a toujours généralisé l'amour-propre, comme s'il était le même dans tous les hommes; cependant il diffère selon le caractère des individus : c'est par son genre d'amour-propre qu'il faut juger l'homme, bien plus que par tout le reste de son caractère. Notre caractère nous est donné par la nature de notre être; l'amour-propre est le résultat d'une combinaison morale, vraie ou fausse. En rejetant le tout sur sa nature, l'homme dit franchement : « Je suis né actif ou paresseux; » il peut aussi convenir de ses défauts de caractère selon les circonstances; mais il sait que son amour-propre est sa partie honteuse, c'est elle qu'il veut cacher, et c'est toujours elle qui le découvre. Je dis donc encore que, si c'est par son penchant le plus invincible qu'il faut juger l'homme, c'est incontestablement par son amour-propre : c'est sa propriété morale, son bien, son ouvrage; il lui est plus précieux que la vie. Verrions-nous tant d'hommes la risquer, cette vie; verrions-nous tant de guerriers se vouer à une mort inévitable; verrions-nous les savants, se condamnant au silence du cabinet, mépriser le dépérissement de leur santé pour se livrer à des études continuelles, si ce que je dis n'était pas vrai ? Puisque la vanité, l'amour-propre inné dans l'homme est sa folie, c'est à cette idole qu'il faut sacrifier pour obtenir de lui ce que l'on désire. Aussi la

---

1. J'ai souvent pensé que le fond d'une comédie qui aurait pour but de montrer différents personnages, tantôt orgueilleux, tantôt soumis, selon les personnes avec lesquelles ils parlent et agissent, serait une pièce d'une bonne moralité. Par exemple, un frotteur d'appartement gronde sa fille ; il est à son tour grondé par un premier laquais; celui-ci est maltraité par son maître, financier; le financier va chez le ministre des finances, qui l'accable de reproches et de hauteur; le ministre est très mal reçu du prince, souffrant les accès d'une colique qui le rend à son tour le plus pusillanime des hommes. (G.)

voie de paix, le garant le plus sûr d'une concorde générale ; je dirai plus, la loi la plus juste est de rendre les hommes égaux en droits sociaux ; alors chaque homme peut dire à un autre : « Il est vrai que tu es plus fort, que tu as plus d'esprit que moi ; mais je te pardonne, puisque nous sommes égaux devant la même loi. »

Vous reconnaîtrez l'homme fort de ses principes, l'homme d'accord avec lui-même, s'il ne se laisse point emporter aux mouvements, toujours puérils, de l'amour-propre. En le flattant vous ne le subjuguerez pas un seul instant. Ne le croyez pas insensible à l'opinion des hommes, ni d'un seul homme s'il est digne de lui : il ne dédaigne que la flagornerie des sots. « Quoi, direz-vous, cet homme n'a point de faible par lequel on puisse le surprendre ? » N'en doutez point ; plus il a rassemblé de forces d'un côté, plus il en est dépourvu d'un autre. Il ne peut garantir tout son être : semblable à la pudeur surprise à son réveil, il a beau s'envelopper ; il se découvre en voulant se couvrir. C'est, d'ailleurs, un trop pénible effort pour lui de lutter sans cesse contre les attaques multipliées des hommes qui l'entourent. S'il résiste à la force, à l'adresse, il est sans défense pour sa jeune femme. N'allez pas droit à lui si vous voulez captiver son attention ; adressez-vous à son maître, caressez son enfant, vous réussirez mieux ; vous vous trouverez, pour ainsi dire, de sa famille sans qu'il puisse s'y refuser.

Non, ce n'est point dans la société que vous démêlerez le faible de l'homme à grand caractère ; il sait se taire, ne parler qu'à propos, et toujours pour son avantage. Mais combien son état moral change et dépérit si vous le voyez dans son ménage ou avec les siens ; Célibataire, il semblait plus qu'un homme ; marié, ce n'est plus qu'un enfant. C'est donc par vanité, par adresse, dira-t-on, que l'homme le plus méritant surprend notre admiration ? il y a donc du charlatanisme au sein même de la vertu et des talents sublimes ? Je n'ose dire non ; mais éviter de montrer ses défauts, ses faiblesses, est toujours un bien pour les mœurs; c'est donner des leçons de sagesse à ceux qui nous voient. Eh! quand même il vous ferait aimer quelques vertus qu'il n'a point, n'aurait-il pas encore fait beaucoup pour la société?

La plus difficile, la dernière chose que l'homme apprenne, c'est à retenir, à se rendre maître de son amour-propre; mais cette science n'est jamais l'apanage des sots. L'homme d'esprit, l'homme à talent, sait agir et se taire; l'ignorant dit sans cesse : « J'ai fait, je ferai, nous ferons; » et malgré cette éternelle conjugaison, personne ne croit à ses jactances ridicules.

Il est des caractères qui naissent directement de l'amour-propre; tel est le hardi poltron : je veux dire poltron en effet et hardi en apparence. On voit de même l'impudence sans aucune instruction; l'on rencontre aussi des hypocrites orgueilleux, qui disent souvent: « Moi, j'ai peu de talents, j'ai peu d'esprit, » et qui deviendraient fort sots si on leur disait : « Cela est vrai. » Ces caractères, enfants d'un amour-propre effréné, sont fort communs; et s'ils ne voient pas leurs ridicules, s'ils ne peuvent se corriger, c'est parce que chez eux la raison est dominée par la vanité, et que dans ce monde

Un sot trouve toujours un plus sot qui l'admire.

On remarque aussi avec peine l'extrême timidité dans l'homme bien instruit; mais ce caractère aimable serait moins commun si, comme je viens de le dire, on ne voyait trop souvent l'impudence sans instruction et sans aucuns principes.

L'amour-propre, ce terrible mobile des mœurs, est cependant l'ouvrage de l'homme réuni en société; et, dans cette société même, tel estime une chose et en fait un objet d'amour-propre, lorsqu'elle est dédaignée par un autre. Qu'est-ce qu'un savant dans le pays de l'ignorance? Je dirai plus, qu'est-il pour certaines classes, même au sein des grandes villes? Jadis je regardai comme inutile d'apprendre à une jeune fille que son voisin, qui la visitait chaque jour, était Jean-Jacques. De quoi lui eût servi d'en être instruite? Elle ne savait pas ce que c'est qu'un sage. Depuis sa mort, cent femmes m'ont dit :

« J'aurais aimé ce Jean-Jacques, tel vieux qu'il fût; mais quelle était sa figure, sa tournure?

— Celle d'un paysan vêtu proprement : dans le temps que je l'ai vu, il avait les yeux vifs, un peu enfoncés; il marchait avec une grosse canne longue, la tête baissée; il n'était ni grand ni petit; il parlait peu, mais toujours bien, et avec une vivacité concentrée. Voilà ce que j'ai vu par moi-même et ce que j'ai recueilli de ceux qui l'ont vu souvent.

« J'ai connu, leur disais-je, une fille très ordinaire que Jean-Jacques allait voir souvent; elle demeurait dans la même maison que lui, rue Plâtrière[1].

« Il y a, me dit un jour cette fille, un bonhomme
« logé tout là-haut, qui entre souvent chez moi lors-
« qu'en descendant il m'entend chanter. (Elle se desti-
« nait au théâtre italien.)

« — Quel est cet homme? lui dis-je; quel est son
« nom?

« — Je n'en sais rien; il m'a dit qu'il me donnerait
« des avis sur mon talent; je l'ai regardé en riant. —
« Est-ce que vous chantez, vous? lui dis-je. — Oui,
« m'a-t-il répondu; je compose même quelquefois de la
« musique. »

« — Quelles sont vos conversations?

« — Il me regarde beaucoup et ne dit presque rien.

« — Et vous?

« — Ma foi, je fais mes affaires du ménage; je
« chante et le laisse dans son coin. L'autre jour, comme
« je chantais, il me dit que je ne disais pas bien cer-
« taines paroles. — Je le demanderai à mon maître, lui
« répondis-je; et je ne voulus pas dire autrement.

« — Eh bien?

« — Il riait comme un fou chaque fois que je répé-

---

1. Aujourd'hui rue Jean-Jacques Rousseau.

« tais ce passage-là. Dernièrement j'eus une bonne
« scène avec lui.

« — Ah! dites, je vous en prie, et n'oubliez rien.

« — Est-ce que vous le connaissez cet homme?

« — Je crois que oui; venons donc à la scène...

« — Il était là sur cette chaise; et comme j'allais
« sortir, je m'habillai et je mis mon rouge.

« — Vous êtes bien plus jolie, me dit-il, sans cette
« enluminure.

« — Oh! pour ça, non, lui dis-je; on a l'air d'une
« morte.

« — A votre âge, on n'a pas besoin d'art; j'ai peine
« à vous reconnaître.

« — Bon, bon! à tout âge, quand on est pâle, il faut
« mettre du rouge. Vous devriez en mettre, vous.

« — Moi?

« — Oui. » Je saute à l'instant sur ses genoux, et je
« lui mets du rouge, malgré lui.. Il s'est sauvé, en
« s'essuyant; et j'ai cru qu'il étoufferait dans l'escalier
« à force de rire. »

Voilà comme il aimait à être traité. Il avait de
l'amour-propre, même beaucoup; mais fatigué d'éloges
souvent dégoûtants, il était heureux, il riait de bon
cœur quand on le forçait à sortir de lui-même et de
ses réflexions sérieuses. La petite folle dont je viens
de parler ne sut pas de moi le nom de son voisin; elle
changea de logement sans lui faire ses adieux.

L'homme né avec de puissantes facultés de cœur et
d'esprit, mais qui est jeté dans une classe ignorante et
étrangère à ses moyens, ne pouvant rencontrer ce qui
contiendrait à ses vertus occultes, saisira avec avidité
la première occasion, bonne ou mauvaise, d'exercer
ses forces; il pouvait être un grand homme, il devient
un grand scélérat. A la tête d'une armée, il eût sauvé
sa patrie; chef de brigands, c'est un Mandrin, pillant
ou rançonnant des bourgs et des villages. On envoie
des savants dans les deux mondes et vers les deux
pôles pour mesurer la terre ou pour nous rapporter des
plantes et des cailloux; envoyons donc aussi à la décou-

verte de jeunes hommes rares; il y en a dans nos départements : qu'ils soient placés dans des écoles; qu'ils y dévorent, au gré de leur soif brûlante, toutes les connaissances humaines, jusqu'à ce qu'ils aient rencontré la science qu'ils préfèrent et qu'ils doivent perfectionner encore.

L'on peut dire avec raison que l'amour-propre a donné naissance à tous les systèmes de morale. C'est lui qui inventa les tiares et les couronnes; c'est lui qui fit les esclaves et les nobles; c'est lui qui détruisit tout ce qu'il avait fait. Vouloir réprimer l'amour-propre dans l'homme est folie : on ne peut que le modifier. Deux hommes ou deux peuples peuvent se dire : « Convenez que je suis grand dans telle partie, je conviendrai que vous êtes supérieur dans telle autre. » C'est un marché auquel ils gagnent tous deux; voilà pourquoi ils le font.

L'homme humilié, subjugué dans sa jeunesse, contracte, à la vérité avec beaucoup de peine, mais il contracte enfin l'habitude de renoncer à sa volonté pour se soumettre à celle de ses maîtres; mais dès lors il n'est plus propre ni aux vertus ni aux talents. C'est par amour-propre qu'on les acquiert, et à leur tour les vertus, et surtout les talents, augmentent singulièrement l'amour-propre. Si l'homme réfléchissait sagement, s'il n'avait en vue que son propre bonheur, il ne désirerait pas d'être doué de talents éminents, qui font presque toujours son malheur. Racine disait qu'en lisant la critique de ses ouvrages dans les journaux, cette lecture lui causait plus de peine que le succès de ces mêmes ouvrages ne lui avait fait de plaisir. N'en doutons point : l'homme qui aime à admirer les productions des autres; qui, sans chercher le côté faible d'un ouvrage, trouve toujours assez de quoi se contenter; l'homme pacifique et qui a un peu d'amour-propre, est mille fois plus heureux que celui qui produit des chefs-d'œuvre. Tout sentiment qui nous met au-dessus des autres dérange l'équilibre de la nature, nous fait prendre en pitié nos semblables; et sans songer que c'est en effet l'ignorance des uns qui fait le mérite des autres, nous nous accoutumons tellement à nous croire privilégiés, que le talent qui devait faire notre bonheur en devient le destructeur. L'on peut dire hardiment, et ceci est un vers qui m'échappe :

Le talent ne vaut pas l'orgueil qu'il nous inspire.

Dans mille hommes à grands talents, il n'y en a peut-être pas deux qui aient assez de force d'âme, assez de philosophie, pour se consoler de l'ineptie ou des talents éminents des autres hommes.

L'amour-propre se mêle à toutes les passions, il en dirige secrètement les ressorts. Aussi l'artiste peut le faire pressentir dans le jeu, dans le langage des passions humaines. La candeur et l'innocence sont les seuls caractères où il semble étranger ; mais la vérité morale ni même la religion n'en sont pas exemptes. Quel est, en effet, l'amateur de la vérité qui n'a point senti l'aiguillon de l'amour-propre, en pratiquant les plus austères vertus ? Qu'on nous montre, s'il est possible, la piété assez pure pour n'être pas vaine dans son humilité. On dit qu'il n'est point de héros pour son valet de chambre ; renchérissez sur cette idée : soyez à vous-même le valet de chambre de votre conscience, et condamnez-nous si vous l'osez.

L'amour-propre est aux arts ce qu'il est à la nature des passions ; il est le véhicule secret qui donne le mouvement à la moralité générale de l'homme. L'amour-propre est le pivot sur lequel tournent et agissent toutes les actions humaines. A quelque état que l'homme se voue, il en porte des marques distinctives. Les talents de l'esprit donnent à ceux qui les possèdent un certain embonpoint d'amour-propre : l'ouvrier conserve quelque allure ou les stigmates de ses travaux ; le marchand, quelque penchant usuraire ; le guerrier, le marin, sont durs ; l'artiste est observateur. « Que cela est beau ! » s'écriait Vernet, lorsque le vaisseau sur lequel il naviguait était prêt à périr. Le magistrat vous regarde du coin de l'œil... Faut-il pour cela que la société renonce au perfectionnement de toutes choses? Non; d'ailleurs elle le voudrait en vain; elle doit, au contraire, tout encourager; mais c'est aux lois à réprimer les crimes; c'est par l'arme du ridicule, c'est sur la scène comique qu'il faut corriger les abus. C'est le talent lui-même qui donne le talent de se corriger; c'est par lui que l'homme mérite d'être nommé législateur de son pays. Quoique l'amour-propre soit le partage des gens d'esprit, plus que celui des hommes en général, nous avons examiné, dans un chapitre précédent, si les grands talents sont dangereux à la société, et nous espérons avoir prouvé le contraire.

DE L'AMITIÉ

Telle que l'or le plus pur, l'amitié, pour être parfaite, doit exister sans aucun mélange d'intérêt. Cependant l'intérêt personnel paraît inévitable, disent quelques auteurs, puisque nul ne peut se refuser au plaisir qu'on éprouve dans le commerce de l'amitié. C'est donc pour soi-même, disent-ils, qu'on aime son ami, comme c'est pour lui-même qu'il nous paye de retour. Rejetons loin de nous ces subtilités; sans doute entre deux hommes il n'est point d'amitié sans des rapports intimes qui les lient, de même qu'il n'est point d'effet sans cause.

Le langage de l'amitié est pur comme le sentiment qui l'inspire; rien de factice ne l'accompagne. Si avec véhémence l'ami défend son ami, ce n'est pas le langage ordinaire des passions profanes qui se fait entendre; l'amitié est une passion, mais si noble, si respectable, qu'elle dédaigne les formes oratoires du discours, les accents d'une éloquence exaspérée, pour ne montrer que ceux de la vérité dans toute sa pureté. Dans la véritable amitié, la seule digne de ce nom, on ne doit trouver aucun indice d'intérêt qui en ternisse l'éclat, excepté celui du plaisir, du bonheur d'aimer son ami.

Les hommes en général décorent leurs liaisons intéressées du titre d'amitié ; mais bientôt l'accent des passions profanes paraît sous leur langage emprunté, et l'hypocrisie perce à travers l'éloquence factice dont ils veulent revêtir leurs vertus mensongères. En un mot, le ton de l'amitié a sa source dans le faux ou le vrai, dans la pureté ou l'immoralité des personnages différents. Entre gens à préjugés du monde, les accents de l'amitié sont nobles, aimables ; mais entre gens d'esprit, gens à talents, l'amitié est conventionnelle : « Si tu aimes mes productions, je vanterai les tiennes ; à ce prix nous nous aimerons. » Enfin, entre gens purs et vertueux, sans passions mondaines, sans passions véhémentes, c'est, comme je l'ai dit, une harmonie, une mélodie célestes qui peuvent seules en reproduire les accents.

DE L'AVARICE

Oui, c'est toi, monstre détestable,
Fatal ennemi des humains,
Qui seul du bonheur véritable
A l'homme as fermé les chemins.
Pour apaiser sa soif ardente,
La terre, en trésors abondante,
Ferait germer l'or sous ses pas :
Il brûle d'un feu sans remède,
Moins riche de ce qu'il possède
Que pauvre de ce qu'il n'a pas.

(J.-B. ROUSSEAU.)

C'est avec raison que nous détestons l'homme avare, l'homme qui garde tout pour lui. Que serait, en effet, le commerce de la société si l'avarice était générale ? Si l'homme avare pouvait être doué de quelques bonnes qualités, elles seraient détruites par l'avarice. On ne le croit pas même lorsqu'il dit : « C'est pour mes enfants que j'épargne. » L'homme se fait pardonner presque tous ses défauts s'il est généreux et libéral ; il est clair que nous aimons le libéral, parce que nous aimons à recevoir, et même en n'aimant point à recevoir nous aimons encore l'homme libéral.

Tout ce qu'il y a de plus vil, de plus dégoûtant, est du ressort de l'avarice. Je me suis souvent demandé pourquoi l'homme âgé devient économe et avare, lorsqu'il va quitter le monde ; croit-il que la nature va faire un miracle en sa faveur ? Une pierre peut-elle s'arrêter dans les derniers instants de sa chute ? Souvent ces questions, que je m'étais faites sans y répondre, m'ont occupé depuis longtemps ; et maintenant je puis peut-être approcher de plus près de la solution d'un problème qui n'a pas encore été expliqué, même par des vieillards avares, qui devraient être dans le secret.

Dans ce cas, c'est, je pense, le physique qui induit le moral en erreur.

Au physique, la vieillesse est, sans contredit, le temps des épargnes. Trop boire, trop manger, trop dormir, trop veiller, trop marcher, être trop sédentaire... tout devient excès, s'il n'est proportionné au peu de forces de l'individu. Le vieillard qui a encore quinze bonnes années à vivre les userait en quinze jours s'il voulait vivre comme un jeune homme. Il le sait, il le sent, et l'économie de ses forces devient sa passion, l'objet de tous ses soins. Ce mot « oh ! je veux vivre » est aussi familier à l'homme de quatre-vingts ans, que « je veux mourir » l'est au jeune homme de vingt : l'un et l'autre se bercent d'un espoir frivole, ou plutôt ils n'espèrent point, ils mentent ; l'un veut vivre parce qu'il se sent dépérir, l'autre veut mourir parce qu'il se croit une longue suite d'années à vivre. C'est ainsi qu'une jeune princesse contrariée dans ses premières affections désire être bergère ; c'est ainsi qu'une mère villageoise, impatientée des cris de son enfant,

> Le menace, s'il ne se tait,
> De le donner au loup..........

Il est donc naturel à l'homme qui ne vit que d'économies au physique, qui épargne son restant de vie, de contracter en même temps l'habitude d'économiser son or. En voyant une grosse somme il dit : « Voilà de quoi vivre encore cinquante ans dans l'abondance; » cette idée le flatte, et il croit qu'il vivra autant que la somme lui en fournira les moyens. Lorsqu'une fois cette illusion l'a ébloui, plus il épargne, plus il pourvoit aux moyens d'une longue existence morale, plus il croit prolonger sa vie. Il oublie ou il se dissimule que ce sont les moyens physiques de vivre qu'il faudrait pouvoir acheter.

Ce n'est pas en épargnant de l'or qu'on vit longtemps; c'est en économisant la vie, comme on économise une bougie qui ne donne qu'une petite flamme claire si sa mèche est légère. J'ai souvent dit à mes proches, qui m'ont vu dix fois aux portes du tombeau : « Ne craignez rien; je vis si peu à la fois que je dois vivre encore. »

L'HOMME CAUSTIQUE

Si l'homme caustique était infaillible, il serait l'homme par excellence. Ses intentions sont pures; il a souvent le mensonge en horreur, à moins qu'il ne soit au fort de l'attaque à laquelle il est sujet. Sa causticité vient d'un défaut de sa nature; l'humeur qui le domine lui fait exagérer en mal tout ce qui s'offre à ses yeux, et ses yeux cristallisés de noir ne réfléchissent que des vapeurs infernales. Loin de nous ces êtres atrabilaires, rongés de l'humeur de l'orgueil, qui ne nous abordent que pour flétrir notre sérénité ! En nous adressant leurs rêveries, ou même des vérités dures qui ont pris la teinte de leur âme grossière et sauvage, ils nous révoltent et ne nous corrigent point. Dis-moi, qui t'a donné le droit de blesser la sensibilité de tous ceux à qui tu parles? Le soir, ne peux-tu te coucher si tu ne dis : « J'ai flétri l'âme de dix hommes qui ne me voulaient que du bien; j'ai vu des larmes rouler dans leurs yeux; elles ne m'ont point ému, car je ne m'émeus point, et demain je trouverai d'autres victimes? » Est-ce à la faveur de tes cheveux blancs que tu le crois au-dessus de l'impunité? La colère que tu provoques est-elle donc si nécessaire à ta santé? Ne peux-tu d'une autre manière dissiper l'humeur noire qui te ronge? sur ton chien assouvir ta rage indomptable? Cet animal, reconnaissant du pain que tu lui donnes, saura souffrir tes coups et ne se révoltera jamais! Mais non, une victime qui ne sent point l'humiliation ne peut provoquer ta bile; c'est à l'homme que tu fais la guerre. Cet homme contrarie tes intérêts; il veut ce que tu veux; il ose prétendre à s'élever aussi haut que toi; il ose, en te rendant justice, critiquer aussi tes défauts. Voilà ce que tu ne peux pardonner : voilà ce que tu lui dis sans cesse par des brutalités déplacées, que tu voudrais cacher sous le voile d'un faux amour pour la vérité, pour l'humanité, mais qui ne nous montre qu'une humeur noire, fomentée par ton amour-propre effréné.

L'HOMME GRAVE

La sottise des ignorants engage l'homme instruit à ne point se communiquer. Cette gravité n'est point orgueil, c'est justice. L'homme occupé de grandes idées ne peut souvent descendre aux niaiseries. Si quelquefois, par délassement, il quitte la sphère scientifique, ce n'est point avec la sottise orgueilleuse de la plupart des hommes, mais avec la candeur enfantine, qu'il peut se distraire de ses travaux.

Il est une gravité affectée qui cache l'ignorance. Elle impose aux sots, mais l'homme instruit n'est pas longtemps à la démêler de la gravité respectable.

L'INDISCRET

L'indiscret n'est pas le bavard, quoique tous les bavards soient des indiscrets. L'indiscret a des prétentions à l'esprit bien plus que le bavard ; celui-ci parle le plus souvent pour parler, n'importe sur quel sujet; mais l'indiscret a des vues qui sont même plus bénévoles que méchantes. Lorsque, par mille petits services, mille petites bassesses, il s'est initié dans le secret des familles et des partis, alors il se sent fort et commence ses indiscrétions. Il voit que nulle part les hommes ne s'entendent, il ambitionne de rétablir entre eux la concorde. Pour y réussir, il révèle à chaque parti le secret de ses adversaires; il dit à chacun en quoi il a tort ou raison; il presse, il hâte maladroitement des réconciliations qui ne sont pas mûres; il désunit les partis plus que jamais, parce qu'il n'a ni adresse ni système. Il semble que l'indiscret est un bon diable qui, avec peu d'étoffe, a beaucoup de prétention à l'esprit.

DES LARMES

On dit qu'un auteur a le don des larmes quand il sait mieux qu'un autre nous attendrir, nous émouvoir, attaquer notre sensibilité. Il n'est pas ici question d'un auteur larmoyant qui ne traite que des sujets du dernier pathétique, qui n'a de connaissances que parmi les malheureux; qui, dans le cours de son drame, se reprocherait deux instants de bonheur s'il les procurait à ses personnages; qui, enfin, soupire, sanglote, exclame à tout propos, et semble se trouver dans une mer de délices quand il nage dans les pleurs. Ce don factice des larmes ne fait éprouver que le dégoût aux âmes vraiment sensibles aux bonnes choses. Mais je parle d'un auteur qui, sans efforts et sans exagération, sait nous attendrir : celui-ci fait couler nos larmes avec délices; l'autre, tout au plus, nous les arrache malgré nous.

LE FASTUEUX

Le fastueux est l'homme passionné du luxe; il veut paraître riche, noble dans tout ce qui l'environne, et cette affectation prouve qu'en lui-même il n'est que pauvre d'esprit et de sentiment.

DE L'ENVIE ET DE LA CRITIQUE

La noble envie qui produit en nous l'admiration, et celle qui se répand en critiques amères, distinguent le vrai ou le faux talent dans un homme. Toujours la basse jalousie vient de la médiocrité, ou pis encore. L'émulation est permise, sans doute; on peut envier la supériorité d'autrui; il est encore permis de croire que le genre dans lequel on excelle est le premier de tous; mais dénigrer les talents qu'on a cherchés et qu'on n'a pu acquérir est une bassesse qui tient de la démence.

Pourquoi cette passion[1] est-elle si commune? Pourquoi celui qui serait un bon architecte, un bon charpentier, s'obstine-t-il à être un mauvais musicien ou un mauvais poète? Parce qu'une fois qu'on s'est donné pour maître dans un état, on ne veut pas en revenir; on aime mieux être en contradiction avec le talent qu'on veut avoir à toute force, que de sembler se contredire aux yeux des hommes. C'est ainsi que les talents médiocres se multiplient, et ce sont ces gens à demi-talent qui critiquent sans pitié, parce que le public n'en a point pour eux. A Paris, plus que partout ailleurs, on voit une sorte de gens adopter un langage audacieux qui révolte les hommes éclairés: n'ayant qu'effleuré à peu près toutes les connaissances, ayant échoué dans plusieurs entreprises, ils tranchent, décident avec une audace qui imposerait silence à l'artiste même s'il était possible que l'ignorance lui fît abandonner les principes sûrs qui le guident. Cette manie est encore plus outrée dans les jeunes et médiocres

---

[1]. J'appelle ici passions toutes les affections vives qui, si elles ne sont pas telles dès leur naissance, finissent par le devenir par leur continuité, et plus encore par l'amour-propre, qui veut soutenir ce qu'il a avancé. (G.)

littérateurs que chez les artistes, parce que le noble avantage d'instruire le genre humain, avantage dont ils sont infatués, leur tourne aisément la tête.

Presque toutes les lettres qui accompagnent les mauvais poèmes que je reçois sont conçues dans ces termes, à peu près : « Il est malheureux pour vous que vous n'ayez eu jusqu'à présent que des poèmes bien médiocres à mettre en musique. J'espère, enfin, que vous trouverez dans celui-ci de quoi déployer... » Je pourrais me dispenser de lire les pièces ainsi annoncées, elles ne sont le plus souvent qu'un amas de bêtises.

J'ai dit que les hommes à prétentions ridicules ne se trouvent guère qu'à Paris; il est certain que les vrais talents reconnus par la capitale sont encore plus respectés, et peut-être mieux appréciés dans les provinces et dans les pays étrangers. Soit que le bruit de Paris impose certain respect, soit que tout bruit populaire éprouve, en s'éloignant de son centre, un effet inverse des objets vus dans une perspective éloignée : c'est-à-dire que le bien et le mal grossissent par l'éloignement; soit plutôt parce que hors Paris il y a moins d'oisifs et moins de gens qui ont besoin de se parer de l'esprit des autres pour avoir une existence; il est certain, dis-je, que la détestable manie de décider et de trancher sur tout ne se voit qu'à Paris. C'est une maladie contagieuse, dont les provinciaux mêmes, lorsqu'ils y viennent séjourner, ne peuvent se défendre longtemps. Le même jeune homme que l'on a vu modeste et désireux de s'instruire dans son début, qui dans sa province faisait tout son bonheur de se rapprocher de ceux dont il admirait les chefs-d'œuvre, devient, au bout de six mois, après avoir fréquenté les foyers des spectacles et les cafés, l'un des plus ardents détracteurs de ces mêmes talents. Si, après quelques mois de cette effervescence ridicule, le hasard le jette dans une société sage, il revient de ses erreurs; sinon, soit par désœuvrement ou par le besoin d'agir, il s'amuse à tout dénigrer, et finit par être victime des sots dont il a été entouré. Il est d'autant moins de ressource pour ceux qui ont adopté le langage audacieux qui décèle l'ignorance, qu'il n'y a plus que les sots qui les écoutent; les gens instruits les accablent du plus profond mépris, celui du silence. L'homme instruit ne parle qu'avec ceux qu'il a jugés dignes de l'entendre. D'ailleurs, il parle peu, il sait que ses œuvres parlent pour lui; il est bon, compatissant envers ceux qui de bonne foi cherchent à s'instruire auprès de lui, parce que lui-même il ne sait d'où lui est venu l'éclair qui a fait de son œuvre une production immortelle. Lorsque, après l'exaltation de son génie, il est, pour ainsi dire, redescendu sur la terre, il est étonné de s'être autant élevé au-dessus de lui-même; la crainte de ne plus retrouver ce degré juste d'exaltation et de chaleur le rend modeste; il remercie son génie, comme un être autre que lui, et retourne vers son penchant craintif qui ne l'abandonne jamais lorsqu'il est de sang-froid. L'auteur ignorant, au contraire, occupé sans cesse à rassembler, avec une facilité qui l'étonne, des débris incohérents; protégé d'ailleurs par cette bonne mère, qui est toujours plus sensible envers ses chers enfants, en proportion de leurs difformités, l'amour-propre enfin lui persuade qu'il est un aigle, et il le croit, parce qu'il n'est qu'un sot.

L'envieux n'est jamais franc que lorsqu'il parle de son propre mérite; c'est alors qu'il s'échauffe et qu'il glace ceux qui l'écoutent. S'il parle des ouvrages des autres, il n'en montre que le côté faible.

L'homme éclairé autant que juste n'en dissimule pas les défauts; mais il aime à en faire aussi remarquer les beautés, et c'est surtout sur elles qu'il appuie. La manière la plus sensible de peindre en musique le caractère de l'envieux et du méchant critique est, je crois, de leur faire débiter avec colère les éloges mérités de leurs rivaux, quand la vérité ou la crainte d'être démentis les leur arrachent; aussi leur dit-on : « Ne vous fâchez pas, nous pensons tous comme vous. » Dans toute autre circonstance, le dédain, le silence affecté, le chagrin qu'ils témoignent, sont les moyens de retracer ce qu'ils éprouvent.

Il est souvent, dans les arts d'imitation, deux moyens pour peindre : c'est en montrant l'action même, ou en ne montrant que les effets qu'elle a produits. L'action peut paraître faiblement rendue, ou rendue avec exagération ; mais les effets sont toujours vrais, parce que l'on suppose que l'action a dû les produire tels qu'on les voit. Tel interlocuteur parle de son chagrin, de son désespoir, vous l'approuvez ; puis après il vous en apprend la cause, et vous le condamnez.

Jamais l'envieux n'aura de véritable noblesse ni de vraie grandeur d'âme ; l'injustice perce à travers ses discours. Il semble que toutes ses phrases d'approbation ne sortent de sa bouche que pour préparer des réticences, si... ou mais... Il ne jouit guère plus de ses succès que de ceux des autres ; il lit dans tous les yeux les regrets qu'on a de voir réussir un méchant, son succès ne fût-il qu'éphémère.

C'est dans les spectacles, au salon de peinture, que le jeune musicien peut étudier les tons et l'allure de l'envie et des méchants critiques. Dans les spectacles, à la première représentation d'un ouvrage surtout, vous verrez les ennemis des auteurs se rapprocher, autant qu'ils le peuvent, des journalistes, pour, pendant la représentation, leur dicter leur feuille du lendemain. Autant cette bassesse est dégoûtante, autant doit paraître plaisante la bonhomie de cet homme qui admirait la figure et les talents d'une actrice, et qui demandait son nom à ses voisins, lorsque quelqu'un lui cria : « Il est singulier que tu ne reconnaisses pas ta sœur ! »

Une autre contradiction est assez commune à Paris ; elle consiste à se faire juge des talents quand on n'en a pas assez pour briller par eux. Aussi remarque-t-on que ceux des journalistes qui ont le plus d'humeur n'ont jamais rien produit qui puisse être comparé à ce qu'ils trouvent de plus mauvais. Quand verrons-nous des censeurs dignes de nous censurer ? Quand le gouvernement confiera-t-il à l'homme célèbre cette tâche honorable, comme la récompense de ses travaux ? Que le premier de chaque genre, désigné depuis longtemps par la voix publique, en soit chargé ; on verra combien cet emploi deviendra noble entre ses mains ; combien les jeunes gens recevront de leurs maîtres d'excellents conseils et de consolations, lorsque avec de belles dispositions ils se seront égarés ; combien enfin les vérités qu'ils diront seront préférées par le lecteur aux méchancetés dont nos journaux sont remplis, et qui n'ont souvent d'autres attraits pour se faire lire.

DE LA PÉDANTERIE

Ce caractère n'est guère plus propre au théâtre que celui de l'homme d'ordre, dont je parlerai bientôt, et avec lequel il a quelques rapports. Le pédant peut être comique cependant si on le saisit avec ses ridicules, et l'homme d'ordre ne peut jamais l'être, parce qu'il n'en a point. Si le pédant ne mettait trop d'apprêt, un discernement trop minutieux dans tout ce qu'il fait, il serait l'homme d'ordre ; mais son excessive rigidité lui donne un caractère distinctif. Le pédant ne peut être satisfait de son travail qu'après avoir outrepassé le but raisonnable, et cette perfection outrée est aussi fatigante dans les arts que le désordre même. C'est ainsi que toujours un caractère se rapproche d'un autre qui peut lui ressembler par quelques détails, mais jamais dans l'ensemble. La nature n'est point minutieuse, elle opère en grand. Si les cailloux de deux montagnes se ressemblent, les montagnes ne se ressemblent point communément par leurs formes. Le pédant est emphatique ou précieux en tout ; même en possédant savamment une chose, il la rend dégoûtante par les détails superficiels et inutiles dont il l'enveloppe ; le courage de négliger une chose pour en faire valoir une autre, lui est refusé. S'il travaille longtemps une production légère, c'est à force de prétendre à la perfection qu'il la rend fastidieuse ; s'il traite un grand sujet, il s'efforce de le rendre si beau qu'il devient invraisemblable. Il a d'ailleurs, je le crois du moins, travaillé d'après un modèle étranger; il est lui-même trop froid pour sentir les élans du génie. Dans son ouvrage, il veut que tout brille, jusqu'au moindre détail, et cette prétention inepte ne permet point de gradation. L'œuvre du pédant ressemble assez au damier couvert de petits carrés toujours blancs et noirs; s'il peut réussir à faire quelque chose de bon, c'est dans un ouvrage d'une conception si courte, qu'il en atteint les limites et la perfection avant d'avoir eu le temps de s'égarer.

Les productions d'un caractère indécis qui laissent flotter notre jugement entre l'approbation et l'improbation; qui nous font dire : « Cela n'est pas mauvais, » sont très communes; et c'est toujours parce que l'artiste n'a pas assez prononcé le caractère distinctif de sa production, ou qu'il en a saisi plusieurs à la fois qu'il n'a point assez de caractère; c'est parce que l'indécision était dans son âme qu'elle se reproduit dans celle des autres. Si l'art de bien faire n'était si difficile, il serait trop commun et ne vaudrait pas les peines qu'il donne à l'acquérir [1]. Après les réflexions que je viens de présenter, croit-on, par exemple, qu'il soit aisé au pédant de cesser de l'être, ou à l'homme de peu de talent de s'opiniâtrer à faire et refaire, jusqu'à ce qu'enfin il ait produit une bonne chose? Non, il leur est impossible d'y parvenir. La première manière de saisir une chose dans les arts est presque toujours la bonne; cependant il faut savoir la rectifier; car, ainsi que l'enfant qui se présente à la clarté des cieux, nos productions naissantes ont besoin de toilette pour oser se montrer. Ce premier mouvement donc, cette première donnée est d'instinct; voilà pourquoi elle appartient à l'ignorant comme au sage. Après cet élan, la nature s'arrête

---

[1]. Un jeune Anglais qui se sentait peu de dispositions pour réussir dans les arts, disait à ceux qui l'engageaient à travailler : « Quoi! vous voulez que je me fatigue pour n'atteindre jamais qu'à la médiocrité! elle n'en vaut pas la peine. » S'il ne pouvait être artiste, il parlait du moins en homme de bon sens. (G.)

et laisse agir l'homme seul ; c'est alors que l'homme sans talent détruit ce qu'il avait trouvé sans peine ; c'est alors qu'il ajoute, qu'il double tous les moyens, croyant doubler les effets ; c'est alors qu'il détruit le plan général, en faisant trop de recherches sur les détails, et qu'après mille fatigues qui l'accablent enfin il demeure sans espoir.

L'homme habile qui vient de produire n'est pas lui-même toujours persuadé d'avoir bien fait ; mais donnez-lui quelques jours, quelques heures seulement, selon que sa tête a plus ou moins besoin de repos, alors il reste convaincu de la bonté de son travail. S'il reste à l'artiste habile un sentiment vague de sa faiblesse, ce sentiment le console encore : car il lui montre l'insuffisance de l'art, la difficulté de rendre tout ce que l'on sent, la faiblesse humaine enfin plus que celle de sa production. « Qu'on fasse mieux, s'il est possible ! » est une phrase qui, sans orgueil, a dû souvent se faire entendre dans le silence du cabinet. Si l'artiste trouve par la suite dans les productions d'autrui ce mieux qu'il a désiré, il en est enchanté ; l'art s'est enrichi pour tout le monde, et la basse jalousie ne viendra jamais troubler cette noble jouissance. Au reste, j'ose avancer qu'un auteur habile doit savoir quelquefois être minutieux dans certains détails ; d'autres ne doivent être que médiocrement soignés ; d'autres enfin doivent être produits d'un seul jet, sans aucune recherche. Selon l'occasion, l'homme habile fera ce que je viens de dire ; mais le pédant ne fera jamais rien sans faire sentir sa pédanterie.

La pédanterie dans les arts n'obtiendra jamais de gloire solide. Le pédant ne peut être original ni homme de goût [1].

---

[1]. Le pédant a des idées si bizarres, il voit des rapports si extraordinaires entre les choses, qu'un de ces messieurs me conseillait un jour de faire correspondre l'heure de mon travail avec l'heure de la scène que je mettais en musique.

« La nuit, me disait-il, vous feriez mieux une scène de nuit ; après le repas, on ne parle pas comme avant, etc.

— À la bonne heure, lui dis-je, mais ce n'est pas assez ; il faudrait

Il est plaisant de voir le pédant en musique se dépiter parce que le public applaudit un petit air bien simple, tandis qu'un moment après il reçoit froidement un chœur qui renferme tous les produits de l'harmonie. Cependant je n'ai jamais vu ce même public se tromper sur le mérite réel d'une production quelconque si elle est bien exécutée ; j'ai vu, au contraire, qu'il rejette également la surabondance comme la nullité des moyens. Croit-on le forcer aux applaudissements par la force outrée? Non, c'est par la vérité. Je vois les chanteurs de la tragédie se tromper lorsqu'ils exécutent des ouvrages exagérés : pour se mettre au ton du poème et de la musique, ils croient ne jamais donner assez d'énergie à leur chant ; et tout au contraire ils devraient, par une exécution modérée, atténuer, adoucir ce que les auteurs ont trop forcé dans leurs ouvrages ; je ne dirai pas, tout le monde le sait, combien il résulte d'inconvénients de ce défaut ; plus on force la voix, moins on entend les paroles : l'organe a besoin de souplesse pour bien articuler ; la voix dans sa force raidit les muscles, en ôtant la possibilité de prononcer [1].

Mettrai-je au nombre des productions forcées celles de l'homme qui, avec un jugement sain, une connaissance solide de l'harmonie, ayant surtout beaucoup réfléchi sur les chefs-d'œuvre en musique, ayant remarqué de quelle manière sont amenées les nuances, les oppositions, les effets, un trait d'esprit, un trait de chant ou d'harmonie ; qui a tout vu, tout comparé dans sa froide analyse ; qui a plus observé qu'il n'a

---

encore, à votre compte, être réellement fille ou femme, vieux ou jeune, honnête ou malhonnête, pour faire parler tous les personnages qui se présentent dans les différents drames. »(G.)

[1]. Je ne balancerai pas à dire que l'Opéra de Paris sera forcé, tôt ou tard, de chanter sans crier, de chanter comme l'on chante en Italie, s'il veut conserver son spectacle. Les spectateurs participent trop aux maux que souffre un chanteur criant ; le plaisir devient une peine horrible. Les plus beaux organes se détruisent en très peu de temps. La musique de Gluck est belle, mais elle a le défaut d'être souvent au delà des forces humaines ; quant aux voix. Une voix seule ne luttera jamais sans risque contre quatre-vingts ou cent instruments qui jouent, qui sonnent, qui frappent de toutes leurs forces. C'est parce que la nation française va

senti les charmes des bonnes productions, parvient enfin, après un travail porté au delà de toute imagination, à faire un ouvrage estimable? Je connais de ces sortes d'ouvrages que je ne citerai point; ils méritent nos respects par les peines qu'ils ont coûtées. Ils sont néanmoins aisément reconnus par l'homme qui a, dans un même degré, de la chaleur dans l'âme et dans la tête.

On pourrait encore parler d'une espèce de talent qui, semblable à un météore, brille et disparaît. La production reste, à la vérité, mais elle atteste à chaque instant, en la comparant aux productions suivantes du même artiste, qu'il n'a pu rassembler qu'une fois les facultés nécessaires pour faire bien. Examinons un instant cette singularité.

La prodigieuse envie de faire sa réputation, envie très louable sans doute, agite tellement certains individus médiocrement constitués, qu'ils sont enfin saisis d'une fièvre qui leur donne du génie; mais c'est la seule fois dans leur vie. Conçoit-on après cela le chagrin de celui qui ne peut plus retrouver la situation d'âme qui lui a valu un chef-d'œuvre? L'espèce de phénomène dont je parle existe cependant, et je ne doute nullement que ceux qui ont produit un bon ouvrage et qui ne peuvent ensuite plus rien produire de semblable ne soient dans le cas dont je parle. Le public ne manque pas de dire que l'ouvrage approuvé n'est point à eux; ce jugement est précipité, et j'en crois bien plutôt les raisons que je viens de rapporter. L'auteur de la musique du *Devin de village*[1] et le petit

---

prendre de plus en plus de l'énergie, que l'on ne peut trop recommander aux jeunes artistes d'éviter les moyens outrés et de rester dans les bornes que prescrit une sage modération. Veut-on une preuve vulgaire, mais sûre, qu'il n'est pas possible de faire entendre les paroles que l'on crie? Écoutez les crieurs des rues; sur cent, il n'en est pas dix qui vous fassent entendre ce qu'ils croient dire. J'entends de l'intérieur de ma chambre ces trois cris : « Parjure, iras-tu? » Un autre dit: « i-a-u. » Un autre dit: « Belles pêches. » Cependant ces belles pêches sont des trappes à souris; i-a-u, des fagots, et Parjure, iras-tu? de vieux habits à vendre. (G.)

[1]. J.-J. Rousseau, à qui l'on contesta la paternité de cet opéra, en donnait pour raison que, bien qu'ayant obtenu un grand succès avec cette première œuvre lyrique, il n'avait pas songé à en faire jouer d'autres.

nombre de ceux qui sont dans le même cas ne doivent pas être confondus avec cette espèce d'artistes dont nous parlons ici en général. Que l'on fasse attention que Rousseau s'est livré tout entier à la littérature, après avoir fait un opéra charmant, quant à la mélodie des airs : s'il n'a pas retrouvé dans la suite des chants aussi simples, aussi vrais, c'est parce que, livré à la haute philosophie, il n'a pu reporter son âme tout entière au talent du compositeur de musique ; il ne voulait que se délasser de ses travaux littéraires. Mais dès qu'un talent ne nous occupe pas tout entier ; dès qu'il ne nous donne pas la fièvre du génie, une fièvre occasionnée par ce talent même et non par un autre, ces productions en second sont faibles ; elles peuvent avoir délassé l'artiste qui les a faites de ses occupations majeures, mais elles peuvent fatiguer celui qui les juge. Enfin, dira-t-on, pourquoi la même envie, la même espèce de fièvre qui a valu un bon ouvrage, ne serait-elle pas provoquée de nouveau par celui qui en a déjà l'expérience ? Et pourquoi n'aurait-il pas un même succès ? Je réponds que ce succès est constant, à quelque chose près, pour l'homme propre à la chose qu'il fait, parce que toutes les facultés dont il a besoin sont en lui et qu'il ne lui faut que de l'agitation pour les mettre en exercice ; mais l'homme qui a peu de disposition a besoin d'un bien plus grand effort ; il faut en quelque sorte qu'il se régénère, qu'il se métamorphose en homme de génie pour réussir une fois ; et, après avoir fait un tel excès, ne soyons pas étonnés que désormais la nature s'y refuse. Ainsi que lui, l'homme né pour la chose qu'il fait n'a qu'un succès ; de même que lui, il ne va qu'une fois au mont Parnasse ; mais il y reste, tandis que l'autre en est exilé. Il faut enfin à l'homme qui a peu de disposition un certain instant de sa vie pour réussir, tandis que, pour l'homme bien né, cet instant se prolonge à peu près autant que lui.

DE LA PARESSE

Un de mes amis, homme d'esprit et de probité, ne prend à son service que des gens paresseux. Dans le nombre des questions qu'il fait aux personnes qui se présentent pour entrer chez lui, il en est une essentielle à laquelle il a l'air de mettre peu d'importance, et dont la réponse décide de son choix, quand la personne néanmoins lui convient à plusieurs égards : « Dormez-vous beaucoup ? » Si l'on répond : « Je dors peu, » on n'entre point chez lui ; si l'on dit : « J'aime beaucoup à dormir, » on y est reçu. Il voit d'abord, dans cette dernière réponse, que le dormeur convient de bonne foi de ses défauts. Mais mon ami attache bien d'autres idées à la paresse ou à l'activité d'un homme qui n'a d'autre talent que celui de servir ; et voici son raisonnement : En général, il croit l'homme paresseux ; ce n'est que par intérêt, dit-il, qu'il sort de sa paresse naturelle ; et l'homme le moins actif est, à ses yeux, le moins intéressé, le moins bouffi d'amour-propre et le moins commandé par ses passions. Si les hommes étaient tels, dira-t-on, ils ne seraient guère plus estimables que des taupes. L'homme, dit-il, qui se dévoue à servir un autre homme n'a pu parvenir à se donner aucun talent qui le rendît indépendant ; l'agriculture, le métier de la guerre, tous les travaux pénibles l'ont effrayé. S'il est ignorant par paresse, c'est un vice de sa nature, dont on ne peut le blâmer : il faudrait changer son être pour qu'il fût autre. S'il est actif, défiez-vous-en, car il lui manque l'instruction nécessaire pour se conduire et être honnête homme. L'activité ignorante est, dit-il, la mère de tous les vices, quoiqu'on dise que c'est l'oisiveté.

L'on trouve des fautes essentielles dans presque tous les ouvrages, quelque bons qu'ils soient : les fautes de négligence, celles provenant d'une recherche trop obstinée, et celles d'ignorance. Cependant il y a souvent dans les ouvrages dramatiques des fautes qui ne sont pas des auteurs; ou si elles sont d'eux, elles étaient inévitables et commandées par les circonstances. Par exemple, on trouve dans les opéras récités des morceaux de récitatif mal faits, des modulations ineptes ou au moins inutiles, des transitions qui n'ont point de rapport avec la déclamation des paroles. On ne sait pas comment un artiste qui ordinairement soigne ses ouvrages a pu laisser subsister de telles incorrections. Ce n'est pas par paresse, soyons-en sûrs, qu'il les a commises, et souvent ce n'est pas par ignorance; mais il faut que l'on sache que si la première représentation d'un ouvrage a été orageuse, l'on se hâte de faire des coupures partout où l'action a déplu ou a paru languissante. Dès qu'on a retranché çà et là une centaine de vers du poëme, il faut, sur-le-champ, que le musicien les retranche de sa partition. C'est par des transitions qu'il rejoint les deux bouts; et c'est presque toujours autant d'incorrections qui restent et déparent son ouvrage. Ah! cabaleurs ennemis des talents, combien n'avez-vous pas flétri de chefs-d'œuvre! Si l'on prenait le temps nécessaire pour faire les corrections, vous diriez que l'ouvrage est tombé et retiré du théâtre. On a quelquefois le courage de se corriger longtemps après, mais les fautes ont éclaté aux yeux des connaisseurs[1]. On m'avait dit, aux répétitions de *Lucile*, que le quatuor *Où peut-on être mieux* avait besoin d'être coupé; je résistai à cet avis, et je m'en félicite. Dans le *Huron*, on peut regarder le petit duo *Ne vous rebutez pas* comme ayant toute sa rondeur. J'y avais fait une coupure pendant les dernières répétitions. A la quatrième représentation, lorsque je descendis dans la salle pour voir mon ouvrage, je me trouvai à côté de Monsigni; dès que l'on eut exécuté le duo dont il est ici question, il me dit: « Votre complaisance vous a

---

[1]. J'ai vu un journaliste qui venait aux répétitions pour avoir le sot plaisir d'écrire dans sa feuille : « En cet endroit il y avait tel défaut qu'on a corrigé. » Pourquoi ne se glissait-il pas sous le bureau des auteurs? Il eût eu tant de bêtises à révéler! (G.)

fait gâter ce morceau ; il est impossible que vous l'ayez fait tel que je viens de l'entendre. » Je restai étourdi de ma bévue, et je le rétablis en entier. Les trois dernières répétitions d'un ouvrage sont, pour les auteurs et pour les acteurs, un temps de tourmente, pendant lequel ils ne savent presque plus ce qu'ils font ni ce qu'il faut faire. C'est alors que l'on coupe, que l'on sabre, que l'on mutile un ouvrage qui quelquefois n'a besoin que d'une bonne exécution ; c'est alors que le poète, le musicien, commettent des fautes pour lesquelles ils gronderaient leurs écoliers. Épuisés de fatigues, de veilles, et surtout d'inquiétudes, comment osent-ils prétendre faire ce qu'il y a de plus difficile dans les arts, retrancher une partie d'un tout longuement médité dans tous ses rapports? Ce n'est pas la faute des auteurs cependant ; car deux répétitions générales, soignées comme la représentation, et avec du monde dans la salle, feraient disparaître tous ces inconvénients ; mais on les obtient difficilement, surtout des comédiens qui ne jouent que les rôles secondaires. Je suis persuadé que l'on a enfoui mille beautés relatives aux arts dans le temps d'orage qui précède et touche la représentation des ouvrages. Les auteurs se trompent dans leur cabinet, n'en doutons point ; ils ont beau prévoir l'action d'un drame, ils n'en peuvent calculer tous les effets ; et ce n'est que par une exécution soignée qu'ils peuvent se juger et se corriger. Je finirai ceci par une anecdote dont je me souviens parce qu'elle m'affecta vivement. Je sortais de la première représentation d'un de mes ouvrages, et (comme font tous les auteurs) je prêtais l'oreille aux propos du public. J'entendis un homme qui disait : « J'avais envie de siffler tel morceau, tant il est fait avec négligence. » Eh bien, ce morceau, je l'avais refait trois fois ; on en avait coupé la moitié aux répétitions, et ce morceau seul m'avait plus occupé, plus tourmenté que tout l'opéra. Je ne le citerai point ; il fut retranché tout à fait à la représentation suivante.

DE LA COLÈRE

La colère dans un bon cœur est le besoin de pardonner, a dit Beaumarchais dans l. *Mère coupable.* Cependant n'accordons pas trop souvent des pardons de cette sorte, dans la crainte qu'on ne nous refuse à nous-mêmes notre pardon. L'aimable homme que celui qui ne se fâche point, du moins avec excès ! O l'horrible chose que la colère dans une femme ! Le désespoir ne la dépare pas autant que la colère soutenue ; les excès du désespoir sont courts, parce qu'ils sont violents : tels que les orages d'été, ils rafraîchissent souvent l'atmosphère morale, sans troubler le cours du beau temps. Le désespoir n'est qu'un moment d'orage ; la colère souvent répétée est une continuité de mauvais temps. Sur dix femmes qui cessent de plaire, huit ont détruit le charme par la fâcheuse humeur ou par un seul accès de colère. L'homme calme qui sait opposer le sang-froid aux injures se donne un degré éminent de supériorité sur son adversaire ; s'il n'est un homme très estimable, c'est sûrement un scélérat.

La colère dans les êtres faibles, qui nous font des menaces qui ne peuvent avoir d'effet, n'est que ridicule ; elle peut se prolonger plus longtemps. La colère des enfants n'est qu'un jeu pour les âmes dures ; mais en s'amusant de leur colère, quel avenir on leur prépare ! Servez-vous de votre chien, de votre serin pour exercer votre domination, puisqu'il vous faut un être vivant qui vous soit soumis ; leur instinct est incorruptible, et vous vous amuserez sans beaucoup de mal.

DE LA DISSIMULATION, DE LA FINESSE ET DE LA RUSE

Il n'est que deux manières d'agir et de parler : l'une est vraie, l'autre est fausse. Toutes les nuances que l'on peut mettre entre la vérité et le mensonge blessent plus ou moins l'austère vérité, qui ne souffre aucune altération; c'est alors ce qu'on appelle finesse ou dissimulation, que l'intention rend criminelle ou innocente. La dissimulation est l'apanage ordinaire des âmes faibles; craignant de se tromper ou de déplaire, elles n'abordent la vérité qu'en tremblant. D'autres, n'ayant jamais une idée nette de la chose dont ils parlent, enveloppent de cent idées accessoires celle qu'ils voudraient présenter; cette dissimulation forcée est ineptie. D'autres enfin, voulant couvrir le mal qu'ils voudraient faire d'un vernis de fausseté et de politesse, dissimulent par intérêt et sont tôt ou tard victimes de leurs subterfuges. Le grand nombre des hommes est toujours véridique; l'intérêt seul peut altérer la première des vertus, la véracité. Or, comme l'intérêt d'un homme contrarie toujours les intérêts de plusieurs autres, et que le reste des hommes ne peut être qu'indifférent, il y a toujours cent mille contre un au préjudice du trompeur.

La finesse est un jeu de l'esprit, quand elle ne porte aucun caractère d'hypocrisie. Présenter finement ce que l'on pense et que l'on croit vrai, c'est user de déférence envers les autres; c'est en quelque sorte respecter leur opinion en la combattant, c'est enfin les forcer de pardonner à la vérité qui blesse, en faveur de l'esprit qui la présente. Une femme aimable, respectable, mais enveloppée des préjugés de son siècle, disait à ses amis : « Éloignez cet homme de chez moi; il est triste comme la vérité. » O vérité sainte! pardonne au sexe charmant qui ne pardonne point à l'ennui; pardonne surtout à tes apôtres indiscrets, qui ne savent point faire aimer ce qui est estimable. Non, tu n'es pas inconnue au sexe qui semble ici blasphémer contre toi; il sait trop qu'il ne peut être aimable que par toi; mais pendant que le philosophe austère te cherche dans un puits, le sexe favori des grâces n'aime à te rencontrer que sur un lit de roses.

La dissimulation doit augmenter dans l'homme à proportion qu'il se voit subjugué; et, ne nous y trompons point, dissimuler, c'est déjà se révolter. Il est dans la nature d'opposer la dissimulation à la force qui opprime; et quand l'oppression produit la soumission absolue, tremblez, despotes! c'est le calme précurseur de l'orage qui est près d'éclater.

La finesse et la dissimulation sont à la femme ce que le mensonge est pour l'homme. Dans les objets importants, la femme n'a point assez de force pour mentir, il faut un homme tout entier[1].

La vérité présentée brutalement ne plaît à personne; il faut avoir acquis le droit de la dire; il faut la présenter avec douceur, faire pressentir à celui qui veut bien l'entendre qu'on n'abusera point des droits qu'on se donne en réprimant sa conduite ou ses actions. Alors l'amour-propre s'humanise, et l'on reçoit avec intérêt les conseils qui nous sont donnés de même. L'homme tendant toujours à s'élever au-dessus des autres abuse de tout, même de la vérité, pour parvenir à dominer. D'abord il vous présente des vérités utiles; puis, si vous valez la peine d'être subjugué, il ne songe plus qu'à étendre sur vous sa domination.

La ruse est d'instinct dans les animaux comme dans l'homme; c'est l'arme que la nature leur a donnée pour se défendre contre la tyrannie et contre l'ennemi de chaque espèce[2]; c'est par la ruse, autrement dit la politique, que l'homme s'élève aux grandeurs; c'est par la ruse que l'homme subjugué échappe à la domination, jusqu'à ce qu'il ait secoué le joug. Le rusé paysan sait s'incliner, pour mieux duper Son Altesse qui est plus bête que lui. J'entendis un jour une conversation entre des domestiques : « Voici, disait l'un d'eux, comment je m'y prends quand j'ai envie de quelque

---

[1]. Qu'on ne vienne pas dire : « Telle femme m'a trompé dans une affaire importante, avec tout l'art du mensonge; » cette femme avait renoncé à son sexe pour se faire malhonnête homme. (G.)

[2]. Depuis l'homme jusqu'au dernier insecte, tous se mangent, se dévorent pour se nourrir. Bourreaux les uns des autres, ils n'attendent pas même la mort pour s'emparer de leurs proies. L'homme seul, pour dissimuler son instinct féroce, paye des bouchers, qui lui épargnent la peine d'être assassin. (G.)

chose. Je dis à mon maître : « Monsieur, j'ai bien envie
« de cet habit, quand vous ne le porterez plus. — C'est
« bon. » Le lendemain, je fais exprès quelque bêtise
bien lourde; si mon maître se fâche et s'emporte, il
s'en repent l'instant d'après, et l'habit que j'ai demandé
la veille est à moi. »

Si chacun pouvait apprécier la mesure de ses talents
et de ses facultés, on ne s'exposerait pas au ridicule;
mais ce que nous connaissons le moins, c'est nous-
mêmes; et l'homme, par sa nature, est si versatile
qu'il peut, avec lui-même, faire une nouvelle connaissance.

... La musique de déclamation ne doit pas plus coûter
de peines au compositeur qui a du sens que le simple
récitatif. Mais un peintre a-t-il assez fait, lorsqu'il a
disposé, dans toutes ses proportions, la structure du
corps humain? Non, il faut que la chair bien coloriée
couvre élégamment cette première structure; il faut
que les vêtements couvrent à leur tour la plus grande
partie du corps, en laissant plus que soupçonner les
formes qu'ils enveloppent. De même le musicien doit
d'abord déclamer juste et saisir le rythme convenable;
c'est la structure de son œuvre. Il doit couvrir la déclamation d'un chant pur; c'est la chair qui couvre l'ana-
tomie. Il doit faire des accompagnements qui suivent,
soutiennent l'expression sans jamais la voiler totale-
ment : c'est comparativement le costume des figures.
Nous devons voir, par ce rapprochement, qu'il faut,
pour le musicien comme pour le peintre, trois choses
pour en faire une bonne, et que déclamer seulement,
c'est faire un squelette; chanter vaguement, c'est faire
une figure idéale; et prodiguer les accompagnements,
c'est faire une riche draperie pour couvrir ce qui
n'existe pas. « Ne pouvant la faire belle, tu l'as faite
riche, » disait Apelle en regardant une figure qu'un de
ses prétendus confrères lui montrait.

DE LA GAIETÉ, DE LA SATIRE, DU RIRE IMMODÉRÉ ET INVOLONTAIRE

Les rieurs éternels sont ennuyeux, parce qu'ils rient sans raison. L'homme sensé aime mieux pleurer avec un malheureux que rire avec un fou. La gaieté des sots ou des hommes qui ont peu d'étoffe est toute dans les mots et point dans la chose. S'ils ont la force de rapprocher deux idées, l'une d'elles n'arrive qu'en boitant. Si les éclats qui précèdent ordinairement leurs saillies vous ont par avance fait sourire, dès qu'ils ont parlé l'on craint d'avoir été aperçu, l'on rougit de se trouver complice d'une bêtise. Il est des hommes d'un gros bon sens qui sont doués d'une gaieté franche et sans prétention; cette gaieté plaît aux gens sensés, surtout à l'homme fatigué par l'étude; elle ne réveille que des idées simples, n'oblige à aucune réflexion; au contraire, elle dissipe et délasse des travaux de l'esprit. J'aime mieux un bonhomme qui fait tout gaiement que l'homme spirituel qui a la manie de l'esprit et qui vous assomme de saillies en tout genre et à tout propos. Quelle que soit sa fécondité, il parvient à la tarir; alors ce sont des redites continuelles, ou, pour ne pas céder la place à un autre beau conteur, il devient satirique. L'on peut toujours se faire écouter, avoir quelque esprit, quand c'est aux dépens des autres. Le cercle des méchancetés est vaste autant que le monde; partout les passions règnent et sont en butte les unes aux autres : la satire et la médisance courent après elles, et par mille propos vrais ou artificieux nous consolent de l'austérité de nos propres vertus. Pour avoir toujours de l'esprit, pour être sans cesse amusant, le satirique n'épargne personne, pas même ceux qu'il aime. S'il vous fait, un jour, quelques caresses plus affectueuses que d'ordinaire, craignez alors qu'il ne prépare un trait qu'il va vous lancer, ou qui peut-être est déjà parti à votre insu. Cette caresse est un pardon tacite qu'il vous demande, pour n'avoir pu résister au fatal plaisir de vous avoir déchiré par un bon mot. Cette faiblesse de briller aux dépens des autres n'exclut pas, dans le satirique, quelques bonnes qualités morales; mais elles sont toujours insuffisantes pour le faire estimer, et plus insuffisantes encore pour son propre bonheur. D'abord il est craint et caressé par les âmes faibles; ensuite on le fuit, on l'abandonne à lui-même, dès que l'aiguillon de son talent venimeux n'est plus à craindre.

Lorsque, dans sa vieilllesse, il devient malheureux; lorsque quelques bonnes âmes viennent pour le flatter, lui rappeler l'effet merveilleux de ses satires, on le voit sourire encore à ce souvenir; mais aussitôt un profond soupir qui lui échappe atteste que lui rappeler ses triomphes, c'est lui montrer la liste de ses ennemis avec celle de ses victimes. Non, jamais la méchanceté la plus spirituelle, la plus fameuse, ne fut consolante pour son auteur; je n'en exclus pas même le plaisir d'une juste vengeance : car dans ce cas les reproches de l'âme flétrissent le plaisir de l'esprit. Le satirique soupire après s'être vengé. L'homme est né bon, du moins il n'est méchant que par intervalles; il est forcé tôt ou tard d'oublier une offense, et la satire spirituellement faite est une éternelle vengeance que l'homme juste n'ose même attribuer à la divinité.

L'homme d'un bon esprit n'est gai qu'à propos; il ne fatigue point par un superflu désordonné. Un seul mot de sa part réveille mille idées qui fournissent des réflexions pour toute une soirée. Quoi qu'on dise, quelque sujet que l'on traite, il l'a médité d'avance; il n'est jamais pris au dépourvu. De même que le feu qui a été longtemps concentré s'échappe avec éclat, un trait d'esprit longtemps médité frappe l'imagination de ceux qui ont l'esprit juste. C'est avec tranquillité qu'il vous écoute, c'est avec tranquillité qu'il vous éclaire ou vous fait rire. Il est loin de courir après le *vis comica;* il est loin de songer que l'air sérieux du conteur le rend plus aimable, cette charlatanerie est loin de sa pensée; c'est parce qu'il est sûr de vous captiver qu'il ne vous provoque point : la sérénité lui appartient, comme elle accompagne le brave au milieu des combats. Molière riait peu, j'en suis sûr. D'Hèle, que j'ai connu, riait modérément des saillies des autres, jamais des siennes. Dans les choses même les plus comiques, la vérité a toujours une face austère qui impose le respect; l'on rit peu *lorsqu'on la sent* profondément; un souris, un doux frémissement, une larme qui échappe, sont des hommages bien plus réels que des éclats[1].

La musique comique sera toujours plus difficile à faire que la musique pathétique, de même qu'une excellente comédie est regardée comme supérieure, pour la difficulté, à une bonne tragédie. Il n'est rien de si difficile que de faire rire les gens de goût. L'on séduit aisément la moitié du parterre; mais souvent le reste de la salle hausse les épaules.

Nous voyons assez souvent des auteurs qui ont ce qu'on appelle le don des larmes; mais nous voyons peu de Molières après Molière. Peut-on être comique en musique? demanderont certaines gens. Que la musique soit vive, gaie par son mouvement, d'accord; mais qu'une série de sons marchant de telle ou de telle autre manière nous fasse rire, cela est inconcevable. Je n'ai qu'un principe pour répondre à ces objections : Peut-on déclamer gaiement? Oui; donc on peut faire de la musique comique et gaie.

Voulez-vous une preuve incontestable que la musique peut ajouter à la gaieté des paroles ou anéantir le comique de ces mêmes paroles? Écoutez un maladroit qui vous lit une histoire plaisante; écoutez ensuite un homme d'esprit, qui a le ton de la chose, vous lire la même histoire; ce que je dis là arrive tous

---

[1]. On juge très bien les gens par leur manière de rire, leur sourire ou leur fou rire. Certaines gens, pourrait-on dire, rient presque toujours *jaune*, c'est la fausseté qui les domine; d'autres *vert*, c'est l'envie; d'autres *rouge*, c'est la bonhomie ; d'autres *couleur de rose*, c'est la candeur ; d'autres enfin savent rire de toutes les couleurs, et ces gens-là sont les plus dangereux. (G.)

les jours; le premier vous a déplu au lieu de vous faire sourire; le second, sans avoir rien changé que le ton propre à chaque phrase, vous fait le plus grand plaisir. Cette différence ne provient-elle pas de ce que le premier a fait une mauvaise musique, a chanté faux, tandis que le second a chanté juste? Pour descendre dans les derniers retranchements, on demandera sans doute que la musique nous fasse rire sans le secours des paroles. Je ne dirai pas que ceux qui sentent l'idiome musical ont ri cent fois en écoutant certains traits de musique instrumentale, cela est trop connu; mais je dirai que l'on profère une bêtise quand on demande que la musique sans paroles soit autre chose qu'un tableau vague, qui a néanmoins un caractère général de gaieté, de tendresse ou de tristesse. Le métier de musicien est de peindre, en suivant la déclamation des paroles, comme celui du peintre est de copier l'objet qu'il veut rendre. Peindre veut dire reproduire un objet déjà existant; vouloir faire sortir un art de ses limites, c'est prouver qu'on n'est pas artiste.

Le petit nombre des gens habiles prouve qu'il est encore très difficile de rendre ce que l'on entend ou ce que l'on voit. Deux musiciens ou deux peintres peignent souvent le même objet; mais le travail de l'un est exquis, celui de l'autre n'est que ridicule. Lorsqu'on me lit un poème, en écoutant les intonations de l'auteur des paroles je me dis souvent à moi-même : « Je ne ferai pas cette musique-là. » J'ai vu aussi qu'après avoir entendu certains airs que je venais de mettre en musique, l'auteur des paroles changeait sa déclamation. Souvent aussi, quand je ne trouve rien qui me satisfasse, je prie l'auteur de me déclamer certains morceaux, et une seule de ses inflexions me ramène au vrai.

Il est si doux de se donner beaucoup de peine pour faire bien, car la jouissance est si longue! Le public n'apprécie pas tout de suite les choses simples et vraies; la vérité n'étonne point, parce qu'elle est faite pour le cœur de l'homme : malheur à ceux qui sont trop étonnés de sa douce clarté; mais après avoir resté quelque temps dans une apparente indifférence, plus ils la reçoivent, plus ils la trouvent aimable.

D'Alembert me disait un jour : « Je viens d'entendre le *Tableau parlant*. J'ai compris votre musique, j'ai souvent ri de bien bon cœur; mais en sortant j'ai fait des réflexions tristes sur le peuple de Paris. — Quelles sont-elles? — Il rit des facéties de Pierrot et de Léandre, et il n'entend pas encore votre musique. — Laissez-le, lui dis-je, s'attacher aux choses qui doivent d'abord le frapper, j'aurai mon tour. Si je voulais me servir de certains moyens, je pourrais me faire applaudir davantage aux premières représentations, mais j'y perdrais trop par la suite. »

Pour mieux établir encore les idées que je viens de développer au sujet de la musique comique, il ne serait pas hors de propos d'analyser un air de ce genre. Je choisirai l'air : « Vous étiez ce que vous n'êtes plus, » pour lequel j'ai toujours eu quelque prédilection. Le philosophe qui sentait le mieux la musique, J.-J. Rousseau, l'aimait aussi. Il disait un jour à quelqu'un qui avait pris un prétexte pour le voir chez lui : « Vous voulez que je vous copie cet air? Je l'ai copié au moins dix fois, et je le recommence toujours avec plaisir. » Toi, Jean-Jacques, tu m'as copié! toi, l'interprète de la nature! toi qui as répandu dans tes écrits des préceptes pour tous les artistes de ton siècle et des siècles à venir! Ah! si l'amateur de musique qui possède une de ces copies veut me prouver que mes travaux lui ont été agréables, qu'il me donne cet air copié de la main de Rousseau.

Quelqu'un a dit : « Le persiflage est la raison des sots, comme le duel est l'honneur des fripons. » Le persiflage est réellement une bassesse lorsque l'individu vers lequel il est dirigé ne sait pas qu'on le persifle; s'il le sait, il cesse d'être persiflé. Persifler n'est donc autre chose que se moquer de la simplicité d'une bonne âme qui ne vous entend pas; c'est l'arme morale la plus vile, la plus traîtresse dont un homme puisse se servir envers un autre homme. Cependant, lorsqu'on veut prendre la peine de donner une leçon à un être ridicule, à un être duquel on dépend, le persiflage alors est permis; il n'est autre chose qu'un vernis honnête que l'on emploie pour oser présenter une vérité dure; il n'y a point de lâcheté, puisqu'on est sûr d'être entendu. Colombine du *Tableau parlant* dépend du vieux Cassandre. Il veut être aimé pour lui-même, comme s'il n'avait que vingt ans. Elle prend un ton mielleux pour lui dire :

Vous étiez ce que vous n'êtes plus.

Si j'avais composé cet air un demi-ton plus haut; si Colombine avait pris un ton gaillard et déterminé pour lui dire la même chose, Cassandre aurait dû lui imposer silence dès le second vers :

Vous n'étiez pas ce que vous êtes.

Voilà la vérité morale, la première que doit sentir le compositeur, en lisant les paroles qu'il veut mettre. Que signifie en entier le couplet que chante Colombine?

Vous étiez ce que vous n'êtes plus,
Vous n'étiez pas ce que vous êtes,
Et vous aviez, pour faire des conquêtes,
Et vous aviez ce que vous n'avez plus.
Ils sont passés, ces jours de fêtes,
Ils sont passés, ils ne reviendront plus.

Le couplet veut dire uniquement et physiquement : « Vous étiez beau et vous êtes laid ; vous regardiez le ciel, maintenant vous regardez la terre; en un mot, vous étiez droit et vous êtes courbé. »

Mais, dira-t-on, comment est-il possible, en composant, de songer à tous ces détails physiques et moraux, et ne pas faire une composition froide? — Qui te dit, censeur ignorant, que l'artiste s'en occupe et y songe?

Il est pénétré de l'objet qu'il veut rendre ; son âme, son esprit, sont environnés de tous les moyens qui peuvent le conduire à son but ; il en adopte un, il rejette l'autre ; en continuant, il voit que celui qu'il avait saisi n'est plus bon, il l'écarte à son tour et prend celui qu'il avait rejeté ; tout son être est en contraction, à peine lui reste-t-il assez de jugement pour savoir ce qu'il fait ; son jugement n'est qu'une faible lumière, semblable à celle qu'on aperçoit au fond d'une perspective ténébreuse ; ce n'est qu'après avoir vu, comparé tous les moyens de son art, respectivement au sujet qu'il traite, qu'il saisit enfin une certitude que rien ne peut plus détruire, d'avoir fait un ensemble de tous les moyens compatibles. Il jette alors avec dédain un coup d'œil sur les plus beaux traits qu'il a rejetés, le *non erat hic locus* d'Horace lui revient à la tête. « Vous renaîtrez quelque jour, leur dit-il, mais alors vous m'aurez été donnés par la main de la nature et de la vérité. » Qu'on ne croie pas cependant que cette opération puisse se faire lentement ; c'est avec une rapidité extrême que l'âme, l'esprit ou le génie agissent ; telle est leur essence. Dans un instant il faut avoir tout vu et tout comparé, et cet instant, durât-il plusieurs heures, n'est toujours qu'un instant pour l'artiste. Après ce que tu viens d'entendre, cours dans les sociétés déprécier les fruits du talent ; critique une ombre, une négligence, dont tu n'aperçois pas le motif ; donne à ta voix, à tes propos, un air d'assurance que ton cœur tremblant voudrait démentir ; sois fier d'oser blasphémer contre ceux qu'en secret tu prends pour modèles ; mais en rentrant chez toi prends la plume ou le crayon ; regarde cet effrayant papier blanc, qui sera bientôt couvert des preuves de ton ineptie. Allons ; courage, fais quelque chose qui soit quelque chose ;... Vil détracteur ! Le chagrin te gagne à la fin, et tu grondes ta femme ou ton valet, comme s'ils étaient complices de ta nullité[1].

1. J'étais un jour dans l'atelier de David, avec plusieurs personnes qui admiraient ses tableaux. Un monsieur, qui disait à chaque instant : « Oui, c'est joli ! c'est très joli ! » s'avisa de dire, en regardant le tableau

POURQUOI LES PASSIONS AGISSENT-ELLES SOUVENT PAR LEURS CONTRAIRES ?

Au début de sa carrière dans le monde, l'homme suit ses penchants naturels; mais dès qu'il aperçoit que ses intérêts sont en opposition avec ceux des autres et que ceux-ci contrarient les siens, il dissimule ses penchants et devient factice. C'est alors qu'il affecte d'être indifférent aux choses qu'il recherche le plus, et qu'il feint d'être animé d'une passion contraire, pour cacher celle qui le domine; c'est alors qu'il sacrifie à ses plus chers intérêts ceux que naguère il recherchait avec ardeur. Est-il dévoré d'orgueil, c'est par une modestie simulée qu'il parvient à son but. Veut-il être en possession de la place d'un autre : il le flatte, en se réservant le secret qui le fera choir quand il en sera temps. Le jeune homme est-il naturellement paresseux : sensible aux reproches qu'il essuie, il devient actif à l'excès. L'étourdi qui a déplu à sa maîtresse n'ose plus ni parler ni agir. L'avare amoureux devient prodigue ; et remarquons que dans toutes les situations que nous venons de citer, et mille autres sur lesquelles nous gardons un silence discret, l'homme, passant d'une extrémité à l'autre, ne peut presque jamais saisir le point raisonnable. C'est ici où l'on peut dire avec justesse que le mensonge rend hommage à la vérité.

Presque toujours, par un intérêt mal entendu, l'homme refuse d'obéir à son instinct et préfère agir d'après ses facultés morales. Oui, l'homme redoute son instinct, qui le ferait trop connaître. Avare ou fastueux, grand ou petit de caractère, véridique ou menteur, brave ou poltron, sage ou insensé, ses qualités ou ses vices, tout serait à découvert ; il en serait de lui comme

des *Horaces* : « J'aurais voulu que cette figure fût un peu plus... » L'impatience me saisit ; je m'approche de lui, et lui dis d'un ton respectueux : « N'est-ce pas à M. Raphaël que j'ai l'honneur de parler ? » Le sot ne me comprit pas. (G.)

des plantes ; on connaîtrait celle qui est salutaire ou venimeuse. Mais ce n'est pas là son compte ; dissimuler ses vices, exagérer ses qualités, c'est ce qu'il veut faire ; et néanmoins, son allure une fois connue, la dissimulation seule lui reste pour apanage favori. S'il avait son instinct en plus grande considération, il ne serait occupé qu'à lui procurer des occasions favorables, après quoi il le laisserait agir et il le conduirait à bien ; mais il sent, il sait que son instinct n'est pas de lui, et il voudrait s'en passer tout à fait, s'il était possible, pour se devoir tout à lui-même. En dédaignant son instinct il se trompe à chaque pas ; et, ayant sans cesse à rougir de ses mécomptes, ce n'est que par des passions simulées qu'il cache celles dont il est la proie. C'est une triste vérité ; mais il est certain que presque tous les hommes se trompent mutuellement. Cependant si nous nous trompons tous, nous sommes tous trompés, et le contraire serait le bonheur général. Si les plus fins affectent d'être dupes pour mieux tromper les trompeurs ; si l'art de la perfidie pousse la perfection du vice jusqu'au point de donner l'air et le ton du mensonge à la vérité, pour que la vérité qu'on veut cacher ait l'air du mensonge, il faut en convenir, ces redoublements, ces doubles, triples tissus de mensonges sont horriblement pénibles pour de faibles créatures qui viennent séjourner quelques années sur la terre.

Les passions agissent donc par leurs contraires, parce que l'homme a souvent intérêt de tromper ; parce qu'il semble n'être pas assez flatté de ce qu'il fait par un instinct qui ne vient pas de lui. Cette manie morale est surtout applicable aux talents ; on dirait que l'artiste semble craindre qu'une production simple soit trop belle pour des êtres corrompus, tels que sont les hommes en société. Il semble croire aussi que, dans les productions de son instinct, on ne le jugera pas assez mériter le nom d'auteur. Il veut bien prendre la base de son œuvre dans la nature, d'abord parce qu'il ne peut faire autrement ; mais ensuite, pour que son ouvrage soit bien de lui, il emploie des procédés moraux, des idées factices, des incohérences presque inintelligibles, analogues à ses préjugés d'éducation ; alors il dit : « Voilà mon œuvre ! » Il est satisfait parce qu'il a tout gâté. Par les mêmes motifs d'ambition, l'artiste veut exécuter ce qu'il ne peut, briller dans le genre auquel il n'est point propre. Il réussit cependant, car il est de toute nécessité des aigles dans chaque état ; et il faut bien qu'il en soit ainsi, puisque tous les talents sont relatifs, et que tel n'est un grand homme que parce que d'autres sont de grands sots. Mais il ne s'ensuit pas moins que le talent le plus éminent est susceptible d'une juste critique, et que la nature seule est pure comme son instinct. Les beaux-arts ne sont que des copies de la nature, et toute copie est une faible comparaison de son modèle. Nous remarquerons donc que les artistes ont une tendance passionnée à sortir du genre qui leur est propre. Nous voyons les nations enjouées, telle que la française, faire des drames bien noirs ; les Espagnols, naturellement graves, font des romans fort gais, des comédies d'où nous tirons nos situations les plus comiques.

L'atrabilaire, l'immortel Molière, devient l'auteur le plus comique. Le stoïque Anglais, le flegmatique d'Hèle fait rire à chaque mot dans ses pièces. Pierre Corneille, né bonhomme, à ce qu'on dit, devient politique sublime dans ses tragédies. Le tendre Racine n'est peut-être tel, nous dit-on, que pour fuir son penchant satirique. L'ambition d'être universel a laissé Voltaire, dans certains genres, au-dessous de plusieurs auteurs illustres qu'il eût surpassés peut-être. L'on pourrait dire encore que J.-J. Rousseau, après avoir, comme tous les gens de lettres de son temps, fréquenté les cercles les plus brillants, alluma sa vaste imagination à ces feux follets, et devint le plus grand moraliste de son siècle. Il semble enfin, soit qu'il y gagne, soit qu'il y perde, soit qu'il veuille se devoir tout à lui-même ; il semble, dis-je, que l'homme n'est pas content, s'il n'est le *vice versa* de son instinct. Ceci ne prouverait-il pas que tout est factice dans les opérations de l'homme moral, et que pour être quelque chose de réel il faudrait qu'il fût bête comme son instinct, c'est-à-dire sublime comme la nature? En outre, et ceci me paraît très important pour les arts, songeons que l'imagination ne sert qu'aux objets que nous n'avons pas sous les yeux et dont il faut se faire une image. D'où il s'ensuit que l'homme riche, fatigué de tout, ne décrira pas les délices de l'opulence; ce sera celui qui ne les possède point, mais qui les désire. Apollon lui-même ne ferait pas du char du soleil une majestueuse description : c'est Homère, aveugle, qu'il faut entendre. « C'est dans un cachot, dit Rousseau, qu'on écrit bien pour la liberté. » Est-ce l'artiste favori des riches assis au centre des voluptés qui saura les peindre ? Non ; c'est alors que son imagination se plaira dans les cabanes et qu'il peindra les vertus champêtres. L'artiste doit donc désirer vivement et s'abstenir, autant qu'il peut, de tout ce qu'il veut peindre ; il ne brûle plus dès qu'il possède. Désirer et jouir sont, pour l'imagination, comme mille est à un.

On pourrait encore, sous le même rapport, examiner si le génie du musicien et celui du poète ne sont pas soumis à la loi morale dont nous venons de parler. On pourrait examiner si le poète et le musicien doivent avoir le même genre d'esprit, la même manière de voir, de sentir et de faire pour se réunir avec fruit; et si les talents, enfants des passions, n'agissent pas volontiers aussi par leurs contraires. En cherchant la solution satisfaisante de cette espèce de problème, on rendrait service au musicien, en lui montrant, comparativement avec la poésie, le genre qui lui convient; il en résulterait le même avantage pour le poète, qui trop souvent confie à tel compositeur un ouvrage dont l'idiome lui est ou trop étranger ou trop intime avec son genre d'esprit; d'où il doit résulter, à coup sûr, une surabondance nuisible. Enfin cette discussion serait tout entière au profit de l'art dramatique, dont les deux agents principaux, les paroles et la musique, contracteraient des mariages plus assortis.

Si le musicien est doué de beaucoup d'esprit, doit-il en faire usage pour mettre en musique un poème spirituel ? Non ; en ce cas, il y aurait surabondance. J'ai éprouvé combien il est difficile de faire de la bonne musique sur des paroles trop spirituelles : dans son *Amitié à l'épreuve*, Favart, dont le style est plein d'esprit, m'a coûté des peines infinies ; dans son *Tableau parlant*, Anseaume, rempli de bonhomie, ne m'a coûté que la peine d'écrire.

La tragédie sombre et sévère, où les sentiments sont très exaltés, appartient au musicien harmoniste, ordinairement froid et méthodique. Mais la tragédie plus douce, moins exaspérée, plus rapprochée de la nature, comme celle d'*Œdipe à Colone*, appelle un musicien sensible autant qu'instruit. Il en sera toujours de même quand le poète et le compositeur n'auront rien de factice dans leur commun ouvrage.

Dans la musique du drame larmoyant, comme je l'ai dit ailleurs, il faut employer des moyens doux pour atténuer l'effet souvent atroce et gigantesque du poème. Dans le bas comique, j'ai toujours cru, et je le répète encore, que le musicien devait ennoblir son sujet, s'il ne veut en faire une farce rebutante. Concluons de ceci que la surabondance est un des plus grands écueils pour les arts ; que les artistes associés dans un ouvrage doivent s'entendre pour lui donner un parfait équilibre ; que si le poète s'est livré à toute sa verve, le musicien, au contraire, ne doit prendre qu'un élan modeste, et ne peut à son tour employer des moyens hardis que sous des paroles dénuées d'exagération.

DU BONHEUR

Le peuple croit assez communément que le bonheur se trouve comme une bonne chance de loterie, ou qu'il nous est donné ou refusé par la nature. « Que cet homme est heureux, dit-on, tout lui réussit ! et, de quelque manière que je m'y prenne, je ne puis réussir à rien. » Ces idées sont fausses ; on ne réussit que parce que l'on fait ce qu'il faut pour réussir.

Mais cet homme que l'on croit si heureux parce qu'il s'est acquis rapidement une grande fortune ; cet homme que l'on courtise pour qu'il nous serve ; cet homme, n'en doutez pas, est souvent le plus malheureux de tous. S'il a le don de séduire par son éloquence, s'il a de la souplesse, s'il est actif et rampant, il réussira sans doute ; il est physiquement impossible qu'il ne réussisse pas ; mais les moyens qu'il emploie blessent la dignité de l'homme, qui se fait sentir dans le cœur le plus corrompu. S'il trompe pour réussir, ce qu'il fait toujours, c'est en combattant sa conscience, c'est en violant toute pudeur de l'âme qu'il parvient à ses fins. Chaque victoire lui coûte des combats qui affectent son cœur et le plongent dans un malheur véritable. Lisez dans l'intérieur de tous ces hommes à grand fracas, que vous croyez si heureux, vous verrez que vous vous étiez fait une fausse idée de leur prétendu bonheur ; vous n'en trouverez aucun qui jouisse de la paix de l'âme, pas un qui ait naturellement le sourire sur les lèvres. Otez-lui l'agitation qu'il se donne et dont il a besoin pour s'étourdir ; tirez-le du tumulte ; ôtez-lui le vin de Champagne ; enfin rendez-le à lui-même : il vous fera pitié. L'expérience de tous les siècles apprend que l'homme ne fait rien pour son bonheur, s'il ne sait diriger ses passions comme un bon écuyer dirige un cheval fougueux. Si au moindre mouvement il risque d'être culbuté, quel plaisir peut-il avoir sur sa superbe monture ? Il n'est qu'un moyen de parvenir à la tranquillité : c'est en écoutant et en obéissant à la voix de sa conscience. Cette voix se fait entendre dès l'âge de raison ; les passions ont beau la contrarier et vouloir la faire taire ; telle que l'animal symbole de la fidélité, elle crie, résiste, persécute, et le dernier son de sa voix plaintive précède d'un instant le terme de la vie. Écoutez-la donc, cette voix de Dieu, cette voix de la nature; elle vous dit d'être juste envers les autres comme envers vous-même. En lui obéissant, il s'établit en nous une douce circulation, un équilibre de justice qui donne un aplomb à notre conduite, dont le résultat est le bonheur.

C'est en sortant du repos de la nature, c'est à l'instant du réveil que cette voix se fait mieux entendre. Demandez-vous chaque matin: « N'ai-je rien à me reprocher? » Si votre conscience murmure hardiment: « Je ne mérite pas d'être heureux; » si, pour vous justifier, vous avez besoin de capituler avec vous-même, vos preuves sont au moins équivoques, et vous n'obtiendrez encore qu'une satisfaction mêlée de trouble. Mais si vous vous exécutez en brave; si, en repoussant les passions avec vigueur; si, sans égard pour aucun intérêt, vous vous livrez à la pente du cœur, vous sentirez alors un élan de bonheur qui vous réjouira; et c'est la seule joie pure qu'il y ait dans ce monde, c'est celle de l'honnête homme. L'habitude de la victoire fera fuir vos ennemis; et de quelque état que tu sois, homme vertueux, tu marcheras d'un pas ferme, en foulant à tes pieds le riche orgueilleux qui enviera ton bonheur.

DE LA TRISTESSE

De même que l'amour-propre se modifie et devient le germe de toutes les passions, la tristesse prend un caractère différent selon celui de l'individu; il est même probable que la tristesse, de quelque genre qu'elle soit, a sa principale source dans l'amour-propre ou l'amour de soi. Dans l'homme nul, la tristesse est niaise; dans l'homme nerveux et violent, il n'y a guère de longue tristesse: il est au désespoir, il veut se tuer; il se tuerait s'il n'était protégé. Dans les êtres sensibles et faibles, la tristesse est un demi-deuil qui se prolonge autant que leur vie; elle a des gradations, mais jamais elle ne finit absolument; du moins contractent-ils l'habitude de le dire. Dans les imaginations vives, la tristesse serait mortelle si leur imagination elle-même ne servait à les préserver contre ses propres effets ; mais ces sortes d'imaginations prévoient et outrent tellement le bonheur et le malheur futurs, que l'un ou l'autre les surprend moins s'il s'effectue, puisqu'ils en ont d'avance prévu des effets plus terribles que la réalité.

Vu le choc continuel des passions et des intérêts divers de l'homme en société, la tristesse est pour lui l'état le plus commun. Il n'est donc pas inutile de s'en entretenir, de lui en indiquer les sources, et de le prémunir contre l'état de l'âme le plus dangereux, si on le laissait s'invétérer. L'habitude de la tristesse l'augmente chaque jour et se tourne en manie. Tous les excès, toutes les manies, sont ridicules aux yeux de l'observateur tranquille ; ils produisent des effets contraires à ceux qu'on attend ; c'est ainsi que la manie de la folle joie est triste, et qu'au contraire celle de la tristesse est comique.

Indiquer les sources du bonheur, c'est tarir celles de la tristesse. Rien ne rend heureux que le calme de l'âme. Vivre exempt de remords, s'arrêter au point où toute chose devient excès, voilà l'antidote de l'ennui ; c'est la seule recette pour être heureux. Il est, dit-on, des chagrins si profonds, que l'âme ne peut plus s'en relever : le temps absorbe tout, jusqu'au chagrin le plus cuisant. Dans une âme commune, ces impressions sont passagères ; dans l'homme à grand caractère, le chagrin habituel prend une teinte si mâle, si lugubre, qu'il impose le respect ; l'homme ordinaire surtout, qui n'a qu'une existence vague et sans passions déterminées, se prosterne devant l'illustre anachorète. Ne plaignons pas ceux qui, comme le célèbre Young, ont atteint, si j'ose le dire, à la poésie de la tristesse ; cet état a plus de charmes qu'on ne croit. Young n'aurait pas changé sa noble mélancolie contre la plus belle gaieté ; il vivait sur les bords du Cocyte ; il s'abreuvait des eaux du Phlégéton, qu'il trouvait délicieuses. En lisant cet auteur, mille sensations voluptueusement tristes vous attachent. C'est lui que nous lisons dans nos chagrins, et toujours, en quittant cette lecture, on sent son âme se dilater, on la sent presque épuisée de tristesse et près de recourir à la joie. Young, fils de l'astre de la nuit, que la poésie ose quelquefois préférer à l'astre du jour ; Young, tu n'es point triste ; partout où la volupté règne, la tristesse affligeante en est bannie. Croyons plutôt qu'il n'est point de volupté sans une teinte de tristesse. Le plaisir simple est enfant de la joie ; plusieurs sensations, plusieurs plaisirs réunis, c'est la volupté qu'un peu de tristesse accompagne, parce que l'âme est affectée, parce qu'elle prévoit, parce qu'elle pressent que son état délicieux n'aura qu'un instant de durée. L'on rit le plaisir, on soupire la volupté ; l'un naît de l'assurance de jouir, l'autre de la crainte de perdre sa jouissance.

L'homme heureux qui rit de tout n'a jamais été propre aux grands talents. Artistes, qu'une mélancolie douce se fasse sentir dans tous vos ouvrages ; mais ne confondez pas cette teinte de sensibilité avec la tristesse ; il n'y a point de rapport entre elles. La vérité, même gaie, ai-je dit quelque part dans ce livre, a toujours une face austère ; elle mouille les yeux, quoiqu'elle fasse sourire[1].

Cette nuance de tristesse sentimentale se fait toujours remarquer dans les ouvrages des femmes ; elles doivent cet avantage à la finesse, à la délicatesse de leur organisation. Mais le sentiment même devient maniéré, devient monotone, s'il n'est soutenu par la vérité. Pour obtenir cette vérité des arts, il faut que l'artiste ait assez de profondeur et de force pour parcourir un sujet sur toutes ses faces, ou choisir celles qui seules décident. C'est de là que naît la vigueur qui entraîne et persuade ; et cette vigueur accompagne rarement la grande sensibilité physique.

La musique pathétique ou triste est de trois sortes :

[1] Quelqu'un prétendait que les situations les plus tristes avaient toujours un beau côté, la mort même ; car enfin, disait-il, quand nous sommes morts, nous n'en savons rien. (G.)

triste, ayant du charme et de la poésie; triste sans aucun de ces avantages; mixte, c'est-à-dire entre la tristesse et la gaieté.

Il est trois moyens pour mettre à exécution ces différents genres de musique : 1° un chant aussi vrai que noble, soutenu d'un orchestre qui ne soit qu'un accompagnement accessoire; 2° un chant noble et sensible, mais vague, c'est-à-dire déclamant peu ou point les paroles; 3° un chant souvent insignifiant, recouvert d'un orchestre nombreux, modulé, expressif... On ne pourra chanter cette musique sans accompagnement : si seul on veut s'en rappeler quelques morceaux, on sera souvent obligé de laisser la partie du chant pour chanter, tantôt celle des violons, tantôt celle des violes, des bassons, des timbales... Voilà les trois moyens qui me semblent conduire à la musique pathétique, ayant du charme et de la poésie.

DES EXTRÊMES DES DEUX AGES, JEUNESSE ET VIEILLESSE OU DES INCOMPATIBILITÉS EN GÉNÉRAL

Les incompatibilités morales ont leur source dans les incompatibilités physiques, et l'on peut croire qu'en ceci les physiciens ont encore grand nombre d'expériences à faire et à constater. La plus forte des incompatibilités physiques, et qui fait naître mille incompatibilités morales, est celle qui existe entre les extrêmes des deux âges : jeunesse et vieillesse, soit des êtres animés ou inanimés. On peut dire que là se trouvent le chaud et le froid, le feu et la glace, la vivacité et l'inaction, l'actif et le passif, la beauté et la laideur... D'autres incompatibilités, et communes aux deux âges et absolument morales, sont la vertu et le vice, l'instruction et l'ignorance, etc. Cependant tout est bien dans l'état de nature; car, pour sa conservation, la vieillesse a besoin du sang-froid de l'expérience, qui nuirait à la jeunesse, ne lui laisserait rien entreprendre avec activité, et rétrécirait son instinct, qui, dans les arts d'imagination surtout, produit plus que la raison. Les facultés que donnent les deux âges sont également nécessaires au perfectionnement de l'œuvre des hommes ; dans un âge, l'on modère la vivacité de celui qui voudrait aller trop loin ; dans l'autre, l'on donne l'exemple d'une activité que l'expérience voudrait trop modérer.

Toutes les incompatibilités physiques et morales sont la source du mal et du bien ; les unes servent d'opposition et font valoir les autres. Dans le pays des aveugles, les borgnes sont clairvoyants. Une mulâtre se croit blanche dans le pays des noirs. Au moral, nous remarquons que si quelqu'un s'emporte ridiculement en nous parlant, nous avons l'adresse de lui opposer une douce sérénité qui le confond et range l'auditoire de notre bord.

Pourquoi dit-on que les extrêmes se touchent, puisque c'est entre les extrêmes que se trouvent les plus fortes contrariétés ? Voici le raisonnement qu'on peut faire. Au physique surtout, les extrêmes se touchent, parce que ce qui est arrivé à son dernier terme de maturité et de perfection se prépare à subir une régénération nouvelle. Ce que nous appelons la mort n'est qu'un travail nécessaire de la nature pour dissoudre et ressusciter tout à la fois l'être arrivé à la fin de sa carrière, et dont les substances, plus ou moins spiritueuses, rendues au ciel ou à la terre, vont incontinent reproduire un ou plusieurs êtres qui vivront et périront pour se régénérer comme lui. Si une mort prématurée est douloureuse, croyons que la dissolution naturelle de l'être n'est qu'un affaissement peu douloureux ; on oserait même dire que l'être animé, touchant à sa régénération, doit pressentir son état futur par quelques charmes secrets. Ne voit-on pas que presque tous les moribonds ont un instant d'intelligence sublime, qui étonne et impose la vénération à tous ceux qui les entourent ? Il semble que l'auguste vérité, l'immensité de l'avenir soit alors découverte à leurs yeux[1]. Et vous,

---

[1] Le méchant n'éprouve pas sans doute cette dernière consolation de

spectateurs, vous pleurez! Les voyez-vous, dans ces derniers instants, se plaindre de leurs douleurs, ou témoigner aucun regret de la vie? Ah! pleurez la perte que vous faites; mais n'enviez point à l'homme juste son instant le plus auguste, celui pendant lequel son être semble s'anéantir pour prendre une nouvelle vie.

Oui, vos sens ont beau se révolter; encore huit jours, et le cadavre infect, enterré dans une prairie, y produira l'aspect le plus riant; il sera métamorphosé en herbes, en fleurs, en insectes, tous dans leur printemps. Je passe sous silence les incompatibilités ou hétérogénéités qui sont du ressort du physicien et n'ont aucun rapport avec le moral de l'homme. La vivacité et l'inaction s'expliquent encore par les deux âges de l'homme, jeunesse et vieillesse. La vertu et le vice sont deux extrêmes qui ont leur source dans le tempérament des individus et dans l'éducation.

La beauté et la laideur sont des extrêmes souvent de convention, à moins que laideur ne soit difformité. Cependant, en nous en rapportant aux peuples civilisés, aux peuples artistes, la beauté n'est qu'une par toute la terre, parce qu'elle ne doit exister que par de justes rapports entre ses proportions. S'il est des peuples barbares qui ne sentent point la beauté mâle de l'Hercule Farnèse, la beauté moelleuse de l'*Apollon du Belvédère*, la beauté sereine de la *Vénus de Médicis*; s'il est, dis-je, des peuples qui n'applaudissent pas à ces chefs-d'œuvre de l'art, c'est qu'ils sont dans l'ignorance et imbus de leurs préjugés. Je reviens donc encore aux deux âges extrêmes de l'homme, et je dis que la jeunesse et la vieillesse sont comme deux corps, l'un ascendant, l'autre descendant. L'on a dit mille fois, sans examiner le pourquoi, que nous aimons beaucoup plus nos enfants qu'ils ne nous aiment : cela est vrai; que le grand-père et la grand'mère aiment plus leurs petits-enfants que leurs enfants propres :

---

la nature; l'habitude du remords ne l'abandonne point : il meurt comme il a vécu. Sa substance rendue à la masse commune ne servit-elle qu'à former les plus vils insectes, la métamorphose est heureuse. (G.)

cela est encore vrai. Ne voyons-nous pas partout le même principe? Jeunesse c'est printemps, vieillesse c'est hiver. Dans le premier âge, des organes neufs, des substances spiritueuses et abondantes donnent des forces actives et entretiennent le feu de la vie. Si l'on souffre à cet âge, c'est par l'abondance. Dans le dernier âge, c'est le contraire, tout est prêt à s'anéantir : et, n'en doutons point, c'est par un instinct intéressé, c'est en s'approchant le plus près possible de la jeunesse, que la décrépitude, plus ou moins avancée, recueille encore quelques atomes spiritueux qui émanent sans cesse des corps jeunes et animés. Je ne sais si, comme on le dit, les petits-enfants se plaisent tant avec leurs grands-pères; il ne serait pas, je crois, difficile de s'apercevoir que ce sont eux qui les attirent, et que c'est véritablement plus pour leurs dragées que pour eux-mêmes que les enfants les caressent.

DE L'HOMME D'ORDRE

Ce caractère n'a pas, je crois, été traité au théâtre; on a prévu qu'il serait froid et ne produirait aucun effet; l'homme d'ordre, excellent pour la société en général, utile à chacun en particulier, faisant surtout son propre bonheur, possesseur de toutes les vertus tranquilles, et n'ayant que peu de défauts, est aimé sans être recherché des âmes passionnées, qui sont le grand nombre. On ne court à lui que comme vers le médecin qui peut nous guérir, et que l'on cesse de voir après la maladie; on ne va le chercher que comme les enfants vont voir leurs grands-parents : c'est toujours pour en obtenir quelque chose. Cependant, si l'homme d'ordre n'est pas un caractère théâtral, il n'en doit pas moins être connu de l'artiste, parce que plusieurs personnages faits pour être mis en opposition aux caractères passionnés en tirent leurs traits les plus caractéristiques. Tels sont les philintes, les négociants, les hommes de loi, les vieux et honnêtes serviteurs, et tout être calme et vertueux. L'homme qui n'est pas subjugué par les passions, qui ne leur résiste qu'en philosophe, qui ne veut pas risquer un combat inégal, qui souvent n'a jamais brûlé ni pour la gloire ni pour aucun autre sentiment; l'homme enfin qui tient le milieu entre l'homme ardent et l'homme apathique, est ce que j'appelle l'homme d'ordre. Il ne fait rien sans règles, il ne dit rien sans principes; c'est un dictionnaire étymologique qui arrête d'un seul mot les plus longs bavardages. Tout est jouissance pour lui : c'est de l'ordre des choses qu'il jouit, autant et plus peut-être que de leur importance; il voit même dans la destruction la régénération qui va suivre; il n'est ni prodigue ni avare; il est bienfaisant; il tient magasin de tout au service de ses amis et de l'humanité; il va de jouissance en jouissance; l'amour de l'ordre et de l'économie lui ont valu son opulence, et il en estime plus les sources que le produit. Rarement l'homme ardent, propre aux grandes choses, est l'homme dont je parle; l'homme de génie est généralement ennemi du désordre, mais il ne peut être symétrique qu'en grand et jamais en détail. On nous dit que Métastase était minutieux; que chacun de ses cahiers avait une place fixe; qu'il ne trempait qu'un petit bout de sa plume dans l'encre pour ne pas la salir. Au reste, Métastase était excepté de la règle, et les exceptions sont communes. J'aimerais à croire qu'il était vieux lorsqu'il devint minutieux, ou que s'il fut tel dans sa jeunesse, il sentit avoir besoin de cet ordre extérieur pour rétablir le calme dans son imagination.

DU DÉSORDRE

De même que l'on distingue l'homme d'ordre par un certain calme répandu sur toute sa personne et qui règne dans toutes ses actions, l'on reconnaît le désordre par une agitation secrète, une mobilité dans les traits, une fièvre lente, une fièvre morale enfin, qui est peut-être l'état le plus pénible pour l'homme. Il serait moins à plaindre livré à une plus grande agitation, qui lui donnerait une existence plus déterminée[1]. Il serait plus heureux encore dans l'abattement qui y succéderait ; mais un désordre mixte, toujours accompagné de l'incertitude, doit être l'état de l'âme le plus accablant. Trop heureux donc si quelque passion violente le force à calculer avec ses facultés, pour favoriser cette même passion. Donner tout à une chose suppose un raisonnement d'économie avec les moyens qui nous la donnent ; abandonner son âme à une passion violente, c'est forcer les autres passions à lui obéir. Cette crise alors est salutaire, et, après un désordre affreux, on peut retrouver le calme que donne la convalescence après un violent accès de fièvre.

Il existe un état d'ordre qui est pire que le désordre, et auquel on peut difficilement remédier : c'est celui du vicieux réfléchi, du vicieux par habitude. Plusieurs philosophes semblent croire qu'il parvient, à la longue, à écarter les reproches de sa conscience ; je ne le crois pas. La moindre action vertueuse dont il est le témoin est un poison pour lui ; quelquefois il semble être vertueux lui-même en pratiquant quelque bonne action, souvent par hypocrisie ou par un reste de penchant vers la nature ; mais au lieu d'y trouver de la consolation, il n'y trouve que des remords. S'il est au spectacle, son cœur est également déchiré par les peintures du vice ou de la vertu ; il se reconnaît dans l'un et se sent indigne de l'autre. C'est l'homme enfin qui s'est familiarisé avec les vices ; qui en connaît les tours, les détours ; qui, né avec de l'esprit, l'applique à établir l'ordre dans le désordre même ; il devient expert en scélératesse ; son amour-propre, satisfait de ses succès, est sourd aux cris de sa conscience, mais il ne parvient jamais à les étouffer.

1. On a dû remarquer que les hommes dont la conscience n'est pas pure s'agitent le plus qu'ils peuvent. Ils s'occupent de mille affaires à la fois, et ce n'est pas assez pour qu'ils s'oublient eux-mêmes. (J.)

DES MŒURS ÉTRANGÈRES

L'historien philosophe doit étudier les hommes de tous les pays ; il doit connaître, rapprocher, comparer leurs mœurs. Partout il les voit dirigés, entraînés par l'influence des climats, en butte aux préjugés qu'enfantèrent les religions, les gouvernements. Alors, tenant d'une main la lanterne de Diogène, de l'autre la balance de l'équité, il cherche l'homme dans l'homme, et nous transmet des vérités quelquefois si étrangères à nos mœurs, que nous sommes souvent tentés de les ranger parmi les fables. Enfin, entre les hommes, tous nés frères, les lois, les religions, les habitudes, les climats divers, engendrent des mœurs si dissemblables, qu'à peine osent-ils quelquefois se reconnaître pour fils d'une même mère.

Dans tous les pays, les passions n'ont qu'une source, mais étant plus ou moins influencées par les climats, les lois, les religions..., les passions n'ont plus le même langage, à moins qu'elles ne soient extrêmes, car alors la nature reprend ses droits. La paysanne et la femme de cour font entendre le même cri d'horreur ou d'amour : quel que soit l'individu, tout préjugé d'éducation cesse quand l'âme est fortement agitée, et dans ce cas l'artiste peut n'avoir qu'une manière de peindre. Si, dans le désordre extrême, l'éducation réprime encore l'élan des passions, nous avons le droit de dire que les préjugés rendent la nature factice. Disons cependant que dans les arts d'imitation la nature doit être embellie ; c'est cet embellissement, cette noblesse, ce soin de ne rien outrer, ce procédé si délicat, si difficile, de savoir s'arrêter au point juste, qui constituent le mérite de l'artiste. N'en doutons point : telle production des arts n'est que médiocre parce que l'art s'y montre plus que la nature ; telle autre est, si j'ose le dire, trop naturelle, n'a pas assez emprunté les charmes de l'art pour pouvoir séduire l'imagination qui, dans les arts seulement, aime les fantômes merveilleux ressemblant à la nature, sans être elle-même. Au reste, il est tant de sortes d'individus si différemment organisés, si différents par leur âge, leurs passions, que toute espèce de musique trouve ses apologistes, sans compter les hommes sans caractère qui se laissent entraîner à l'opinion d'autrui; et le plus grand nombre encore, ceux qui, ennuyés d'eux-mêmes, cherchent leurs plaisirs dans la variété. On trouve, dis-je, mais pour un temps, des amateurs de tous les genres de musique. Celui-ci la veut forte, l'autre douce, compliquée ou simple; il est des hommes durement organisés qui ne sentent que le mouvement ou rythme musical, et pour qui les plus beaux chants sont insignifiants. La jeune fille est affectée de l'odeur de la violette, tandis que le matelot sent à peine celle du goudron; mais à travers toutes ces manières de sentir, il est encore permis à l'homme expérimenté de conclure et de dire que l'harmonie compliquée ne convient qu'à certaines passions fortes; que la mélodie est la musique par essence; que trop de science est abusive; que pas assez tient de la nullité; que trop de difficultés vaincues, soit dans le chant, soit dans les sonates, montrent plus de prétention à surprendre l'auditoire que de droits à lui plaire [1]; et qu'enfin, au milieu de tout ce qui plaît aux hommes en général, il est quelques hommes qui ont le droit exclusif de fixer le vrai goût. Ceux-là seuls sont modérés en tout et savent mettre chaque genre de musique à sa véritable place respectivement aux paroles. Passons maintenant aux passions, aux caractères plus modérés des peuples divers. Quelles doivent être les réflexions de l'artiste qui peint les personnages de différents pays? Il est impossible que l'homme artiste les ait tous parcourus, qu'il ait fréquenté avec tous les personnages qu'il fait agir

[1]. J'aime ce mot du baron de Gleken, ministre de Danemark. Un musicien exécutait une sonate de violon de la plus grande difficulté. « Avouez, lui dit une dame, que ce qu'il joue est bien difficile. — Oui Madame, répond-il; je voudrais même que cela fût impossible. » (G.)

ou parler. Que doit-il faire dans ce cas? Consulter l'histoire, savoir si les hommes de tel pays sont instruits, superstitieux, ignorants; s'ils sont vifs ou lents; quel est leur climat. D'après ces données, le musicien doit se monter la tête au ton, quoique factice, que peut avoir tel peuple; que quelques traits de caractère soient le type dont il tire souvent sa mélodie; qu'un rythme original inventé par lui soit répété plusieurs fois dans le cours de son œuvre : alors les spectateurs se feront illusion, croiront que c'est ainsi que parlent les Chinois, les Turcs, les habitants du Japon... Ils seront satisfaits, surtout si l'artiste a su faire une production aimable avec des traits bizarres. Je l'ai dit dans la première partie : on m'a demandé si l'air de la romance de *Richard* était celui qu'on chantait jadis sur ces paroles anciennes. Non; j'ai fait un nouvel air, mais j'ai tâché qu'on crût qu'il était vieux.

J'étais à Lyon lorsque je fis la musique de *Guillaume Tell*; je priai le colonel d'un régiment suisse, qui était en garnison dans cette ville, de me faire dîner avec les officiers de son corps. Au dessert, je dis à ces messieurs qu'ayant à mettre en musique le poème de Guillaume Tell, leur ancien compatriote, je les priais de chanter les airs de ce temps et les airs des montagnes de la Suisse qui avaient le plus de caractère; j'en entendis plusieurs, et, sans en rien copier, que je sache, ma tête se monta sans doute au ton convenable, car les Suisses et les musiciens en général aiment le ton montagnard qui règne dans cette production musicale.

DES ACCENTS ÉTRANGERS

Communément l'on dit que les gens instruits n'ont qu'un langage; c'est-à-dire qu'en général ils pensent tous de même. Disons aussi, et cet axiome ne sera pas moins vrai, que les mœurs influent sur l'accent de tous les hommes, instruits ou non. Dans une grande ville et dans ses bourgs l'accent est différent. En prenant Paris pour exemple, on remarque que l'accent de la Rapée et du Gros-Caillou n'est pas absolument le même que celui des Porcherons et de la Nouvelle-France (Canada). Les habitués des faubourgs riverains ont, en général, un accent traînant, qui provient des cris prolongés auxquels ils s'habituent pour se parler de loin. On m'a assuré que certain galimatias, inintelligible de près, devient une phrase composée de mots ordinaires lorsque les sons, emportés ou retenus par le vent et le courant de l'eau, arrivent à leur destination. Si cela est ainsi, il en est à peu près des sons comme de certaines peintures vues de biais à une distance donnée. A Rome, chez les moines de la Trinité-des-Monts, on voit en perspective et de biais un *Saint François* en prière et les mains jointes : on approche, c'est un débarquement de marchandises, et le saint a disparu.

Si, comme nous l'avons dit, la différence d'accent existe dans une ville et ses faubourgs, combien se fera-t-elle sentir chez divers peuples éloignés les uns des autres et influencés par des religions, des mœurs et des climats différents? Le musicien qui réfléchit sur son art est surpris en écoutant parler un Italien, un Anglais, un Allemand, un Flamand, un Russe... Il trouve dans chaque accent une musique différente. L'Italien module juste, ferme et beaucoup. L'Anglais module moins et forme des intervalles plus courts; ses dents presque toujours fermées l'y contraignent. L'Allemand, le Flamand, modulent moins que l'Italien et plus que l'Anglais; ils tirent leurs sons du fond de la gorge, ils forment beaucoup de sons gutturaux. Le Russe a de la candeur dans ses modulations; cette langue semble plus amie de la musique que les autres, excepté l'italienne. Nous ne devrions pas parler de l'accent de la langue française, puisque dans ce chapitre il n'est question que des accents étrangers; mais comme nous sommes tous étrangers respectivement les uns aux autres, et que j'écris pour tout le monde, nous dirons que le Français, vif, pétulant, spirituel, doué de beaucoup de grâces et de goût, module différemment selon le sentiment ou la passion qui l'anime. Son climat tempéré lui laisse une latitude entre le froid et le chaud qui doit le rendre inconstant et propre à tout, avec un caractère moins prononcé, cependant, que les nations soumises aux ardeurs d'un soleil brûlant ou à l'âpreté des frimas.

L'harmonie est, selon le pays, plus ou moins compliquée; mais, étant régie par le corps sonore, elle est partout la même. Il n'en est pas ainsi du chant, puisqu'il participe de l'accent. Favart a dit, dans l'*Amitié à l'épreuve,* en parlant des musiques différentes :

> Celle qui sait exprimer la nature
> Est de toutes les nations.

C'est la vérité ; mais cependant, si la nature de l'accent a des différences chez toutes les nations, la mélodie doit les avoir aussi. N'en doutons point : tous les peuples ont adopté et adopteront d'abord la mère musique, la musique italienne ; mais après qu'elle aura séjourné chez eux quelque temps, ou quelques siècles, selon les circonstances, elle prendra la teinte qui lui sera propre ; elle sera régie par l'accent le plus général de ce même peuple, et seulement alors il pourra dire avoir une musique à lui. Tâchons cependant d'expliquer une sorte de contradiction que l'on peut remarquer parmi certains peuples. Les Italiens, avons-nous dit dans le texte de ce chapitre, modulent beaucoup en parlant, et pourtant ils modulent peu dans leur musique; pourquoi cette contrariété? Les Allemands, les Français, qui modulent moins en parlant que les Italiens, modulent beaucoup dans leur musique ; pourquoi? Je pense que les Italiens modulent peu, parce qu'ils sont forts de mélodie ; et que moins un peuple aura d'accents mélodieux, d'accents de l'âme, plus il se jettera dans les modulations matérielles des tons, pour y suppléer; et ce que nous disons des peuples, on peut le dire des hommes individuellement. Il n'est cependant pas moins vrai que si les Italiens modulaient davantage dans certains cas, et que si les Allemands et les Français chantaient autant que les Italiens, quand il le faut, ils feraient bien.

SUR LES RETOURS PÉRIODIQUES QUE L'ON REMARQUE DANS LES CHOSES CRÉÉES

C'est un livre et non un chapitre qu'il faudrait pour bien observer ces objets. Tous les hommes sont frappés des rapports et des retours réglés qui existent entre les choses créées ; tous les hommes sont sensibles à la symétrie ; l'homme qui voit une chose pour la première fois semble douter et craindre d'être trompé par ses sens ; mais il ne doute plus s'il la voit reparaître plusieurs fois ; il croit cette même chose soumise à l'ordre de la nature si elle reparaît périodiquement ; il croit enfin que toute la nature n'a qu'une âme, quand il voit des rapports semblables entre diverses choses, quand il voit qu'une même loi semble commander à toute la nature. Les harmonies entre les choses créées ont été trop bien observées par le respectable Bernardin de Saint-Pierre dans les *Études de la Nature* pour que j'en parle ici. Oui, tout est harmonie dans la nature, et ce concert harmonieux ravit d'admiration tous ceux qui y prêtent une oreille attentive. Les retours périodiques d'une même chose ne doivent point surprendre les hommes ; lorsque le philosophe est frappé d'un objet qu'il n'avait point encore observé, il dit : « Ce que je vois aujourd'hui pour la première fois est ancien comme le monde, et durera autant que lui ; car ce qui est, fut et sera. »

La théorie des vents est encore inconnue ; mais qui oserait assurer qu'un jour on n'aura pas observé les retours périodiques de tous les vents de l'année qui disposent et meuvent à leur gré l'atmosphère dans laquelle nous respirons ? Qui affirmera qu'un jour leurs changeantes directions ne seront pas aussi familières aux navigateurs que celle des vents alizés soufflant constamment à l'ouest entre les tropiques? Qui oserait croire qu'un jour l'homme, élevé au-dessus des nues et soutenu par un aérostat, observant de ce point sublime et dominant sans peine l'étendue nébuleuse qui couvre le plus vaste empire; qui sait, dis-je, si par le moyen de l'électricité il n'apprendra point à détourner de nos moissons, de notre habitation, les grêles désastreuses, les vents et les tonnerres? Et s'il apprend à les éloigner, bientôt il saura les attirer quand il en aura besoin.

Puisque tout est harmonie, que tout est soumis à l'ordre, tout doit être, dans la nature, soumis à des périodes plus ou moins longues, plus ou moins régulières, toujours dépendantes d'une cause. Il est probable aussi que la cause de tel effet n'est elle-même qu'un effet relativement à une autre cause. L'ordre, l'invariabilité appartiennent tellement à la nature de chaque chose créée, qu'on dirait (avec Platon, je pense) que Dieu fut contraint, par sa perfection infinie,

D'ordonner une fois pour obéir toujours.

La terre, les cieux semblent réguliers dans leurs mouvements; les planètes, les comètes moins connues, tous les astres influencent-ils tout ce qui couvre notre globe? Nous l'ignorons; mais les sages de l'antiquité l'ont présumé, et il n'y a que la fatuité philosophique qui ose rire des phénomènes qu'elle ne peut soumettre à ses étroits calculs. Mais l'astre qui nous donne la vie et le mouvement en nous communiquant sa chaleur, le soleil, est si régulier dans sa course, il agit si directement, si périodiquement sur nous, que ses seules influences, réglées avec une étonnante précision, suffisent pour que tout, sur ce globe, vive, agisse, végète et meure périodiquement. N'observons pas d'abord l'homme, qui, parce qu'il règle une partie de son instinct, le viole souvent par orgueil et pour agir par lui-même; mais observons les animaux : l'oiseau se lève et se couche avec le soleil; il chante dès qu'il sent ses influences. L'homme est forcé de fermer sa paupière dès que cet astre s'éloigne; l'homme rebelle résiste, diffère, prolonge le jour dans la nuit; mais enfin il cède malgré lui au sommeil qui l'accable. Jamais le soleil ne s'est levé que l'homme, même assoupi, ne le salue par quelques mouvements plus précipités de son cœur; c'est alors que le coupable sent la pointe aiguë du crime, que le malheureux invoque son Dieu consolateur, que l'homme vertueux sourit avant d'ouvrir les yeux. Oui, puisque l'astre de feu qui nous vivifie est soumis à des périodes invariables, puisqu'il n'est pas dans l'année un jour deux instants dans la même position; puisque la même position de cet astre, en se représentant l'année suivante, ne nous retrouve plus au même degré de vie, la nature, l'homme, tout ce qui est soumis à cet astre doit continuellement et à chaque instant éprouver des modifications. Notre inconstance, notre santé, nos incommodités périodiques, nos fièvres intermittentes, notre esprit, notre génie qui se montre tantôt sublime tantôt resserré, tantôt haut tantôt bas, ont pour principale cause de tous ces changements la mobilité, la variété des influences de l'astre régulateur, qui agissent sur les éléments dont nous sommes composés. Mais, dira-t-on, les maladies, les chagrins, les contrariétés morales, les hasards!... Mais à mon tour je demanderai d'où viennent ces maladies, ces chagrins, ces contrariétés morales, ces hasards. Sont-ils causes premières ou secondes? L'homme le plus en proie au chagrin, aux contrariétés, n'est-il pas le plus faible, le plus souffrant, le plus susceptible d'influence? Je sais que l'homme en société est un être de raison, qu'il est tout orgueil, voulant tout pour lui seul; et comme rien ne ressemble autant à un homme qu'un autre homme, ce conflit d'orgueil, ces tiraillements de tous les hommes après une même chose, ne ressemblent pas mal à une troupe de chiens qui dévorent la curée. Mais enfin il faut ici fixer nos regards plutôt sur les causes premières que sur les causes secondes, et dire que l'homme, tourmenté par des désirs vacillants, est soumis avant tout aux lois physiques qui l'entraînent; qu'il est bien plus aisément froissé par les contrariétés morales, justes ou non, dès que le mouvement lui est donné par les influences mobiles de l'astre qui modifie ses facultés. Oui, si l'on vous promet aujourd'hui d'accomplir demain le plus cher de vos désirs, désirez aussi que le temps reste fixe, afin qu'aucune variation dans les éléments ne change ou refus la promesse qu'on vous a faite.

Je ne m'amuserai pas ici à raisonner ou déraisonner sur les causes finales. L'homme a du génie ou n'en a point; il est disposé par la nature pour être un homme d'esprit, comme pour être un niais. Helvétius aurait fait un volume de plus pour prouver le contraire que je croirais toujours que le hasard et l'éducation ne font pas les grands hommes; mais ils les favorisent ou non; ou, si l'on veut, plus ou moins. Je vois chaque jour les efforts que font les hommes médiocres pour s'élever au vrai beau, et je vois, quoique les hasards leur appartiennent aussi, que ces mêmes efforts les laissent chaque jour aussi médiocres. Ils ont beau multiplier leurs productions, ils multiplient leur nullité avec elles. Ils ne savent pas tuer leur homme en le volant, comme dit Voltaire; ils sont si timides et volent si maladroitement, qu'on les surprend toujours la main dans la poche.

Parlons maintenant de la rondeur, de la symétrie, de la période musicale, dont on s'est tant moqué, dans les temps des guerres ridicules sur la musique, sans savoir ce qu'on disait. Les contendants, ce me semble, ne s'entendaient point; car si on s'était fait ces deux questions toutes simples : Qu'est-ce que la tragédie? qu'est-ce que le genre agréable? on aurait vu, si quelqu'un avait su le dire, que la déclamation de ces deux genres de drames n'est pas la même, non plus que la musique; que la tragédie ne dit, le plus souvent, qu'une fois les choses, mais avec énergie et brièveté : que le genre agréable, au contraire, prend les détours des grâces, de l'esprit, du sentiment; qu'il répète trois fois les mêmes idées sous des formes différentes, et par conséquent use souvent des retours périodiques. Je dis donc que la rondeur, soit dans un discours comme dans tous les arts, est la forme d'adoption. Tout ce qui est beau est rond, ou à peu près, au physique comme au figuré. La symétrie est, pour tous les objets, le simulacre de la rondeur; plusieurs points rangés symétriquement forment un ensemble que l'œil adopte aisément; en un mot, rond, carré ou symétrique sont des synonymes dans les arts. Les traits périodiques sont ceux qui se répètent dans une phrase ou dans le courant d'un morceau de musique; c'est, pour ainsi dire, un argument que l'on répète chaque fois qu'on a fourni une nouvelle preuve à sa conviction :

> Vous avez de beaux yeux,
> Donc vous êtes belle.
> Vous avez la taille d'une nymphe,
> Donc vous êtes belle.
> Votre teint a la blancheur du lys,
> Vos joues l'incarnat de la rose,
> Donc vous êtes belle.

Si je faisais la musique d'un air de ce genre, je ne répéterais peut-être pas chaque fois : « Donc vous êtes belle; » je le dirais deux fois : une au commencement de l'air, l'autre à la fin; les intermédiaires, je les laisserais dire à l'orchestre, qui parlerait pour les auditeurs.

La rondeur, les retours de phrase en musique, en font presque tout le charme. Le plus beau trait de musique déclamée n'a de mérite que localement; s'il ne forme pas un ensemble que l'imagination saisisse, il reste dans la partition plus que dans la mémoire de ceux mêmes qui l'admirent. *Oh! que c'est beau*, vous disent-ils, en vous chantant quelque trait baroque. Un jeune homme m'a poursuivi plusieurs semaines en me chantant : *Je n'obéirai point à cet ordre inhumain*, de l'*Iphigénie en Aulide* de Gluck : ses domestiques le prenaient pour un fou, parce qu'ils ne pouvaient pas chanter sa chanson.

Qu'est-ce qui fait le charme de nos vaudevilles que l'on chante depuis un siècle ? C'est leurs retours, leurs répétitions, leur rondeur, enfin. Dans un vaudeville intitulé : *Il est un capucin,* certain trait est d'une rondeur irrésistible. Ce trait a été employé dans une symphonie par l'habile artiste Saint-George ; il y est répété vingt fois, et à la fin du morceau on est fâché de ne plus l'entendre. Une nuit, passant par la rue Thévenot, je m'assis sur une borne pour entendre ce morceau, qu'on exécutait à grand orchestre dans une maison voisine : il me fit un plaisir qui n'est point effacé.

Gluck aimait les bons vaudevilles, c'est-à-dire ceux qui, par leur parfaite construction, se logent dans la mémoire des hommes pour plusieurs siècles. On lui a reproché d'en faire sentir des réminiscences. On a dit que le premier chœur de démons, dans *Orphée,* était pris du refrain : *Chantons lætamini.* Je dis, moi, que Gluck ne pouvait mieux faire ; la preuve, c'est qu'on n'a pas encore fait mieux que lui la tragédie. Le germe de la mélodie populaire est tout entier dans nos bons vaudevilles ; c'est donc là qu'il faut le prendre : les airs chantants, les airs que nous savons depuis notre enfance, et qui ont vieilli avec nous, sont chers à tous les hommes. Pour ma seule satisfaction, et au risque d'être accusé de plagiat, j'ai employé deux ou trois fois, dans ma musique, des traits d'anciens airs que j'aime toujours à entendre : l'un est tiré d'une contredanse, l'autre d'un air que mon père chantait en me faisant sauter sur ses genoux. Je n'entends point ces fragments sans émotion : ils me rappellent un père tendre, ou les sensations que procure le spectacle charmant d'une troupe de jeunes filles rassemblées dans un bal, et que je voyais alors pour la première fois.

Il résulte de l'application de ce chapitre à l'art musical que la musique, ainsi que les bons vers, ne se retient point, c'est-à-dire qu'elle n'a point de charmes, si les différents traits qui composent une phrase n'ont entre eux des rapports intimes. Expliquer, donner la théorie de ces rapports, serait découvrir le secret de l'art. J'invite tous les artistes à s'en occuper comme moi; qu'ils se souviennent que la chute d'une pomme qui se détachait de sa branche a donné à Newton l'idée sublime de l'attraction des corps graves vers un centre. Nous sommes peut-être plus près qu'on ne pense de savoir pourquoi une note placée de telle ou de telle autre manière nous fait éprouver des effets différents. En attendant cette découverte, personne ne peut nier que dans presque tous les airs proverbiaux l'on trouve des traits qui respirent, si j'ose le dire, la grivoiserie, sans qu'on en explique le pourquoi.

« C'est, dira-t-on, parce que depuis un siècle l'on fait des paroles grivoises sur ces airs. » Cela est vrai en partie; mais demandez cependant aux vaudevillistes Radet, Piis, Barré, Desfontaines, si tel air ne se présente pas plutôt que tel autre, selon l'idée qu'ils veulent exprimer; demandez-leur si l'air qu'ils chantent toujours en composant leurs couplets ne développe pas leur idée poétique; remarquez en outre que, depuis un siècle, tels airs sont choisis de préférence pour rendre de tels sentiments. Il est donc évident que certains airs ont intrinsèquement un caractère, un sentiment qui leur sont donnés par leur mélodie, toujours si simple qu'elle ne peut mentir, et surtout par leur rythme toujours si marqué.

FIN

TABLE DES MATIÈRES

                                                                    Pages.
Avant-propos..   5

LIVRE PREMIER

Voyages-Études..

LIVRE DEUXIÈME

Travaux...   77
  Le Huron..   94
  Lucile..   102
  Le Tableau parlant....................................   105
  Sylvain...   114
  Les Deux Avares.......................................   116
  L'Amitié à l'épreuve..................................   119
  Zémire et Azor..   120
  L'Ami de la maison....................................   123
  Le Magnifique...   128
  La Rosière de Salenci.................................   133
  La Fausse Magie.......................................   134
  Céphale et Procris....................................   141
  Les Mariages samnites.................................   143
  Matroco...   144
  Le Jugement de Midas..................................   145
  L'Amant jaloux..   148
  Les Événements imprévus...............................   148
  Aucassin et Nicolette.................................   152
  Andromaque..   156
  La Caravane...   165
  L'Épreuve villageoise.................................   167
  Richard Cœur de lion..................................   168

Panurge	173
Le Mariage d'Antonio	175
Le Comte d'Albert	198

LIVRE TROISIÈME

ANALYSE DES PASSIONS ET DES CARACTÈRES	219
Les grands talents et les mœurs	219
Se faire pardonner ses talents	221
De la mode	224
De l'instinct de quelques animaux	229
Unité	233
De la sensibilité	235
Des contrastes	244
Douceur de caractère	247
De l'amour maternel	248
De l'amour-propre	252
De l'amitié	261
De l'avarice	263
L'homme caustique	264
L'homme grave. — L'Indiscret	265
Des larmes. — Le fastueux	266
De l'envie et de la critique	267
De la pédanterie	271
De la paresse	277
De la colère. — De la dissimulation	280
De la gaieté	284
Pourquoi les passions agissent par leurs contraires	291
Du bonheur	295
De la tristesse	297
Jeunesse et vieillesse	300
De l'homme d'ordre	303
Du désordre	304
Des mœurs étrangères	306
Des accents étrangers	308
Sur les retours périodiques des choses	311

SOCIÉTÉ ANONYME D'IMPRIMERIE DE VILLEFRANCHE-DE-ROUERGUE
Jules BARDOUX, Directeur.

www.ingramcontent.com/pod-product-compliance
Lightning Source LLC
Chambersburg PA
CBHW071331150426
43191CB00007B/703